|光明社科文库|

# 丝路寻踪

李未醉◎著

光明日报出版社

### 图书在版编目（CIP）数据

丝路寻踪 / 李未醉著. -- 北京：光明日报出版社，2022.12

ISBN 978-7-5194-6961-0

Ⅰ.①丝… Ⅱ.①李… Ⅲ.①丝绸之路—历史—文集 Ⅳ.①K928.6-53

中国版本图书馆 CIP 数据核字（2022）第 253892 号

### 丝路寻踪
**SILU XUNZONG**

| | |
|---|---|
| 著　　者：李未醉 | |
| 责任编辑：李月娥 | 责任校对：鲍鹏飞　乔宇佳 |
| 封面设计：中联华文 | 责任印制：曹　净 |

出版发行：光明日报出版社

地　　址：北京市西城区永安路 106 号，100050

电　　话：010-63169890（咨询），010-63131930（邮购）

传　　真：010-63131930

网　　址：http://book.gmw.cn

E - mail：gmrbcbs@gmw.cn

法律顾问：北京市兰台律师事务所龚柳方律师

印　　刷：三河市华东印刷有限公司

装　　订：三河市华东印刷有限公司

本书如有破损、缺页、装订错误，请与本社联系调换，电话：010-63131930

| | | | |
|---|---|---|---|
| 开　　本：170mm×240mm | | | |
| 字　　数：215 千字 | | 印　张：15 | |
| 版　　次：2024 年 1 月第 1 版 | | 印　次：2024 年 1 月第 1 次印刷 | |
| 书　　号：ISBN 978-7-5194-6961-0 | | | |
| 定　　价：95.00 元 | | | |

版权所有　　翻印必究

# 前　言

我长期致力于华侨华人与中外关系史的研究，在一间小小的书房内默默耕耘，自得其乐。这本著作是我10多年来的部分论文结集，其主题就是华侨华人在中外关系史上的作用。本书主要分三部分，上编共9篇，主要探讨华侨华人在古代中外关系史上尤其是在中外文化交流上的作用。中编共8篇论文，内容较为丰富，涉及中国历史人物，世界历史现象，均与中外关系史有或多或少的联系。下编共收录3篇论文，主要探讨近现代华侨华人在海外的活动及其贡献。

本书共收集20篇论文，其中半数左右的论文已在正式刊物上发表或在学术会议上宣读过。如《泰国华侨为何崇拜翁万达》一文就曾在《寻根》2018年第2期发表。《古代中国与老挝的音乐交流》曾在《交响》（西安音乐学院学报）2015年第4期发表。《古代中国与尼泊尔的农业科技交流》曾在《农业考古》2015年第6期发表。而一些论文则在学术会议上宣读过，如《朝鲜王朝通事与明鲜贸易》曾在中国海洋大学（青岛）举办的"海陆丝绸之路的历史变迁与当代启示"中国中外关系史学会第九届会员代表大会学术研讨会上宣读，《明朝应对东亚各国疆域之争的举措》一文在浙江师范大学于2017年11月举办的第五届环东海与边疆论坛——新时期新格局下的中国边疆与周边区域合作学术研讨会上宣读。

本书取名"丝路寻踪"，主要是出于以下考虑：一是本书的主旨是探讨华侨华人在丝绸之路上的贡献。历史上我国与东亚、东南亚、北非、美欧在经济上互通往来，在文化上也有广泛的交流。东亚、东南亚国家是丝绸之路上的重要节点。我认为，对这些国家历史问题的研究，对丝绸之路历史问题的认真思考，无疑有一定的学术价值。二是作者有选择性地对丝绸之路上的一些历史问题进行研究。丝绸之路上曾经发生过许多历史事件，其中有些历史问题学界已经做了比较深入的研究，但有些问题我认为还可以探求或进一步研究。以史为鉴，为当代社会经济发展服务，是本人写作的初衷。作者希望本书能够对学界有所助益，对社会有所裨益。

学海无涯。作为一名学者，我深刻认识到自己在学问上还有不少"盲区"，还需要不断努力探索。坦诚而言，本书中的一些论文在观点、研究方法等方面可能有所缺失，尚望大雅方家批评指正。

本书在写作过程中得到不少朋友的帮助，如华南农业大学魏露苓教授曾提供了一些史料，加拿大温哥华的贾葆蘅女士惠赠了潮州同乡会的一些特刊，为我的写作提供了便利条件。其他友人恕不一一列举。在此我对他们表示衷心的感谢！

# 目 录
CONTENTS

**上 编** ...... 1

泰国华侨为何崇拜翁万达 ...... 3
中国与老挝的音乐交流 ...... 10
明清时期中国音乐舞蹈艺术在琉球的传播 ...... 19
明清时期中国农业生产技术在琉球的传播 ...... 46
古代中国与尼泊尔的农业科技交流 ...... 50
朝鲜王朝通事与明鲜贸易 ...... 58
明代琉球华人通事与对华外交 ...... 74
明代东南亚华人使臣 ...... 86
孝道思想在海外传播及其影响 ...... 98

**中 编** ...... 111

高骈在安南事迹述评 ...... 113
明朝应对东亚各国互争疆域之举措 ...... 121
明成祖祥瑞观及其影响 ...... 132
明代"却贡"现象及其原因 ...... 140
明清时期通事制度的形成与发展 ...... 146

明清时期通事与中外关系 ………………………………… 181
德川幕府时期的"杀婴"现象与原因 …………………… 191

# 下 编 ……………………………………………………… 197
中韩建交以来韩国华侨对祖籍国的贡献 ………………… 199
加拿大温哥华潮州同乡会及其主要活动 ………………… 208
二战期间华工在日遭遇与战后的索赔交涉 ……………… 218

# 参考文献 …………………………………………………… 224

上 编

# 泰国华侨为何崇拜翁万达

翁万达（1498—1552），是明朝将领、诗人，潮州府揭阳人（今汕头市金平区鮀浦一带），字仁夫，号东涯，谥襄敏，官至兵部尚书。他出身寒门，1526年（明嘉靖五年）丙戌科进士，后历任广西梧州府知府，陕西布政使，右副都御史衔巡抚陕西，兵部右侍郎总督宣府，大同、山西、保定军务兼理粮饷，左副都御史，兵部尚书，右都御史，左都御史等，先南征平定安南莫登庸叛乱，后期统理北方边防要务，抗击蒙古族俺答汗数十万骑兵的侵扰，在五六年间，取得胜仗无数。他又领导修筑大同、宣府间长城800余里，烽堠300余座，使边境得以安定。后来他被"三罢三起"，1552年（明嘉靖三十一年）病逝于回乡途中。翁万达文武兼备，建功尤伟，史称他"文盖天下，武把三关"，是嘉靖时期"冠冕中原"的军事家，明万历首辅张居正曾经评价他为世宗朝边臣"首屈一指"。《明史》用了较大篇幅，洋洋数千字，对他亦称颂不已，云："通古今，操笔顷刻万言。为人刚介耿直，勇于任事，履艰危，意气弥厉。""嘉靖中，边臣行事适机宜、建言中肯綮者，万达称首。"又将翁万达与杨一清、王琼、彭泽、毛伯温等放在一起评论，称道："万达饬边备，整军实，其争复套，知彼知己，尤深识远虑云。"[1]

这样一个文武兼备的政治家，在国内特别是岭南受到崇拜是自然之事。在翁公身后，岭南留下了众多古迹。汕头市金平区鮀浦镇蓬洲所内

---

[1] 张廷玉. 明史[M]. 北京：中华书局，1974：5251-5252.

村，即古所城，是翁公故里，尚存的翁氏祖祠原称"尚书第"，有一方园庭，数间古屋，后人扩建为宗祠，门顶大书"大司马家庙"，门联为"尚书门第""总制家风"。翁氏祠堂，在举登的称外祠，在蓬洲的称内祠，即大司马家庙，都名为思德堂。"思德"一名原自翁万达之父 翁玉的堂名，翁玉有《思德堂记》，落笔即写："堂以思德名，思我考及妣也。"在所内村西北三里的桑浦山麓龙泉岩，有翁万达少年读书处。该处原为石洞，两侧有拱门，外修瓦檐，前有三拱门，中刻"翁公书院"，其联为："开岩勒石潜修所""卧虎藏龙将帅才"。院外还有石刻："襄公伟绩，文足安邦，武戡越乱，名留青史。"所内村西面五十里，即揭阳玉窖镇梅岗山的南麓，有梅岗书院遗址，现存清代《梅岗书院记》碑刻，称："相传前明翁襄敏公，读书发迹，深得此地江山之助，今立学是其遗址。"所城村西面二百里的揭西县龙潭镇，今仍存"翁公沟"，沟边立一碑，约一人高，碑刻"前明丙辰进士翁万达公功德碑，乾隆丙子年九月十五日立"。据查证该碑将"丙戌"误刻为"丙辰"。大埔县三河坝镇的翁万达墓，位于镇北凤翔山上。翁万达死后御葬于此，人称翁公墓。墓道两旁分列石马、石羊、石虎各一对，是古代帝王对有军功武将的奖饰，喻"千里扬威"之意。墓道前有石牌坊一座，极其雄伟。其后人在墓的右侧添建碑亭，墓的左侧建有翁万达展馆，馆内有翁公木雕像及其生平简介，1979年被揭阳县政府列为首批重点文物保护单位。在汕尾市有海丰红草翁万达衣冠墓。在泰国，翁万达亦被奉为神灵受到华人崇拜。在泰国曼谷市及龙江厝等地，有由华侨募捐或集资，自清代起兴建纪念"岭南第一名臣"的翁万达庙，当地尊称为"英勇大帝庙"，在宋卡府又有"翁万达元帅庙"。泰国共有"翁公庙"100多座，皆游人不绝，香火甚旺。

  翁万达在泰国华人社会作为神灵受到供奉，其原因何在？笔者认为，主要有以下几个方面的原因：

  一是翁万达香火被其后代带到了泰国，因为问卜屡屡"灵验"而受到华侨的供奉。这是翁万达在泰国受到崇拜的起因。泰国曼谷某气球厂有限公司董事长、修建"翁公庙"的大功德主陈宾介绍：清代潮州有一位翁氏后代，携带翁公香火，安抵泰国曼谷后，就在北榄府新城县建一间十分简陋的小屋定居，厝内安上从潮州带来的翁公香炉，全家人常烧香拜谒，受到影响的当地人也常来祈拜，还误以为是伯公。因翁公有求必应，香火日旺，人流拥挤。人们便集资扩建了翁公庙。后有乩童扶乩时，善信请问翁公为何方神仙？答曰："我非伯公，乃玉皇上帝所赐封英勇大帝翁万达是也！"1954年年初，入乡随俗的陈宾有一次到翁公庙拜谒时，听乩童自称"英勇大帝翁万达"。陈宾深知岭南第一名臣翁万达，故对"降神"特别信仰。由于他问卜屡屡"灵验"，感激答谢之情日深，心中对翁公也更为崇拜，由此而决定扩建该庙，遂带头捐资，扩大重建。该庙有一建筑物别出心裁，就是在庙前左边约十米处，筑了一座高三尺多的台基，上面刻有大老虎擎大旗的立体浮雕，虎高约三尺，旗高约八尺，旗上大书"翁太师"。旌旗飞扬，虎气生威，更显翁太师总制三关、威震天下的气势，这使人联想起了"翁万达出师，老虎擎大旗"的民间故事来。英勇大帝庙经由陈宾领头扩建后，其影响日益深广。为满足民众愿望，陈宾又带头捐资，新建了英勇大帝庙十多座。他每年还捐助一百万泰币，作为这十几座翁公庙演戏之费用。在陈宾的带领下，后来又有人在泰国其他地方建庙，将香火传到更多的城乡。清代始建而后扩建的翁公庙，已经成为祖庙。对于翁公庙，人们除常年拜谒之外，每年还隆重祭拜四次，即元宵节求平安、七月初五普度、九月二十四日诞辰（潮汕民众纪念翁公诞辰是六月二十八日）、十一月二十八日谢神。这四次牲礼特别丰富，而且演出潮剧，一如潮汕敬神之习俗，令国人特别是潮人十分感慨。

二是潮州籍华侨把宗教信仰也带到了泰国，翁万达在泰国华侨社会受到崇拜，是文化移植的结果。在历史上，中国移民把宗教信仰在内的中国传统文化不断带到了海外各国。在异国他乡，这些传统文化是移民的精神支柱。人们对翁万达的信仰开始于祖先崇拜。祖先崇拜，或敬祖，是指一种宗教习惯，基于死去的祖先仍然存在，仍然会影响到现世，并且对子孙的生存状态有影响的信仰。一般崇拜的目的是相信去世的祖先会继续保护自己的后代。正是出于这样的目的，翁公后代将翁公香火带到了侨居地泰国。到后来，祖先崇拜演变为英雄崇拜，由一个家族的信仰演变为社会的信仰。由于翁万达的英勇善战，屡建战功，他在泰国华侨社会中被尊为"英勇大帝"。再后来，翁万达演变为保护神，为广大的华侨社会所崇拜。在信徒中，不仅有许多困难的华工和华农，也有为数较多的华商。据说翁公能够有求必应，庇护世人。我们不管翁公是否真的会显灵，但是从中可以看出，华侨社会对翁公的尊奉是虔诚的，他们期待翁公能够更多地庇护华侨。

三是翁万达是德才兼备的政治家和军事家，忠义双全的英雄，受到国人的尊重，也得到海外华侨的敬重。忠义集于一身，这是翁万达受到华侨尊崇的根本原因之一。翁万达是忠义的化身。翁万达的忠，体现在他对封建君主的竭力拥护。他唯君主之命是从，虽遭到三次罢免但没有怨恨，并且多次建言，"勇于任事，履艰危，意气弥厉"；他武把三关，抗拒蒙古骑兵的侵袭，使得敌人不敢轻易进犯中原。翁万达的义，体现在多处。这里仅谈两点。其一是在明嘉靖时期，番兵犯境劫掠，兵部侍郎兼三边总督翁万达生俘番将孛罗兀，其女儿朵兰性烈，潜入督府欲刺万达，救返阿爸，被明将翁从云所制止。万达义释孛罗兀，令其回去。番王因此遣使求和，万达同意并力主义子翁从云与朵兰情结秦晋。其二是翁万达为官初期，即以正义闻名于世。他于明嘉靖五年（1526）登进士，翌年授户部广西司主事入仕，监督税收，颇有成就。两年后擢升为河西务，1530年升户部员外郎，次年又升山东司郎中。翁万达初入仕途，即坚持正义，不畏权贵，勇于奏疏条陈利弊，秉公办事，表现出一位正直官员的品德，在朝野颇得口碑，被称为"户部三君子"之一。①

四是华侨社会渴望神灵保护，是翁万达在泰国华侨中受到尊崇的内在原因。华人大批移居泰国是在19世纪后半期至20世纪30年代。由于帝国

---

① 陈侃言. 翁万达，三任兵部尚书的梧州知府[N]. 梧州日报，2009-11-29.

主义的入侵，中国的主权被破坏，中国沿海地区的人民生活更加艰难，为了谋生，中国沿海地区的人民只好远走他乡。包括潮汕地区在内的大批中国人到达东南亚地区，在泰国的尤其多。旅居海外的潮州华侨、华人很多，主要是东南亚的泰国、新加坡、马来西亚、印尼、柬埔寨、越南，澳洲的澳大利亚以及北美的加拿大，欧洲的法国。翁万达曾在明代嘉靖年间三任兵部尚书，他曾南定安南，北平俺答，增修长城，被誉为"文武状元"。翁万达为官清廉，关注民生，是华侨心中理想的英雄人物。因此，翁万达被尊奉为"英勇大帝"。在泰国的华侨纷纷信奉翁万达，希望借助翁万达的庇护在泰国生存下去。陈汉初认为：为战胜困难，供奉中国历史上，特别是潮汕历史上的英雄人物，如八仙、关羽、翁万达等，以求得英雄神威之助，降伏邪恶，战胜一切困难。[1]

五是在泰国华侨社会，潮汕籍华侨较多。这是作为潮汕人出身的翁万达能够在泰国华侨社会受到尊奉的又一个重要原因。潮州人移居泰国大约始于南宋末年，清代以后移民人数猛增，至近代侨居在泰国的潮人及后裔人数约一千万。潮人在泰国落地生根、安居乐业，大多数已成为泰籍，竭尽国民之义务。地缘组织历史悠久，数量众多，它来源于早期华侨华人社会由于语言隔阂和地区差异形成的"乡帮"。如主要由漳州、泉州等说闽南语的人组成的福建帮；主要由莆田、仙游等地人士组成的兴化帮；由讲潮州话的广东汕头、普宁、揭阳、潮安、潮阳、澄海、饶平、惠来诸县市人士组成的潮州帮；闽、粤以外的一些省组成的三江帮和广府帮、宁波帮；等等。一般来说，在侨胞居住的国家中，哪个乡帮人多，其相应的会馆的影响力就越大。潮州籍华侨在泰国较多，其中人口最为集中的地方是泰国曼谷的唐人街，在这里，几乎处处可通潮州话，此外还影响了泰语的不少词汇。潮州会馆在泰国华侨社会的作用尤其明显。翁万达作为潮州帮的英雄在泰国华侨社会受到供奉，自然十分正常。

---

[1] 陈汉初. 泰国潮人之神崇拜："根"与文化之认同 [J]. 广东史志，2002，1 (3)：59-62.

六是泰国社会宽松的环境,泰王室实行开放政策,不闭关自守,不排斥华侨,为华侨的生存和发展准备了必要条件,也是翁万达能够在华侨社会受到崇拜的一个外部原因。明代朝贡贸易盛行,中暹双方委派的使臣都与各自的宫廷有着密切的关系。暹罗使团乘坐的本国贡船,无论在设计和制造方面都模仿中国,水手亦全部由精通海船技术的华侨来驾驶。从17世纪上半叶开始,华侨便在暹罗开始从事航运工作。清代中暹关系很友好,华侨享有"商业上合理的自由,历代国王都友好相待"①,《清史稿》云:"顺治九年(1652),暹罗遣使请贡,并换给印、敕,勘合,允之。自是奉贡不绝。"② 大约有一个世纪的时间暹罗对华朝贡的贡船是由中国人管理的。在1810年至1820年早期,暹罗宫廷仍然雇佣华侨管理帆船前往中国各港口进行贸易,甚至人数更多。无论是明史还是清史都记载了这样一个历史事实:华侨在暹罗社会地位比较高,受到暹罗人的尊重。

《明史》云:"自王至庶民,有事皆决于其妇。其妇人志量,实出男子上。妇私华人,则夫置酒同饮,恬不知怪,曰:'我妇美,而为华人所悦也。'"③

清代华侨地位明显提高。泰国君主不歧视华侨,祖籍潮州澄海的郑昭王,曾依靠华侨武装力量击退了缅甸军队而建立的吞武里王朝。关于郑昭的情况,《清史稿》这样记载:"昭,中国广东人也。父贾于暹罗,生昭。长有才略,仕暹罗。"④ 为了表示对华侨的感激之情,亦是为了不忘祖籍地,怀念故土,郑昭给予红头船潮州商人以特殊恩惠,并对潮州人移居泰国从事农业、手工业等方面提供各种方便。郑昭的做法,收到了很好的成效,吸引了大批的潮州人来到泰国。正如庄国土先生所说的那样:"郑昭大力招徕华人,潮州人移民暹罗络绎于途。"⑤

---

① 郡司喜一. 十七世纪的日暹关系 [C]. 东京:日本外务省调查部,1934:514-515.
② 赵尔巽. 清史稿 [M]. 北京:中华书局,1975:14693.
③ 张廷玉. 明史 [M]. 北京:中华书局,1974:8401.
④ 赵尔巽. 清史稿 [M]. 北京:中华书局,1974:14693.
⑤ 庄国土. 华侨华人与中国的关系 [M]. 广州:广东高等教育出版社,2001:105.

七是潮剧在泰国的传播，扩大了翁万达的影响，对华侨群众崇拜翁万达起到了推波助澜的作用。广搜博采，是海外潮剧演出剧目的一个显著特点。潮剧班在东南亚的演出，除了演出原有的传统折子戏，也会根据地方的乡贤故事、民间传说和奇闻逸事进行编演，如有些剧目《翁万达斩十八翰林》《萧端蒙一棒打死江西王》《剪月容》《龙井渡头》。[①]《翁万达斩十八翰林》是新编历史剧，基本情节是虚构的。这段斩十八翰林的故事，是民间为渲染他的虎威和霸气而臆造出来的。与其说他是公报私仇，不如说他恩怨分明，是关羽的重生。该剧中翁万达对嘉靖说，嘉靖是大哥刘备，他本人就是二弟关羽，体现了该剧宣传封建社会忠义思想的主旨。

**结语**

在明清时期，中国国内不乏英雄人物，名震寰宇，但是如同翁万达一样在海外华侨社会中受到尊崇者，为数不多。泰国华侨社会出现的"崇翁"现象，是由多种原因构成的。这既有翁公自身的原因，亦有华侨社会的历史原因和现实考虑，还有泰国社会的环境，等等。潮州华侨这个群体在泰国的存在，是翁万达在泰国受到尊崇的一个根本因素。

---

[①] 陈骅. 海外潮剧概观之六：海外潮剧的演出剧目 [J]. 广东艺术，1996（4）：54-55.

# 中国与老挝的音乐交流

老挝地处中南半岛北部，是一个多山的内陆国家，居民中有三分之二为老族（也称寮人或老龙人），此外有居住在山区的苗族、瑶族（老松人）和卡族（老听人）等。老挝与中国山水相连、唇齿相依，老挝北面与我国的云南接壤。发源于我国的湄公河流经老挝的西部，长约1900千米，为老挝最大的河流，从北至南纵贯老挝。

早在西周时期，老挝和中国就有外交往来。《后汉书·南蛮传》记载："交趾之南有越裳国。周公居摄六年，制礼作乐，天下和平。越裳国以三象重译而献白雉。"[1]据中国学者研究，古越裳国为老挝地区在公元前后出现部落联盟式的早期"国家"。有些学者认为越裳国是越南，这是不符合历史事实的。

老挝正式立国约在公元1世纪到公元2世纪。据中国史籍记载，老挝北部在三国东吴时曾出现称"堂明"或称"道明"的古国。堂明国或道明国为老挝地区最早的国家，它于黄武六年（227）遣使来中国。这是中老两国正式交往的开始。公元8世纪初，真腊国分裂为水、陆真腊。水真腊位于扶南王国故地，即今柬埔寨境内；陆真腊在其北面，又称"文单国"，或称婆镂，位于今老挝中南部，两国的分界线在今老挝巴色地区。文单国王都在今万象（又译永珍）。陆真腊即文单国与唐朝有颇为密切的联系，它与云南南诏国地方政权和西双版纳的茫仍（勐泐）也有联系。

---

[1] 范晔. 后汉书 [M]. 北京：中华书局，1965：2829.

《新唐书·列传·卷一百四十七》记载:"道明者,亦属国,无衣服,见衣服者共笑之。无盐铁,以竹弩射鸟兽自给。"① 落后者嘲笑文明者,可见当时老挝社会封闭落后,夜郎自大,在经济和文化上都处于落后状态。

9世纪到10世纪,水陆真腊重新统一,老挝地区成为真腊王朝统治的一部分。此时,中国历史进入唐末五代十国的分裂时期,北宋与南宋时期(907—1278年间),云南大理国政权与宋相对峙,中国与老挝的交往在史书中几乎没有记载。直至元军南下,灭大理国后,中国中原地区才恢复了与西南地区和中南半岛诸国的联系。这一时期,老挝出现了被称为"猛老"(亦称景老)的国家,它是12世纪在西双版纳地区建立的"景龙金殿国"的属国。景龙国王叭真封其三子依罕冷驻守猛老。元代曾在云南边外设老丫、老告两个军民总管府。元代与老挝的联系甚少,这种情况进入明代后发生重大变化。

14世纪中叶,以琅勃拉邦为中心的老挝孟骚国的王子法昂(1328—1373)依靠其岳父(真腊国王)的支持,击败各地割据势力,统一老挝地区,建立了老挝第一个统一的封建中央集权国家——澜沧(又译为南掌)王国。在老挝语中,"澜"意为百万,"沧"意为大象,澜沧王国即"百万大象之国"。法昂王(1353—1373年在位)定都川铜(琅勃拉邦),其领土东界越南,东南连占婆(今越南中部),北与中国接壤,南接真腊,西邻暹罗,奠定了今老挝王国的疆域。之后法昂长子陶温孟继位,称"桑森泰王"(我国史书称刀线歹,1374—1417年在位),他继续加强中央集权,促进经济发展。此时中国明王朝已经建立,中老关系进入空前兴盛发展的时期。

在政治上,明朝采用设立军民宣慰司的方式对老挝进行管理。明永乐二年(1404),明朝在老挝设立军民宣慰司,以刀线歹为宣慰使,颁给印信。(《明太宗实录》)以后每当新王继位,明朝都要授予此封号。明朝

---

① 宋祁,欧阳修. 新唐书[M]. 北京:中华书局,1978:6302.

虽设置有"经历""都事"一类官员，并派人到老挝帮助翻译奏报信函，但实际上，明朝并不干涉老挝的内部事务。在明一代，共270多年内，老挝先后有10位国王向中国遣使达34次。

明朝末年，中国内乱，其时老挝被缅甸东吁王朝侵占，中老官方交往陷于中断。清朝初年，老挝陷入长期分裂的局面。1707年后，澜沧王国分裂为琅勃拉邦、万象和占巴塞三个王国和川圹地区。到清朝雍正年间，老挝国内局势已经基本稳定，中老关系才进一步发展起来。

清代中国与老挝来往密切。整个清代老挝遣使访华24次。南掌使者频繁访华，因为清代四夷馆内未有熟谙南掌语言的译员，清政府于乾隆十三年（1748）决定："合暹罗、缅甸、百夷、八百、并苏禄、南掌为一馆，曰百夷馆。"（《清高宗实录》）

在历史上，老挝的音乐文化受佛教影响较深，并和泰国、柬埔寨等邻国有密切的联系。在古代，老挝的乐舞文化受到柬埔寨等国的巨大影响。老挝的古典戏剧起源于婆罗门教，于14世纪从柬埔寨传入，到16世纪和17世纪时达到一个新的鼎盛时期。老挝戏剧中的表演姿势和动作等，部分是来自印度舞蹈，所表现的内容大多是《罗摩衍那》中的情节。① 在清代以前，从史料上我们难以发现中老两国存在音乐文化方面的交流。

**一、古代中国铜鼓曾经传入老挝**

根据考古发现，古代中国的铜鼓曾经传入老挝。老挝发现的古代铜鼓与中国发现的广西的西林鼓和贵县鼓有许多相同和相似之处。专家认为它们是伴随中国移民的迁入被带进老挝的。②

老挝是一个多民族国家，据老挝王国时期公布的数据，共有68个民族。按照居住地区分布的不同，老挝通常将老挝各民族划分为三个族系：老龙（也称佬族）族系，老听（又称卡族、老通族）族系，老松族系。

---

① 王民同. 东南亚史纲 [M]. 昆明：云南大学出版社，1990：218.
② 申旭. 老挝史 [M]. 昆明：云南大学出版社，1990：10-30.

学者的研究指出，老挝的三大族系，除老听族中的一部分是土著原始居民外，其他几乎都是先后由中国迁徙去的。①

老挝的多数民族老龙族则与我国傣族、壮族有密切的亲缘联系。老挝学者说："老龙族是从中国的云南、贵州逐渐南移到老挝来的，他们把当地土著卡族部落挤上高山，自己便定居于琅勃拉邦至占巴塞一带的湄公河两岸。在历史发展过程中，他们逐渐成为老挝民族的主体。"②

广西的民族学家范宏贵教授在前人研究的基础上，经过多年的调查研究，进一步得出老挝的老龙族与中国的壮族本是同一族源的结论，他指出："10世纪前后老龙族与壮族还共同生活在一起，之后老龙族大量迁入老挝。老龙族迁入老挝不是一次完成的，而是在不同时间、不同地点出发，经不同路线、数量多寡不同逐渐迁入老挝的。"③

我们查遍了唐代以后的官方史书和民间著作，很难找到有关中老两国音乐文化交流的记载。但是，我们推测古代中老两国确实存在音乐文化交流，其理由主要如下：

一是明清两代云南地方与老挝之间存在民间交易，货币常用海贝，又称"巴贝"。尽管清政府一度禁止边境地区的民间商业贸易，违禁者遭严办，但边境交界地区两国边民的这种贸易无法阻断。跋山涉水、结伴而行的中国马帮商队深入老挝内地，为沟通中老之间物资交流默默地做出了奉献。在民间交易中，中国的乐器不时地输入老挝。

二是明代永乐年间，老挝已有华人定居。明末清初，旅居老挝的华侨华人人数有较多的增加。进入老挝的华侨一部分是来自云南的农民，分布于上寮的丰沙里、桑怒和川圹等省。老松族系中的和（贺）族，实际上就是从云南迁入老挝的华人；另一部分是来自福建、广东、浙江等东南沿海

---

① 景振国. 中国古籍中有关老挝资料汇编 [M]. 郑州：河南人民出版社，1985：340.
② 富米·冯维希. 老挝及其胜利地反对美国新殖民主义的斗争 [M]. 万象：老挝爱国战线出版社，1970：19.
③ 范宏贵. 同根生的民族：壮泰各族渊源与文化 [M]. 北京：光明日报出版社，2000：215.

省份华人移民，他们分布在中下寮地区。华侨经济在18世纪到19世纪的老挝社会中已居重要地位，勇于开拓、善于经营的华侨华人促进了老挝经济的开发和中老经济文化的交流。① 随着华人的迁移，中国的音乐文化随之传播到老挝。

三是老挝的瑶族来自中国的两广和云南，瑶族能歌善舞，他们把本民族的音乐舞蹈带入老挝。

四是创立澜沧王国的老龙族人所信仰的大乘佛教，是经中国云南和缅甸传入的。法昂王则引进和倡导上座部佛教（小乘佛教），并将其定为国教，此后，老挝成为上座部佛教的传播中心之一。在宗教传播中，中老两国一定会存在音乐文化交流。

**二、在现当代，中老两国的音乐文化交流呈现勃勃生机**

1949年中华人民共和国成立，揭开了中老两国文化交流的新篇章。老挝国家艺术团于1955年在桑怒省成立，当时正处于老挝人民争取国家独立、反抗新殖民统治时期。彼时，老挝国家艺术团以业余成员为主，并在中国、苏联和越南学习培训，演出的节目也主要是反映老挝人民民族解放斗争的主题。

老挝爱国战线党文工团成立于1961年。1964年老挝爱国战线党文工团访问中国。

1975年，老挝人民经过20年的抗美战争取得了全面胜利，成立了老挝人民民主共和国。中老关系因此出现了重大变化，1976年万象华侨理事会主办了亲中华人民共和国的《老华日报》。中国政府继续帮助老挝兴建公路、印刷厂、纺织厂、汽车修理站和无线电设施等。这为中老音乐文化交流创造了条件。

1975年，原京剧《沙家浜》阿庆嫂的扮演者，著名美声唱法专家梁美珍被派到老挝从事国际音乐交流和教学达一年时间，在音乐领域为促进

---

① 王民同. 东南亚史纲[M]. 昆明：云南大学出版社，1990：218.

中国与老挝的关系做出了重大贡献，获得了老挝政府颁发的奖章。

老挝人民民主共和国成立后，老挝国家艺术团划归老挝文化信息部领导。目前的老挝国家艺术团共有60多人的编制，分为行政、音乐、舞蹈、创作和舞美几个部门，艺术团除在老挝演出外，还经常出访国外进行交流演出。

中国在20世纪80年代初实行改革开放，国内呈现出一片欣欣向荣的景象。这对老挝产生了极大的影响。老挝和越南一样，在坚持走社会主义道路的同时积极借鉴中国的经验，在国内推行一系列革新措施。在这一历史背景下，中国与老挝的音乐交流日趋频繁。

2006年8月31日第八届亚洲艺术节在北京举行，并以"相互学习，和谐发展"为主题。作为亚洲文化艺术的综合展示平台，根据扩大和深化我国与东盟各国文化交流与合作的宗旨，契合"彼此欣赏，和谐发展"的第八届亚洲艺术节主题，中国和东盟十国的艺术家们联手奉献一台精彩的演出——"向东盟喝彩"。老挝的艺术家也参加这一活动。纵览东盟十国的地况地貌，河流成为文明孕育的共同血脉。怒江、澜沧江、长江等不同的河流滋养了不同的大地，而作为文化和艺术表现的符号，河流成为此届艺术节开幕式演出的隐喻，贯穿始终。音乐和舞蹈将作为不同文化的浓缩，通过多媒体和灯光音响的变幻，在舞台上流淌、激奔、汇聚。①

中国边境云南省积极开展与老挝的音乐交流。洞经音乐是非常古老的汉族器乐乐种，起源于宋代的四川省，现流行于四川省，云南汉族地区和丽江、楚雄等纳西族、彝族地区，源于古代中原的道教丝竹乐。据悉，洞经音乐自清乾隆年间开始传入云南古普洱府后，在中国道教丝竹乐的基础上融入了佛教、普洱茶、宁洱少数民族元素，加入了葫芦丝、巴乌等民族乐器，形成了古朴典雅、婉转舒缓、庄重肃穆、节奏规整严谨、音乐流畅的普洱洞经音乐，至今已有300多年历史。1995年，普洱洞经音乐团恢复成立，之后，在云南省内外比赛中多次获奖。2013年11月7日至20日，

① 第八届亚洲艺术节：为东盟喝彩［EB/OL］. 人民网，2006-08-29.

云南省宁洱县普洱洞经音乐团首次走出国门，赴老挝参加万象寮都华侨公学建校76周年庆典和"塔銮节"艺术交流演出，为老挝观众带来了《南宫调》《香云赞》《大洞腔》等5首洞经音乐弹唱歌舞和乐器等表演。①

1961年是中老建交年。为了庆祝中老建交50周年，中国和老挝都开展了系列文化活动。2011年4月20日，老挝首都万象国家文化宫举行了老挝万象第二届中文歌曲大赛决赛。老挝全国16省区共2000多人报名参赛。此次大赛由老挝外交部、老挝新闻文化部、中国驻老挝大使馆、中国国家汉办、云南省人民政府新闻办公室及中国《占芭》杂志社联合主办。来自老挝部队文工团的歌唱家功维莱演唱了《茉莉花》，优美的歌声打动了所有评委和观众，功维莱也荣获了一等奖。其实，功维莱并不会说中文，但她凭着对中国音乐的热爱，学会了不少中国歌曲，《茉莉花》是她最喜欢的一首。功维莱曾两次赴华演出，均获得成功。她告诉记者，中国给她留下了美好的印象。她表示，中老两国山水相连，希望两国人民永远团结、和睦、友好。在比赛结束后举行的颁奖仪式上，功维莱还即兴演唱了《中老友谊之歌》。②

中文歌曲一直受到老挝大学生的欢迎。中文歌曲比赛是老挝国立大学孔子学院的一个品牌项目，自举办以来深受学生和老挝各界群众欢迎，2013年将参赛范围扩大到整个万象市高校，进一步扩大了活动的范围和影响力。由中国驻老挝大使馆与老挝国立大学孔子学院共同主办的2013年老挝大学生中文歌曲比赛决赛于2013年12月5日晚落下帷幕，来自万象多所高校的10名老挝籍大学生选手演绎了多首经典中文歌曲，如《听海》《羞答答的玫瑰静悄悄地开》《美丽的神话》等中国人耳熟能详的中文歌曲。③

---

① 云南普洱洞经音乐赴老挝交流演出 [N]. 中国文化报，2012-11-19.
② 蔡宝峰，郑林. 为中老友谊放歌：记老挝万象第二届中文歌曲大赛 [EB/OL]. 国际在线专稿，2011-04-22.
③ 荣宝霞，韦健. 2013年老挝大学生中文歌曲比赛落下帷幕 [EB/OL]. 新华网，2013-12-06.

2015年"中国梦·老挝情"首届中文歌曲大赛决赛于2月7日晚在老挝首都万象举行，6位老挝组选手和7位中国组选手同台竞技，高潮迭起。6位老挝组选手首先登场，这些经过初赛、复赛层层选拔闯入决赛的选手个个实力不俗，无论汉语发音还是声乐音准均十分精准到位。他们演唱的《蓝莲花》《我爱你中国》《存在》等中国人耳熟能详的歌曲，均引起了现场中国观众的共鸣。特别是第三位登场的选手普达鹏在演唱汪峰的经典摇滚歌曲《我爱你中国》时，在高潮处甚至跪在了舞台上，用尽全身气力嘶吼出歌词"我爱你中国，心爱的母亲，我为你流泪，也为你自豪……"引爆全场首个高潮，现场观众给他开场以来最热烈的掌声和叫好声。中国组冠军得主邹彬演唱的歌曲是《无所谓》，老挝组冠军西·亚托杜演唱的歌曲是《存在》。老挝万象市市长辛拉冯、老挝国立大学校长苏贡祥、中国驻老大使关华兵及中国驻老机构代表、中资企业代表、老挝各界人士共1000余人出席并观看了当晚的决赛。关华兵大使在接受记者采访时表示，大赛为中老两国民众通过歌声增进友好情谊提供了平台。在这次比赛中，中国歌手用歌声表达了对祖国的热爱和祝福，老挝选手倾情演唱中国歌曲，表达了老挝民众对中国的友好感情，这些都让我们深深感动。希望今后能有更多的老挝民众通过学习演唱中国歌曲，认识中国，了解中国。中国大使馆将积极推动在老挝举办更多形式多样的中老文化交流活动。[①]

2018年10月20日至21日澜沧江—湄公河"同饮一江水，同唱友谊歌"——2018"中国梦·老挝情"第三届中文歌曲大赛初赛在老挝首都万象隆重举行。本届大赛由老挝新闻文化旅游部、中国驻老挝大使馆指导，中国国际广播电台（China Radio International，简称CRI）老挝分台、老挝国立大学孔子学院、中国广西电视台共同主办。第三届中文歌曲大赛以中国与老挝两国青年"同唱友谊歌"为主题，通过中文歌曲比赛的形式，以歌会友，以歌传情，架起中老两国青年朋友沟通了解的桥梁，进一步加强

---

① 老挝首届中文歌曲大赛：老挝选手倾情一跪，中国选手亮嗓震全场［EB/OL］.新华网，2015-02-09.

中国与老挝的文化互动与交流。①

**结语**

中国和老挝是有着传统友谊的国家，两国在古代就曾有过音乐文化交流，中国的铜鼓曾经传入老挝。1961年4月25日中老两国正式建交后，音乐交流日趋密切。进入21世纪以来，同为社会主义国家的中老两国有着更多的共同信念和追求，两国的音乐文化交流更为频繁。

---

① 同唱友谊歌，2018"中国梦·老挝情"第三届中文歌曲大赛火热开唱[EB/OL].广西影视频道，2018-10-23.

# 明清时期中国音乐舞蹈艺术在琉球的传播

关于中国音乐在琉球传播的问题，前人有些研究成果。他们主要探讨了中国戏剧在琉球的传播，如刘富琳的《中国戏曲传入琉球及其意义》（载《音乐研究》2011年第10期），孙薇的《明清之际中国册封使与琉球戏的产生》（载《历史档案》2013年第10期），陈志勇的《琉球演剧与明清中国戏曲之东渐》（载《文艺研究》2014年第1期）以及日本学者细井尚子和张志凡合撰的《关于琉球上演的中国戏剧》（载《戏剧艺术》2009年第6期）。对琉球戏剧，日本学者板谷彻和张志凡合作编撰了《关于唐跃》（载《曲学》2013年12月刊）。这些研究对了解明清时期中国音乐舞蹈艺术在琉球的传播具有重要的价值。但是，他们的研究仅仅是从中国戏曲在琉球的传播这一角度编撰的，对中国音乐在琉球传播的历史背景，中国音乐传播的主要内容及其渠道等，均未深入探讨。本文拟从中国音乐舞蹈艺术在琉球传播的历史条件，中国音乐舞蹈在琉球的传播渠道等方面进行研讨，以就教于学界同人。

## 一、中国音乐舞蹈艺术在琉球传播的历史条件

中国音乐舞蹈艺术在琉球的传播有其历史条件。在政治方面，明清时期琉球成为中国的藩属国，中琉两国有密切的外交关系；在经济方面，琉球多次与中国进行朝贡贸易，中国大量的文化典籍包括音乐舞蹈方面的著作不断输入琉球；在文化方面，琉球大量吸收中国先进的文化和典章制

度，音乐舞蹈艺术也成为琉球吸取的重要内容。为了便于琉球的朝贡活动，明太祖和明成祖时期曾经赐给闽人三十六姓，以解决海路交通问题和语言障碍。琉球华人通事不负重托，在顺利完成朝贡任务的情况下，还积极传播中国先进的文化，把中国的舞蹈艺术传播到琉球群岛。下面分别探讨其历史条件。

（一）明清时期琉球成为中国的藩属国

琉球距中国福州径直海面1700里。在中琉建交前，历代中国与琉球语言不通，无法进行交流。隋大业三年（607），隋炀帝令羽骑尉朱宽访求异俗，"海师何蛮言之。遂与蛮俱抵本国"，但是他们遭遇到语言障碍，"言不相通，掠一人而返"①。

关于琉球国名的由来，与隋朝的朱宽、明太祖朱元璋有密切的关系。隋大业三年（607），朱宽等人初抵达该群岛，"遥观地界于波涛间蟠旋蜿蜒，其形若虬浮水中，名曰流虬。嗣后改名流求，故唐宋之史皆曰流求"。至元世祖忽必烈，改为"瑠求"。明洪武五年（1372），"太祖改瑠求字曰琉球"②。"三山时代"的琉球，以中山实力最为强大，中山成为整个琉球社会走向开化的龙头。自洪武五年至洪熙元年（1425），明朝因为琉球尚未统一，派遣的使臣要分别册封山南王和中山王。

明洪武五年（1372），明朝遣使行人杨载诏琉球，告知中国国内的情况："朕为臣民推戴，即皇帝位，定有天下之号曰大明，建元洪武。是用遣使外夷，播告朕意，使者所至，蛮夷酋长称臣入贡。惟尔琉球，在中国东南，远据海外，未及报知。咨特遣使往谕，尔其知之。"③

明朝颁诏的翌年（1373），中山王察度派遣王弟泰期奉表入明进贡，同年，山北王怕尼芝和山南王承察度也遣使进贡。《球阳》对此高度评价：

---

① 蔡铎，蔡温，郑秉哲. 中山世谱 [M]. 袁家冬，校注. 北京：中国文史出版社，2016：19.
② 蔡铎，蔡温，郑秉哲. 中山世谱 [M]. 袁家冬，校注. 北京：中国文史出版社，2016：19.
③ 严从简. 殊域周咨录 [M]. 北京：中华书局，1993：126.

"由是琉球始通中国，以开人文维新之基。"①

明朝重视与琉球的建交，并把琉球作为制约日本战略的重要一环。明洪武十六年（1383），明朝与日本已经断绝外交关系，明太祖在《谕琉球国王察度》的诏敕中云："王居沧溟之中，崇山为国，环海为固，若事大之礼不行，亦何患哉？王能体天道，育琉球之民，尚好生之德，所以事大之礼兴。……朕今更专内使监丞梁民同前奉御路谦，赍符赐王镀金银印一颗，送使者归，就于王处鬻马，不限多少，从王发遣。故兹敕谕。"②

万明认为，这是明朝首次册封琉球国王，这一明太祖亲撰外交文书，印证了明朝对琉球的册封开始于洪武十六年，而非洪武五年或永乐初年。③但琉球史料以为册封始于明永乐初期、琉球王武宁时期：

> （永乐）二年甲申。成祖遣行人时中赍诏至国，祭赗以布帛，并封武宁为中山王。诏曰：
>> 圣王之治，协和万邦。继承之道，率由常典。故琉球国中山王察度，受命皇考太祖高皇帝，作屏东藩。暨朕即位，率先归诚。今既殁，尔武宁乃其世子，特封尔为琉球国中山王，以承厥世。惟俭以修身，敬以养德，忠以事上，仁以抚下；克循兹道，作镇海邦，永延世祚。④

《中山世谱》云："察度王始通中朝。自尔而后，天使数次来临。至于武宁，始受册封之大典。著为例，以此考之，则天使馆，武宁王创建之，

---

① 球阳研究会. 球阳卷一中山世鉴 [M]. 东京：角川书店，1982：68.
② 明太祖御制文集 [M]. 台北：台湾"中央书局"，1965：282-283.
③ 万明. 明代历史叙事中的中琉关系与钓鱼岛 [J]. 历史研究，2016（3）：77-96，189-190.
④ 蔡铎，蔡温，郑秉哲. 中山世谱 [M]. 袁家冬，校注. 北京：中国文史出版社，2016：49.

可知矣。"① 对外国君主的册封有三个主要因素,即皇帝诏书、使臣和册封仪式。我个人认为,首次正式册封琉球,应为武宁时期。因为这一次既有册封使臣和册封诏书,又有正规的册封仪式。

以后历代国王都接受中国皇帝的册封,采用中国年号、正朔。明太祖对琉球国特地扶植,是出于以琉球"作屏东藩"的战略考虑。明永乐二年(1404)二月,明成祖遣行人时中出使琉球,诏琉球中山王世子武宁袭爵,诏曰:"故琉球国中山王察度,受命皇考太祖高皇帝,作屏东藩,克修臣节。"(《明太宗实录》)肯定了琉球按照明朝制定的战略,发挥了特殊作用。明宣德五年(1430),明宣宗正式赐姓琉球统治者"尚"姓,中山王名为尚思绍,从而开创了第一个尚氏王朝,也使得琉球正式归为大明帝国的藩属国。尚思绍依仗强大的明朝,先后灭亡了山北国和山南国,建立了统一独立的琉球王国。

琉球中山国与明朝建交后,在政治上迅速提高了它的国际地位,在经济上国力增强。《中山世谱》云:"本年(洪武二十三年——引者注),宫古、八重山始来称臣纳贡于中山。先是,中山遣使入京,其使臣被风漂至彼岛。时乃二岛之人,见琉球行事大之礼,各率管属之岛,称臣纳贡。由是中山始强。"② 又云:"先是,中山渐衰。自宫古、八重山臣服以后,国势始强。"③

明永乐二十年(1422),中山王尚巴志即位,先灭山北,次平山南(1429),统一琉球全境。宣德五年(1430),尚巴志上表明朝,告知三山统一之事,得到明宣宗的嘉许。同年,明朝派遣太监柴山前往琉球颁发诏书,赐尚巴志姓"尚"。从此,明朝对琉球的册封开始专指对中山王的

---

① 蔡铎,蔡温,郑秉哲. 中山世谱 [M]. 袁家冬,校注. 北京:中国文史出版社,2016:49.
② 蔡铎,蔡温,郑秉哲. 中山世谱 [M]. 袁家冬,校注. 北京:中国文史出版社,2016:46.
③ 蔡铎,蔡温,郑秉哲. 中山世谱 [M]. 袁家冬,校注. 北京:中国文史出版社,2016:47.

册封。

自嘉靖后，明朝开始由盛转衰，特别是实施海禁政策一波三折，明琉关系出现了危机。加之万历年间明朝出现财政危机，丰臣秀吉悍然入侵朝鲜。日庆长十四年、明万历三十七年（1609），日本萨摩岛津氏在德川幕府许可的情况下，出兵入侵琉球，占领都城首里，俘虏了琉球王尚宁，掠夺了大批财物。其主要目的是夺取琉球对明贸易的实际利益，垄断对明贸易，从而弥补自身的财政不足。[1]

明万历四十年（1612），明朝定琉球朝贡期为"十年一贡"，明朝对琉球的册封以及琉球对明朝的贸易急剧萎缩，其原因在于这一时期明朝国力的衰败与日本在东亚的搅局。[2]

明泰昌元年（1620），琉球尚宁王逝世，尚丰登基为王。此时的琉球已同时向明朝、萨摩藩两边称臣。琉球依然按照惯例向中国请封。

琉球在很长的历史时期中都是中国的藩属国，双方保持着密切的关系。双方关系的重要标志是朝贡往来，即琉球定期向中国封建王朝遣使朝贡，带来大量以土特产为主的贡物。作为回馈，中国封建王朝向琉球赏赐中国物产。中国封建王朝还多次派遣使臣到琉球册封国王，在首里城举行即位仪式。琉球还向中国派遣留学生，学习中国的语言文化和典章制度。琉球不断以"探贡""接贡"等名义加派船只入闽，直到清光绪五年（1879）其被日本吞并为止。

明朝对琉球遣使频繁，"遇有遣使，皆用翰林官或给事中、行人衔命以往"。《万历野获编》卷三十，册封琉球条云：

> 本朝入贡诸国，惟琉球朝鲜最恭顺，朝廷礼之亦迥异他夷。本朝入贡诸国，惟琉球、朝鲜最恭顺，朝廷礼之亦迥异他夷。朝鲜以翰林

---

[1] 米庆余. 琉球历史研究 [M]. 天津：天津人民出版社，1998：70.
[2] 易红. 明琉关系研究 [D]. 长春：东北师范大学，2014：2.

及给事往,琉球则给事为正,行人副之。①

如明洪武五年(1372),明朝遣行人杨载封琉球中山王察度;明永乐二年(1404),明朝遣行人时中册封中山王尚宁、山南王汪应祖;而在明崇祯六年(1633),明朝派遣户部右给事中杜三策及行人司司正杨抡为正、副使往封尚丰为中山王。

明王朝对朝鲜、琉球两国另眼相看,格外加恩,非其他夷国可比。赐闽人三十六姓与赐海舟之举,世所罕见。为方便琉球朝贡,明初朝廷曾赐舟给琉球。自明太祖朱元璋开始至永乐年间,明朝已经向琉球先后赐舟30余艘。

明朝对琉球的册封和琉球对明朝的朝贡,把中琉两国紧密地联系在一起。这非常有利于中琉两国的发展。对明朝而言,构筑起了以明朝为中心的东亚册封朝贡体系,中国居于东亚世界的中心;对琉球而言,琉球成功地进入东亚世界的圈子,成为明朝的宗藩国,进入了明朝支配下的东亚体系,极大地提高了它的国际地位。

琉球在与明朝建立宗藩关系后,承担起了为中国传递海外情报信息,尤其是沟通中日两国间关系的重要角色。在壬辰、丁酉年间发生的倭乱中,琉球国作为非参战国,通过朝贡、转送漂风难民等各种途径向明朝传递了关键情报。中琉之间密切的关系不仅为明朝搜集海外信息、防范倭寇侵犯、保障东部沿海地区的安宁创造了必要的条件,还粉碎了16世纪日本侵略朝鲜、挑战宗藩体制的图谋,维系了东亚地区既有的国际秩序。②

清代与琉球建立朝贡关系是在清顺治十年(1653),琉球世子遣王舅马宗毅、正议大夫蔡祚隆等纳贡,表贺世祖登极。这年琉球使节送还明朝敕印,正式脱离与明朝的关系。琉球一依明例,仍奉中国正朔。《清史稿》

---

① 沈德符. 万历野获编[M]. 北京:中华书局,1959:781.
② 连晨曦. 明清中琉宗藩关系对东亚国际秩序的影响[J]. 海交史研究,2016(1):93-104.

记载了顺治十年中山王世子尚质遣使情况。"十年，遣使来贡。明年，再遣贡使，兼缴前朝敕印，请封，允之。"①

清顺治十年，顺治帝拟派张学礼为正使赴琉球册封，但因"海氛未靖"，未能成行。清康熙二年（1663），清朝派遣张学礼等册封世子尚质为中山王。② 至此，琉球正式成为清王朝的藩属，定"二年一贡"，从未间断。

在清代，琉球使团的人数也有严格的规定。清顺治十一年（1654）规定："（琉球）进贡人数，不得逾一百五十人，许正副使二员，从人十五名入京，余俱留闽待命。"③

为了表示对琉球的重视，朝廷特赐册封使一品麒麟服以提升他的声望，俨然是国家元首特使。册封礼仪隆重而复杂，身穿一品麒麟服的册封使登台宣读诏书，琉球君臣俯首恭听；册封使转赠中国皇帝的赐物，新王接受礼品后，三跪九叩行问安礼、谢恩礼。礼毕，在全首里城举行游行仪式，接受臣民的祝贺，历时整整一天，万人空巷。仪式结束后，新国王才称得上是真正即位。④

清代皇帝对琉球情有独钟，多次赐御书匾额给琉球国。康熙曾赐"中山世土"，雍正赐"辑瑞球阳"，乾隆先后赐给琉球三面御书匾额，即"永祚瀛壖""海邦济美""福"。这些吉祥语言，显示了清代帝王对琉球的爱怜之心。

琉球自江户时代初期被岛津市征服以来，一直置于鹿儿岛藩的统治之下，但同时又受清朝的册封，处于所谓"两属关系"之下。自尚宁王起琉球被迫向日本效忠。据统计，从1634年到1850年，琉球先后派遣的"上江户"使臣超过百余次。琉球王国这种明属中国，暗属日本的状态，一直

---

① 赵尔巽. 清史稿［M］. 北京：中华书局，1973：14616.
② 蔡铎，蔡温，郑秉哲. 中山世谱［M］. 袁家冬，校注. 北京：中国文史出版社，2016：127.
③ 赵尔巽. 清史稿［M］. 北京：中华书局，1973：14617.
④ 张茜，林晨. 怡山院随想［J］. 福建乡土，2016（1）：16-18.

维持到日本明治维新初年。日本政府处心积虑要把琉球彻底变为日本的领土。日本明治五年（1872）设置琉球藩，封尚泰为藩王，1874年10月31日，日本通过《中日北京专约》迫使清政府承认了"日本对琉球岛的权力"。1875年7月，日本政府命令琉球藩王停止对清朝贡，不接受清政府的册封和撤销福州的琉球馆，接着又于明治十二年（1879）日本正式吞并琉球，废除琉球藩，设立了冲绳县。① 从此琉球成为日本的一部分。虽然中方对此进行了抗议，但在甲午中日战争后清政府承认了这一事实。《清史稿》云："光绪元年，琉球国贡使蔡呈祚回国病殁山东，赐葬费银。五年，日本入琉球，灭之，夷为冲绳县，虏其王及世子而还。"②

据日本学者赤岭诚纪《大航海时代的琉球》一书的统计，明清时期琉球贡使团来华达884次之多，其中明代537次，清代347次。这是同时期任何一个与中国有朝贡关系的东亚国家所无法比拟的。③

明清两朝，琉球按照"两年一贡"之例，仅次于朝鲜的"一年一贡"，在朝贡中，其地位已经超越了中国传统的属国安南，得到了与朝鲜国几乎同等的待遇。

（二）琉球迫切需要吸收中国的文化

明嘉靖十三年（1534）奉命出使琉球的明朝正使陈侃说："琉球越在海表，世奉正朔。"（陈侃《使琉球录》）琉球成为明朝的藩属后，对汉文化的向往与需求变得更加迫切，集中表现在琉球向中国派遣了众多的留学生。一则史料反映了外国留学生虚心向学，厚礼求学，感谢教师尽心尽力。

《玉堂丛语》云：

> 琉球诸国遣子弟来就学，人曰："行故事尔，奚庸教？"刘公宣

---

① 依田憙家. 简明日本通史 [M]. 北京：北京大学出版社，1989：217.
② 赵尔巽. 清史稿 [M]. 北京：中华书局，1974：14624.
③ 谢必震. 明清时期中国与琉球贸易之研究 [D]. 厦门：厦门大学，1998：33.

曰："夷狄慕中国而来，不尽心以诲迪之，是遏抑其良心也。"外国生俱感悦，厚赍金以献者再，固却之。外国生以闻，被命宣受毋辞，宣乃受。①

琉球对汉文化的重视还体现在琉球政府重用中国文人。除了明朝皇帝赐姓的闽人三十六姓，还有内地一些人士移居琉球。他们都得到了琉球王的重用。明人罗日褧的《咸宾录》记载：②

永乐中，中山王思绍遣使入贡，表言："长史王茂，中国饶州人也，辅臣祖察度40余年，不懈于职，今年已八十，请命还乡。"从之。

《咸宾录》还记载琉球文职官员皆由汉人及学于国学者担任：

凡习刑法、钱谷等官，皆土人，为武职；其大夫、长史、通事官司朝贡，为文职，皆三十六姓人及学于国学者为之。

经过多年的借鉴和吸收，琉球在文化上受到中国的影响。明万历六年（1578）奉命出使琉球的明朝正使萧崇业称赞琉球："翼翼然恭而有礼，郁郁乎文而不惭！"（萧崇业《使琉球录》）

平心而论，琉球毕竟不如朝鲜文化昌盛。这在不少明清出使琉球的使臣记录中都有相关记载。如清代嘉庆年间出使琉球的李鼎元，在《使琉球记》中云："本国文籍固少，即购自中国者亦不多；故文风不及朝鲜。"

（三）琉球华人通事成为中琉文化交流的桥梁

琉球偏僻，远居海岛，与中国交往不便。明洪武十五年（1382）二

---

① 焦竑. 元明史料笔记丛刊：玉堂丛语 [M]. 北京：中华书局，1981：37.
② 《咸宾录》东夷志卷二，琉球.

月,"琉球国中山王察度遣其弟泰期及其臣亚兰匏等奉表贡马二十四、硫黄二十斤",明太祖考虑到琉球僻处大海,路途险远,"遣上佩监奉御路谦送其使者归国"(《明太祖实录》)。

关于明朝帮助琉球设立华人通事的缘起,开始为明朝边军错以为琉球人为倭人的事件。明洪武二十五年(1392),一批琉球人在河兰埠采硫黄,明朝边军误认为他们是倭人,而倭人是禁止入华的,这样边军就把这些琉球人押送至京(明朝建都应天,今江苏南京),最后通过来华朝贡的琉球贡使的翻译才消除了误会。因此,明太祖认识到了加强中琉语言文化交流的重要性。

为了便于琉球往来朝贡,明洪武二十五年(1392)明太祖朱元璋钦赐三十六姓善操舟者与琉球。现存最早的《使琉球录》作者陈侃记载了此事,云:"我太祖之有天下也,不加兵,不遣使,首效归附。其忠顺之心,无以异于越裳氏矣。故特赐以闽人之善操舟者三十有六姓焉,使之便往来、时朝贡,亦作指南车之意焉耳。"① 明万历年间申时行等编纂的《明会典》亦云:"二十五年,中山王遣子侄入国学。以其国往来朝贡,赐闽人三十六姓善操舟者。"

《明神宗实录》万历三十五年(1607)九月条云:

> 琉球国中山王尚宁,以洪永间例,初赐闽人三十六姓,知书者授大夫、长史,以为贡谢之司;习海者授通事、总管,为指南之备。今世久人湮,文字音语、海内更针常至违错,乞依往例,更选旧衔。事下礼部,寝之。(《明神宗实录》卷四百三十八)

由此可见,明万历三十五年并未赐闽人善操舟者。

明朝万历年间,曾有再赐闽人之举。清乾隆时期周煌在《琉球国志略》中云:

---

① 台湾文献史料丛刊:第287种[C].台北:台湾大通书局,1984:24.

洪武二十五年……赐闽人善操舟者三十六姓，以便往来。今所存者七姓。然毛、阮二姓又万历年间再赐者，实仅金、梁、郑、林、蔡五家。①

明朝两次赐闽人三十六姓，其目的是便于琉球朝贡，是为了促进明琉关系发展，从东亚朝贡体系的大局出发。

由于三十六姓是由明朝皇帝赐姓，他们奉命抵达琉球，受到琉球王室的高度重视，在琉球享有崇高的社会地位，在与中国的交往方面发挥了巨大的作用。作为三十六姓的后裔，久米村人（闽人三十六姓后裔世居久米村，故名）也在琉球的政府机构和教育机构中担任重要的角色。在琉球那霸市编集室所编撰的《久米村系家谱》中，记载了三十六姓在琉球的情况。

明代茅瑞徵在《皇明象晋录》中谈到了琉球国对闽人的重视②：

洪、永所赐三十六姓，多闽之河口人，子孙秀者，读书南雍，归即为通事，累升长使、大夫。

《郑氏家谱》云：

郑氏之先出于闽之长乐，明洪武二十五年以太祖皇帝赐三十六姓，长史讳义才，奉命始抵中山，宅于唐荣，子孙绵延。

《金氏家谱》云：

始祖讳瑛，号庭光，原系浙江之人也。元末南游闽山，竟于闽省

---

① 周煌. 琉球国志略［M］. 台北：京华书局，1968：126.
② 郑氏家谱、金氏家谱、蔡氏家谱均出自冲绳《久米村系家谱》。

居住。未几，正逢鼎革，至洪武二十五年壬申，瑛公膺选，同三十六姓抵中山，子孙绵延，满于唐荣，遂为秋阳之乔木也。

《蔡氏家谱》云：

始祖讳崇，号升亭，行二、官爵勋庸、生卒年月、封祖等俱不传，福建泉州府南安县人，系宋朝鼎甲端明殿大学士忠惠公讳襄字君谟六世孙也。大明洪武二十五年，备三十六姓之例，奉敕来择中山，中山之有蔡姓，自此始也。

在琉球朝贡贸易初期，琉球国自身没有能力造海船，也没有专门的航海人员，明朝政府把火长、梢水、通事等人赐给琉球，极大地便利了琉球的朝贡活动。《明实录》记载：福建长乐出身的潘仲孙，于1390年受官命任琉球船的"梢水"，长年在船上从事中琉之间的朝贡活动，1405年升为"火长"一职，1431年上表请求返回故乡养老。

清代中琉关系继续发展。清乾隆五十九年（1794），琉球国王尚穆崩，其世子尚哲先七年卒，世孙尚温于清嘉庆三年（1798）遣使进贡，表请袭封。清嘉庆四年（1799）选定赵文楷为正使、李鼎元为副使出使琉球。嘉庆五年（1800）二月起行出使琉球，敕封琉球国王颁给诏书一道、敕谕一道。琉球备有天使馆，在接待天使的琉球人中，以通事为主，"寒温仰于通事，茶罢辞去"。李鼎元的《使琉球记》[①] 中曾谈到了精通汉语的郑得功：

十五日（丙申），晴，早起，于文庙、天后宫行香。世孙遣法司等官来馈食；有紫金大夫郑得功能汉语，通事无能及者。……

---

① 李鼎元. 使琉球记［M］. 西安：陕西师范大学出版社，1992：72，76。

文中的郑得功应为闽人三十六姓后裔,由于其在朝贡方面的突出贡献,被琉球国王任命为紫金大夫。

除了首里七大姓,久米人在琉球的社会地位也很高,得到王室的重视。琉球学者杨文凤告诉李鼎元:

> 久米人,官始于通事,止于紫金大夫,从未有至法司者。惟蔡温学优功著,王特用为法司;子尚翁主,亦即移居首里,与七姓同贵。温之前有郑迵,积功至法司;后为日本所执,不屈死。久米官之子弟,能言,教以汉语;能书,教以汉文。十岁,称"若秀才",王给米一石。十五,薙发,先谒孔圣,次谒国王;王籍其名,谓之"秀才",给米三石。长则选为通事,积功至都通事、通议大夫、中议大夫而至紫金大夫,为国中文物声名最,即明三十六姓后裔也。(李鼎元《使琉球记》)

到了清嘉庆年间,琉球三十六姓中后裔仍居住在琉球久米村。李鼎元《使琉球记》[①] 云:

> 国中惟久米村梁、蔡、郑、毛、曾、陈、阮、金等姓,乃三十六姓之裔。

《指南广义》编撰者程顺则是三十六姓后裔,其中的《三十六姓所传针本》发现的意义,在于凸显了此类源于中国民间航海实践的传抄本在时间上的源远流长。明太祖所赐的三十六姓,是善于操舟的航海世家,他们的航海经验传承于祖先,所传针本自然是世代相传的传统海上针路。[②] 所谓"善操舟者",即了解并熟悉传统针路,曾与琉球有交往。

---

① 李鼎元. 使琉球记 [M]. 西安:陕西师范大学出版社, 1992:101.
② 李鼎元. 使琉球记 [M]. 西安:陕西师范大学出版社, 1992:116.

谢必震曾专门考证，指出闽人三十六姓是由明廷赐姓，赐姓琉球的原因有四：一是为中琉贸易的利益所驱使；二是将私人海外贸易转为官方贸易（我认为这三十六姓中有很多姓从事私人海外贸易）；三是中国传统"用夏变夷"观；四是保护弱小邻国。①

方宝川则认为：闽人三十六姓并非福建来的三十六个姓氏，三十六是泛指，由于当时渡来琉球的闽人最多，所以统称为闽人三十六姓。②

"闽人三十六姓"的使命，最初是向琉球人传授造船、航海技术，后来是承担琉球对外文书的制作工作。

明代，琉球国多次为三十六姓后裔乞求职务，对华人通事格外眷顾。明洪武二十五年（1392），中山王及其世子遣使进贡，《琉球史料丛书》③具疏言称：

> 通事程复、叶希尹二人以寨官兼通事，往来进贡，服劳居多，乞赐职、加冠带。使本国臣民，有所仰止，以变番俗。

明洪武二十七年（1394），中山王察度遣使亚兰匏上表，乞求王位冠带，《琉球史料丛书》上疏云：

> 亚兰匏掌国重事，乞陛授品秩，给赐冠带。又乞以通事叶希尹等二人充千户。

清康熙年间，唐荣子弟、曾任世子世孙讲述官的琉球紫金大夫蔡文溥自豪地说："余蔡氏乃闽泉郡人……大鼎甲端明殿学士襄公六世孙讳崇字

---

① 谢必震. 明赐闽人三十六姓考述 [J]. 华侨华人历史研究, 1991 (1): 38-45.
② 方宝川. 明代闽人移居琉球史实考辩 [J]. 福建师范大学学报（哲学社会科学版），1988 (3): 119-123; 万明. 乡国之间：明代海外政策与海外移民的类型 [J]. 暨南学报（哲学社会科学版），2016 (4): 1-9.
③ 李鼎元. 使琉球记 [M]. 西安：陕西师范大学出版社，1992: 116.

升亭者，于大明洪武年间以三十六姓之一奉敕来铎中山……迄今三百余年，历十有二代。其间或为都通事，或任长史，或升正议，或拜紫金，功奏于国，世禄其家，子孙显宦不绝。"（蔡文溥《四本堂诗文集示同宗子弟》）

久米村又名"唐营""唐荣"，是琉球华人的聚居地。清乾隆年间久米村人、三十六姓蔡氏后裔蔡世昌（1725—?），曾在中国留学，归国后写有《久米村记》一文，记载了久米村村名和意义的由来：

> 久米村，一名唐荣，即古之普门地也。明太祖赐唐人三十六姓，聚族于此，故曰"唐营"；又以显荣者多，故改曰"唐荣"。国王厚其裔，世其糈，故取世禄之义曰"久米"。①

久米村的行政和管理组织中，以久米村总役（总理唐营司）为最高，其次有长史、久米村笔者（属官大笔贴）、汉字方（汉字笔者、书表笔贴式）、汉文方（汉文组立役）、通书方（通书役、司宪书官）、明伦堂（讲解师、训诂师）、久米村总横目、总与头、系正、渡唐旅役、地扶持及其他职位。渡唐旅役的经验是否丰富对其之后的仕途有很大的影响。虽然这一类的任命大多是临时的，久米村士族的最大职责是作为进贡、接贡时正议大夫的副使，以都通事、在船都通事、存留通事、总官等名义来到中国。一般的惯例是进贡时候8人，接贡时候3人，经历过三四次朝贡贸易的"渡唐役"大多有机会被琉球国王所重用。②

**二、中国音乐舞蹈艺术在琉球的传播**

中国音乐舞蹈艺术在琉球的传播包括多方面的内容，既有乐器的传

---

① [清] 潘相辑. 琉球入学见闻录 [M] //黄润华, 薛英, 编. 国家图书馆藏琉球资料汇编：下册. 北京：北京图书出版社，2000：736.
② 曹晗露. 琉球王国时期久米村的变迁 [D]. 福州：福建师范大学，2012：19.

播，也有戏剧的传播；既有对中国音乐艺术的继承，也有对中国音乐思想的弘扬。

（一）明清时期中国音乐向琉球传播

闽人三十六姓对中国乐器传播居功甚伟。

琉球三弦是琉球以及日本奄美群岛所使用的弹弦乐器。与中国三弦、日本三味线属于同类乐器。中国三弦是如何传入琉球成为三弦的，学界一般认为是明代初年明帝赐闽人三十六姓，这些人移居琉球，多携带三弦而行，自此琉球中山国有了三弦。在16世纪后琉球方面的文献中有关于三弦的确切记载，"在琉球，三弦音乐基于儒教思想的基础，受到了士族男子的喜爱而得到了迅速普及"①。

王玉珍认为，三弦大约在公元14~15世纪从中国传到琉球，经过改良后大约在公元16~17世纪成为琉球歌的伴奏乐器并且广泛传播开来。②

在传入时间和传播者的问题上，学界也有不同意见。日本学者矢野辉雄在《琉球对中国音乐的吸收》一文中认为，三弦传入琉球应在15世纪后期至16世纪前期比较可靠，"近14世纪后半叶至15世纪前半叶，中国的泉州是进入冲绳的门户，此地被认为是福建南音的发祥地，当时在中国，与琵琶、洞箫并重的就是三弦"③。他认为，作为民间音乐的三弦传入的契机，决不仅限于正式的册封使的渠道。"证据就是三弦在进入琉球王府的同时，很快也在妓女们中间普及了。"④

明朝册封使对中国音乐在琉球的传播也有贡献。中琉关系建立后，明朝派遣册封使，乘坐专门的"御冠船"前往琉球首府首里城举行册封仪礼程序。这种被琉球方面称为"御冠船"的仪礼，内容丰富多彩，其中包含

---

① 王州. 中琉音乐文化交流之花：日本琉球的三弦 [J]. 福建艺术，2003（5）：24-25.
② 王玉珍. 你所不知道的冲绳音乐 [J]. 音乐生活，2008（5）：27-28.
③ 矢野辉雄，金秋. 琉球对中国音乐的吸收 [J]. 中国音乐，1994（4）：54-56.
④ 矢野辉雄，金秋. 琉球对中国音乐的吸收 [J]. 中国音乐，1994（4）：54-56.

有古典音乐、舞蹈和戏剧等艺术展演活动。①

在册封使团的组成人员中,有各种职业者,其中就有乐手擅长音乐者。他们为册封活动演奏各种仪式音乐,把中国的鼓吹乐带到琉球。同时,册封使及其使团人员把中国的乐器带到琉球。册封使团人员在琉球逗留期间还参加各种活动,其中就有参与当地的音乐艺能的教学、演出、观摩活动。② 明代万历年间以萧崇业、谢杰为首的册封使团中有一些艺术人员,如用于文艺表演的侏儒和小丑。③

琴的传入与册封使有关。据张学礼的《中山记略》记载,苏州人陈翼(字友石)随册封使入琉球,琉球王请他教三个儿童习琴。在此期间,向王子学会了《思贤操》《平沙落雁》《关雎》三支曲子,王胥学会了《秋鸿》《渔樵》《高山》三曲,法司之子学会了《流水》《洞天》《高山》三曲。但是到了清代1719年徐葆光到达琉球时,琉球已经是"国中无琴,但有琴谱"的状态。那霸官员毛光弼受琉球王世子委派到陈州学习七弦琴法,但今天并没有流传下来。至于琉球七弦琴没有留传的原因,矢野辉雄认为,"可能是由于三弦引进后三弦占了主导地位的原因"④。

由于福建地邻琉球,福州和泉州在中琉交往中具有重要地位。福建的民歌(劳动号子、山歌、小调、唱诗念歌、习俗歌)等均先后传入琉球。在这些习俗歌中,目前发现,随着划龙船习俗的东传,从琉球王朝时期流传至今的《划龙船歌》,无论是演唱时间场合,或者是演唱方式、演唱内容、演唱语言、节奏等,都与福州等地的划龙船习俗有一定的关联。演唱时间场合,都是在农历五月初五端午节举行,只是在琉球作为款待册封使的节目之一,还在册封使到达琉球的农历九月九日重阳节举行。演唱方式

---

① 细川周平,周耘. 冲绳的音乐文化 [J]. 黄钟:武汉音乐学院学报,2017 (3):162-168.
② 李金能. 中国音乐文化在日本的传播 [J]. 新闻世界,2015 (1):132-133.
③ 朱端强. 出使琉球:萧崇业 [M]. 昆明:云南人民出版社,2015:41.
④ 细川周平,周耘. 冲绳的音乐文化 [J]. 黄钟:武汉音乐学院学报,2017 (3):162-168.

都是"一领众和"。《久米爬龙歌》《泊爬龙歌》演唱语言的读音与福州方言有一定联系，是汉语、福州方言和琉球语的掺和物。《泊爬龙歌》的一部分歌词内容与福州相关。《泊爬龙歌》《久米爬龙歌》的节奏样式与某些福州划龙船歌的节奏相类似。这些都说明了琉球王时期流传下来的《爬龙歌》与福建福州的划龙船的习俗、方言有一定的联系。①

以萧崇业为首的册封使团，曾深入琉球民间，注意到中国音乐在琉球的传播。琉球人喜欢由福建艺人演出的中国戏曲。中国艺人常常在宫中为琉球人演出的节目有歌颂孝道的《姜诗出妇》《王祥卧冰》，有歌颂爱情的《荆钗记》等，其他如《岳父破金》《西厢记》《拜月记》也偶尔演出。②

清代，《打花鼓》歌舞广泛流传于福州、泉州及其周边地区。据考证，在历史上的琉球王国，曾经出现过两种《打花鼓》：正体打花鼓和变体打花鼓。前者作为传统剧目的《打花鼓》曾经流传于琉球，并作为琉球使团"上江户"演出的剧目。后者作为《打花鼓》的变化形式而演出，在人物、情节内容、表演动作、歌唱旋律、伴奏音乐器（三弦）的定弦法等方面都受到中国特别是福建福州、泉州《打花鼓》歌舞的影响。③

说唱音乐又称为曲艺，是说白、歌唱和简单表演相结合的一种艺术形式。王耀华等人在对琉球三弦歌《安波节》的分析中，发现该曲的音阶、旋律均与泉州盲人走唱的《长工歌》相似，音阶同为徵调式无半音五声音阶，二者的旋律音调都以大二度、小三度连接为特征，骨干音和旋律进行动向大致相同，只是《安波节》为上下句结构，《长工歌》是上下句分别反复。④

---

① 王耀华. 三弦艺术论：下卷 [M]. 福州：海峡文艺出版社，1991：154-172.
② 朱端强. 出使琉球：萧崇业 [M]. 昆明：云南人民出版社，2015：75-76.
③ 王州，王耀华. 清代福州、泉州和它们周边地区的传统音乐乐种及其与琉球音乐的关联 [J]. 黄钟：武汉音乐学院学报，2011（4）：222-227.
④ 王州，王耀华. 清代福州、泉州和它们周边地区的传统音乐乐种及其与琉球音乐的关联 [J]. 黄钟：武汉音乐学院学报，2011（4）：222-227.

在戏曲方面，琉球也深受中国的影响。明代万历年间，福建莆田人姚旅在《露书》① 卷九"风篇"中云："琉球国居常所演戏文，则闽子弟为多。其宫眷喜闻华音，每作辄从帘中窥之。宴天使……惟《姜诗》《玉祥》《荆叉》之属，则所常演，每啧啧羡华人之节孝焉。"自万历年间开始，中国艺人在琉球演出，除了上述戏曲剧目外，还有《和番》《打花鼓》《朱买臣》《西厢》《拜月》等。②

民间器乐也从中国传入琉球。在乐器方面，冲绳县立博物馆展出了岛根县津和野旧藩家所藏中国乐器有 12 种共 18 件，即横笛 1，拍板 1，唢呐 1，七弦琴 1，月琴 5，扬琴 2，八角琴 1，琵琶 1，京胡 2，壳子弦 1，二胡 1，琉球三弦 1。水户德川家所收藏中国乐器有 20 种，即月琴、琵琶、四线、三弦、二弦、胡琴、小铜锣、鼓、铜锣、扬琴、提筝、锣子、韵锣、插板、檀板、钹子、唢呐、笛、洞箫、十二律。以上乐器除了琉球三弦和十二律（定律器）之外，其余全部为福建民间器乐所使用。尤其是提筝、曲项琵琶、二弦等，为福建的特色乐器。在乐队编组方面，琉球御座乐的乐队编组与中国民间的鼓吹乐、吹打乐的乐队编组相类似。琉球御座乐的乐队编组大致可以分为两个类型：一是比较接近南音"上四管"的乐队编组；二是与流传于莆田、仙游一带的十音、文十音的乐队编组比较接近的琉球御座乐"唱曲"乐队。在乐曲方面，琉球路次乐《颂王声》与中国京剧、昆剧曲牌"柳青娘"有关。这两者之间在旋律骨干音、乐句结束音、乐曲结构框架、旋律进行动向等方面有许多相似之处。③

组舞是琉球王国为款待中国的册封使而在宫廷宴会仪式上表演的一种艺能。它形成于 1719 年，创始人是玉城朝薰（向受佑）。徐葆光在《使琉球录》中云："重阳宴为龙舟戏……龙舟戏毕，国王先辞客，回府第；仍

---

① 姚旅：《露书》卷九"风篇"
② 王州，王耀华. 清代福州、泉州和它们周边地区的传统音乐乐种及其与琉球音乐的关联[J]. 黄钟：武汉音乐学院学报，2011（4）：222-227.
③ 王州，王耀华. 清代福州、泉州和它们周边地区的传统音乐乐种及其与琉球音乐的关联[J]. 黄钟：武汉音乐学院学报，2011（4）：222-227.

开宴于北宫，演剧六折。略记如后：第一，为老人祝圣事……第二，为鹤、龟二儿复父仇古事。第三，为钟魔事。"经过考证，第二即组舞《二童敌讨》，第三即《执心钟入》。据琉球史料《球阳》记载："命向受佑，以本国故事始作戏。首里向受佑，博通技艺，命为戏师，始以本国故事做戏教人，次年演戏供兴于册封天使宴席，其戏自此而始。"① 中国戏曲对琉球组舞有较大的影响。组舞成立的目的是款待中国册封使，因此，无论在内容还是在形式方面，都必须让册封使臣接受和理解。组舞音乐的体制与中国戏曲的曲牌联套体相似。从音乐的结构上看，和中国一样，组舞音乐的结构基本上是由几首相同（A+A+A+…）或不相同（A+B+C+…）的曲牌构成的。从音乐的使用上看，一曲多用是中国曲牌联套体中一种常用的手法，即同一曲调既可以在同一剧目中反复运用，也可以在不同剧目中多次运用。组舞的音乐也是如此。如在《执心钟入》中，《干濑节》被运用了三次，《七尺节》被运用了两次，这是同一曲调在同一剧目中的反复运用。另外还有一种情况，是同一曲调在不同剧目中的多次运用。如《散山节》分别在《二童敌讨》和《执心钟入》剧目中使用等。②

（二）明清时期琉球遣使中国学习音乐舞蹈艺术

据琉球方面的史料《球阳》的记载，中琉建交后，琉球"始节音乐，制礼法，改变番俗"，1413年琉球王遣怀机到北京，观察中国的礼乐文物，"意在将这种新的礼乐引进琉球"③。

在制度上琉球王设立了唐乐奉行，负责"唐乐"事务。琉球或遣青年人到中国留学，或使学习音乐的人进入仕途，鼓励士族中的青年人学习音乐。琉球使臣中专司音乐的官员地位很高，是仅次于正使、副使、参议官之后的乐正。这说明能演奏中国音乐的人在与琉球对外交往中发挥着重要

---

① 球阳研究会. 球阳 [M]. 东京：角川书店，1974：270.
② 刘富琳. 论琉球组舞的形成 [J]. 福建师范大学学报（哲学社会科学版），2000（3）：147-151.
③ 矢野辉雄，金秋. 琉球对中国音乐的吸收 [J]. 中国音乐，1994（4）：54-56.

作用。①

在中琉交往中，入贡是维持和发展中琉关系的重要方式。在历史上，伴随着琉球入贡、庆贺、谢恩活动而传播到琉球的中国音乐的代表性例子是"路次乐"。据史料记载，路次乐是琉球国中山王尚清的王舅上里盛里作为庆贺使到达明朝，受明朝廷的启发而创制的②，充分吸取了中国音乐的内容和形式。

琉球入华学生有官生、勤学、自费生等几种。官生在国子监学习，而勤学、自费生则在福州就读于私学。这些留学生在中国除了学习中国的典章制度、儒学等外，也把中国音乐带回了琉球。

留居琉球的汉人后裔，对中国戏曲在琉球的传播起了关键作用。要实现"汉戏琉化"，琉球遇到最大的难题是伶人后继乏人。据琉球方面的史料《中山世谱》记载，中琉宗藩关系确立后，琉球方面开始遣陪臣子弟来南京国子监学习，他们开始接触到中国的音乐艺术。如明成化十七年（1481）秋，琉球遣"陪臣子蔡实等五人于南京国子监读书"③。但是关于明代琉球遣使学习中国戏剧的具体记载相对缺乏。

在清代琉球派遣华人后裔赴中国学习戏曲。据久米村汉裔族谱记载："乾隆五十年（1785——引者注）乙巳六月十六日再请宪令，为习礼读书及习中华歌乐杂戏，随在船都通事蔡德蕴具志亲云上，次年丙午五月初三日那霸开船，初九日到闽细肆乐戏，戊申四月初五日随在船都通事阮善真玉桥里之子亲云上归国。"④ 又据魏氏九世秉礼谱记载：道光十九年（1839）己亥七月，为学习唐跃（中国戏剧），琉球国王先后派遣亲云上魏尊恭，十月从那霸出发，二十七日到达厦门外洋，十一月初一日转到漳州府洋面，初四日到达本港，十二月初一日到柔远驿"就师学习歌舞"，半

---

① 矢野辉雄，金秋. 琉球对中国音乐的吸收 [J]. 中国音乐，1994 (4)：54-56.
② 李金能. 中国音乐文化在日本的传播 [J]. 新闻世界，2015 (1)：132-133.
③ 蔡铎，蔡温，郑秉哲. 中山世谱 [M]. 袁家冬，校注. 北京：中国文史出版社，2006：94.
④ 那霸市史编辑室. 那霸市史 [M]. 那霸：那霸市史编集委员会印刷，1980：816-817.

年后他们返回琉球。① 这些学艺归来的汉人后裔成为"汉戏琉化"的实际承担者。

琉球人表演中国戏曲。根据《通航一览》和《琉球人座乐并耀之图》的记载，《和番》于1764年、1832年琉球"上江户"时编演过，其人物和表演内容与中国的"昭君戏"基本相同。上江户开始于1634年，终止于1850年，琉球迫于日本的压力被迫遣使谢恩。从《和番》的表演者来看，该戏剧是由琉球人来表演的，这表明当时琉球对中国戏曲的表演已经达到较为成熟的阶段。"和番"这一题材适合当时中国与琉球、琉球与日本的关系。②

(三) 唐乐及其中琉方面的记载

唐乐，即中国的音乐。《宋史·高丽传》（卷四百八十七）中云："乐声甚下，无金石之音，既赐乐，乃分为左、右二部：左曰唐乐，中国之音也；右曰乡乐，其故习也。"

早在14世纪察度王时代（1350—1390），就有记载除夕夜、元旦、冬至、正月十五都在王城内，把乐器摆列齐全，鼓乐齐鸣，行朝贺之礼。这种朝贺之礼是从闽人学来的，当时琉球把这种音乐称为"座乐"。1606年夏子阳出使琉球，在《使琉球录》中写道："乐器有金鼓、三弦等乐，但多不善作，尝借吾随从之人教之。"后来日本萨摩藩入侵琉球，将座乐带到日本。"1626年在江户和京都乐舞童子们演奏的音乐也是这种中国音乐。"③

座乐又被称为"御座乐"，按照日本学者山内盛彬的说法，是"相当于日本雅音乐那样的王室用的室内乐"。琉球座乐的构成，包括纯器乐曲的"乐"和器乐与声乐兼有的"唱曲"。其演奏主要是在款待中国册封使的宴会上、欢迎萨摩奉行的宴会上、琉球国中山王即位和冠服仪式、江户

---

① 那霸市史编辑室. 那霸市史[M]. 那霸：那霸市史编集委员会印刷，1980：880.
② 刘富琳. 中国戏曲《和番》在琉球的传播[J]. 中国音乐，2011（4）：54-58，63.
③ 矢野辉雄，金秋. 琉球对中国音乐的吸收[J]. 中国音乐，1994（4）：54-56.

朝贡等场合。因为他们在座中演奏，"是为太平乐。奏于座中，故亦曰座乐"。

福建师范大学教授王耀华对琉球御座乐《福寿歌》颇有研究。据其研究，在有关御座乐的历史资料中，有多首《福寿歌》《福寿颂》的歌词。其中1832年在江户朝贡场合演唱的《福寿歌》记载最多。《福寿歌》唱词的基本格式是：十（三三四）、十（三三四）、五、五、五、三、七，其内容是对国王和王朝的赞颂。前半部分，赞颂国王。后半部分，唱词是琉球人按照中国诗词风格创造的自成一体的长短句，旋律是从闽剧《清言词》、民歌《茉莉花》中受到启发，汲取养分而进行的重新创作。①

关于仪乐式，清朝册封使的记录中也有记载。1663年张学礼在《使琉球记》中记载，在册封之仪式中随行有"鼓乐引导"。特别是1670年制定了正月奏乐之制，在首里场内的中庭里进行演奏。主持这种乐事的是螺赤头奉行，由吹鼓手来担当。1700年在琉球王出行时便演奏"路次乐"，逢有大典则演奏庭乐，朝拜时演奏太鼓乐，其他场合则演奏一般乐。这几乎与中国完全相同。

琉球方面还有重视唢呐手的记载，1731年为了培养唢呐手，曾经发放年俸，可见琉球王廷对唢呐手的高度重视。因为在宫廷的仪式音乐中，唢呐是路次乐等仪式中不可缺少的等。②

路次乐的形式在日本江户的绘画中可以看到原型。其乐器有铜锣、两班、铜角、喇叭、鼓等。③

### 1. 中国古琴传入琉球

清康熙二年（1663），清朝册封使张学礼等到达琉球，在其使录《中山纪略》中谈到了"姑苏陈翼"（字友石）传授琉球世子弥多罗等三人琴

---

① 王耀华. 琉球御座乐《福长寿歌》[J]. 中国音乐学，2001（1）：60-65.
② 矢野辉雄，金秋. 琉球对中国音乐的吸收 [J]. 中国音乐，1994（4）：54-56.
③ 矢野辉雄，金秋. 琉球对中国音乐的吸收 [J]. 中国音乐，1994（4）：54-56.

曲。到1719年徐葆光出使琉球时，"国中无琴，但有琴谱"。

清乾隆二十一年（1756）王文治随册封使全魁、副使周煌等出使琉球。王文治（1730—1802），字禹清，号梦楼，江苏丹徒人，官吏、书法家、诗人。他的《海天游草》用65首诗的形式记录了出使琉球的全过程。其中有三首诗是有关徐傅舟在琉球弹琴的，即《停云楼听杭州徐傅舟弹琴》《笋崖月夜听徐傅舟弹琴》《全侍讲招同徐傅舟倪卷阿冯象泉张正其会饮》。在这次册封使团中，有擅长古琴的陈翼、陈利州、徐傅舟等人，他们在琉球传授古琴。①

2. 中国乐曲传入琉球

1651年琉球王府中开始设置"御乐典官"，这是琉球为1653年参觐江户而设置的官职。从这年开始琉球在江户进行中国音乐的演奏。那时已经有《太平乐》《万岁乐》《难来乐》等曲从中国传来琉球。1682年琉球的名护王子在《壬戌琉球拜朝记》中曾经有关于《太平乐》《万岁乐》《唐歌二曲》等的记载。1796年在江户的演奏曲中有《万年春》《贺圣明》《乐清明》等。这种场合日本服装和琉球服装被禁止，皆由身着唐装的少年演奏中国音乐。②

18世纪末，出现了一种以中国工尺谱为基础改编的竖排记写的工工四谱式，利用此谱式传承的音乐曲目有一百几十首。迄今为止，这种经过改良的乐谱仍在使用。以这种谱式传承的乐曲，在冲绳被称为古典乐曲。③

3. 中国舞蹈传入琉球

日本学者细川周平谈到《二岁舞》，认为它是一种融合了中国武术、唐拳等身形动作的舞蹈。舞蹈由一个冲绳语称为"二岁"的士族成年男子

---

① 刘富琳. 中国古琴在琉球的传播［J］. 音乐研究, 2015 (3): 21-27.
② 矢野辉雄, 金秋. 琉球对中国音乐的吸收［J］. 中国音乐, 1994 (4): 54-56.
③ 细川周平, 周耘. 冲绳的音乐文化［J］. 黄钟：武汉音乐学院学报, 2017 (3): 162-168.

独舞,节奏明快,场景华丽。①

自1372年琉球与中国建立朝贡册封关系后,明清政府先后多次向琉球派遣册封使。许多册封使留下了使行录。陈侃于1534年作为册封正使出使琉球,封世子尚清为琉球中山王,这是中国对琉球的第十一次册封,陈侃著有《使琉球录》;夏子阳于1606年作为正使册封琉球,这是中国对琉球的第十四次册封,夏子阳著有《使琉球录》;胡靖于1633年作为随从,随正使杜三策出使琉球,这是中国对琉球的第十五次册封,胡靖著有《杜天使册封琉球真记奇观》;张学礼于1663年作为正使册封琉球,这是中国对琉球的第十六次册封,张学礼著有《中山纪略》;汪楫于1683年作为正使册封琉球,这是中国对琉球的第十七次册封,汪楫著有《使琉球杂录》;徐葆光于1719年作为副使,随正使海宝出使琉球,这是中国对琉球的第十八次册封,徐葆光著有《中山传信录》;李鼎元于1800年作为副使,与正使赵元楷册封琉球,这是中国对琉球的第二十次册封,李鼎元著有《使琉球记》。为迎接中国皇帝对琉球的册封使臣,琉球都要在宴会上表演各种歌舞。在这些使琉笔记中,都有琉球宫廷舞蹈的记载。陈侃在《使琉球录》中有册封仪式之后的盛宴上"金鼓笙箫乐,翕然齐鸣"的记载;册封使郭汝霖亦有在琉球国中山王的居住处"出入乘肩舆,前面有吹鼓手先导开路,枪戈随后"的记载。在这一使行录中,特别提到了用三弦这种乐器进行演奏,即"音乐用弦歌,音颇哀怨",而且还附录有"人老不少年"这种意思的歌词。②汪楫在《使琉球杂录》中记载:"上大夫无事辄聚饮,好以姆战行清酒,酒慢声而歌,三弦和之,其声哀怨,抑而不扬。"从中可知,三弦在琉球士大夫的歌唱中已经成为不可少的伴奏。

琉球王国初期的三弦曲,受中国音乐的影响很大。即快节拍成为节乐

---

① 细川周平,周耘. 冲绳的音乐文化[J]. 黄钟:武汉音乐学院学报,2017(3):162-168.

② 矢野辉雄,金秋. 琉球对中国音乐的吸收[J]. 中国音乐,1994(4):54-56.

的主要要素。①

　　琉球方面有1700年王子尚纯招待魏士哲（高岭德明）鉴赏中国音乐的记载。魏士哲作为"勤学"曾奉命入闽学习，回国后担任通事，多年往来中琉之间，为中琉关系的发展做出了贡献。在王子的音乐招待会上，演出者是演奏"唐乐"的团队，有别于琉球的演出歌三弦和舞蹈的艺人。中国戏曲曲目有《风筝记》《和番》《朱买臣》等。直到日本庆应三年琉球国庆之时（1867），中国戏曲仍然在琉球上演。除了上演《福寿歌》《丰年诗》《太平歌》等音乐剧外，还用汉语演出《朱买臣》《渭水访贤》等中国戏剧。②

　　在各种关于琉球音乐的记载的使行录中，以徐葆光的《中山传信录》最为详细，它对中秋宴、重阳宴上表演的各种歌舞、戏曲的记载尤其具体。在王宫的仪式上有"金鼓仪式"，即在礼仪进行中有乐器演奏。那时已经确立了典型样式的礼仪之式。这也表明了琉球首里王府在19世纪的王朝末期的仪式上也采用了乐器。徐葆光说："三弦比中国三弦相距之寸余。"

　　为了迎接册封使，琉球王会安排歌舞演出。在李鼎元的《使琉球记》里有如下记载：

> 八月初十日。……通事致词云：国王备有舞、乐，旧供七宴；今即不宴会，可令装束见，以表诚敬。随令舞童排列阶下，人二十有四；年率十五以上，皆高梳云髻，戴花满头，着彩衣，衣长洩地，袖长等身，两胁不缝，朱袜不履；人物秀美，尽宦家子弟。余与介山赞叹称谢。③

---

① 矢野辉雄，金秋. 琉球对中国音乐的吸收 [J]. 中国音乐，1994（4）：54-56.
② 矢野辉雄，金秋. 琉球对中国音乐的吸收 [J]. 中国音乐，1994（4）：54-56.
③ 那霸市史编辑室. 那霸市史 [M]. 那霸：那霸市史编辑室，1977：254；刘富琳. 从《使琉球录》看琉球宫廷舞蹈的发展变化 [J]. 北京舞蹈学院学报，2010（4）：46-55.

琉球人还在中国戏曲的基础上创造了新的音乐戏剧——"组踊"。据记载，玉城朝薰（1684—1734）在1719年模仿日本的艺能，创造称作组踊的音乐剧。这种音乐戏剧是音乐与舞蹈的综合，以三弦为基调，在三弦音乐的基础上加入文学色彩。在欢迎清代册封使臣的宴会上，成为不可缺少的节目。这样，琉球开始有了展示自己独特艺能文化的形式。①

在乐谱上，中国的乐谱也较早传入琉球。据记载，已经在照喜闻觉（1682—1753）的工工四的新片中，记录下《作田节》等5支曲子。"工工四"名称明显是从中国借鉴来的，也称为"工尺谱"。现在最古老的音乐谱被称作屋嘉比朝崎的"工工四"，它源于"唐工、六、四"。王耀华教授认为，琉球把中国的音程谱换成了指谱。指谱是把1，2，3弦的开放弦作合，四，工，而在手指上校出的位置的记谱法。②

**结语**

明清时期中国与琉球关系密切，琉球在文化上深受中国的影响。中国音乐舞蹈在琉球的传播是多方面、多渠道的，影响也是巨大的。其影响之大，直到现在，都能随处可见。在冲绳，直到今天，三弦也仍然是每个家庭必备的乐器，宴会之时必定演奏。不仅如此，还有些家庭甚至将其作为珍宝名器而代代相传。"许多年轻人学习三弦演奏，恰似美国人演奏吉他般地轻松愉快，自得其乐。"③

---

① 矢野辉雄，金秋. 琉球对中国音乐的吸收 [J]. 中国音乐，1994（4）：54-56.
② 矢野辉雄，金秋. 琉球对中国音乐的吸收 [J]. 中国音乐，1994（4）：54-56.
③ 细川周平，周耘. 冲绳的音乐文化 [J]. 黄钟：武汉音乐学院学报，2017（3）：162-168.

# 明清时期中国农业生产技术在琉球的传播

古代中国农业生产技术从明代起开始在琉球传播。明太祖重视琉球社会经济发展，关心琉球农业生产，认为和平安定的环境有利于农业生产的发展。明洪武年间，琉球三王互争，影响了琉球农业生产。明太祖遣使敕中山王察度，曰："近使者归言：'琉球三王互争，废农伤民。'朕甚悯焉……王其罢战息民，务修尔德，则国用永安矣。"又晓谕山南王承察度、山北王帕尼芝，云："近使者自海中归，言琉球三王互争，废弃农业，伤残人命。朕闻之，不胜怜悯。今遣使谕二王知之，二王能体朕之意，息兵养民，以绵国祚，则天必佑之，不然，悔无及矣。"（《明太祖实录》卷一百五十一）明太祖赐"闽人三十六姓"给琉球，不仅方便了琉球的朝贡活动，也有助于农业生产技术在琉球的传播。

古代中国农业生产技术在琉球得到传播的有利条件是：一是中国福建与琉球临近，隔海相望，有助于两国人民交往，便于农业生产技术的传播和接受；二是闽人三十六姓及其后裔在琉球生活，熟悉中国农业生产技术，有利于中国农业生产技术在琉球的传播；三是中琉两国政治经济关系密切，两国使者往来频繁，两国人民交往密切，有利于中国农业生产技术输入琉球。

中国农作物输入琉球，不久在琉球得到广泛传播。明朝册封使夏子阳在琉球欣喜地看到那里有波菱等农作物，据了解均来自中国，于是在《使琉球录》中云："波菱、山药、冬瓜、薯、瓠之属，皆闽中种。"明确指出琉球所种植的波菱、山药等农作物即来自福建。

番薯亦从中国传入琉球。在史料方面，对番薯的传入有比较完整的记载。明万历三十三年、琉球尚宁王十七年（1605），琉球进贡船总管野国采用"钵植"法，将番薯苗从福州带回琉球培植，久米村系家谱云："总管野国自中华带来番薯以播于国。"清康熙三十四年（1695），琉球王府又遣翁自道前往福建学习不同品种的番薯栽培方法。从此，番薯种植在琉球广为推广，产量也得到很大的提高，成为琉球国人民主要的食粮。①

琉球闽人三十六姓大规模移居琉球后，聚落而居，仍然保留着原来的生产生活方式。在他们与琉球当地民众互动交流的过程中，一些作物栽培技术和先进的农业生产工具也开始在琉球国内推广应用，有力地促进了琉球农业经济的发展。

闽人三十六姓对琉球经济发展的推动作用还体现在生产技术方面。清代徐葆光在康熙年间奉命出使琉球，在琉球期间他对琉球进行了多方面的考察，也了解到琉球国的农业生产情况。他在《中山传信录》中云：在琉球三十六岛中，唯有位于首里北四十里的北谷多稻田。②高处田地依赖雨水，低处则引泉水浇灌。而所用农具"耡、犁皆仿中国"，却轻小化。③

除了中国移民传播中国农业生产技术外，移民后裔亦参与了农业生产技术的传播。其中琉球派遣的留学生亦是主要的传播者。

徐葆光在《中山传信录》中记载：琉球派往中国求学的留学生，除了国子监求学的官生外，还有一种称之为"勤学"的留学生。这些人大都是闽人后裔，他们在华期间积极学习中国的生产技术和专业知识。学习的专业技能主要有：天文地理、制茶、农作物栽培，医学、音乐戏曲，纺织，冶金等。有一些琉球勤学即以农业生产技术为对象，致力于中国农业生产技术在琉球的传播。

---

① 杨邦勇. 亚洲视域下的琉球兴亡史研究 [D]. 福州：福建师范大学，2012：39.
② 徐葆光. 中山传信录 [M]. 台北：台湾银行经济编印室，1972：145.
③ 徐葆光. 中山传信录 [M]. 台北：台湾银行经济编印室，1972：234.

程顺则曾以勤学身份在福州留学，1696年作为进贡大通事在北京与清朝礼部官员进行外交。他回到琉球后，将从北京带回的《御制耕织图》献给琉球尚贞王。该文叙述了农业和纺织的重要性，希望能"遍示琉球人，俾晓然于农桑之为重，推而广之"，力图在琉球普及耕织。

清雍正年间（1723—1735），从福州回来的勤学蔡温，得到琉球国王的重视。蔡温亲自主持了琉球国羽地的农田水利建设工作，并"奉命始教农田经界之法"等，"令匠人始测影定漏器物"，进行测量，为琉球农业生产及地理事业做出了重大贡献。①

清雍正十三年（1735），羽地田圃洪水泛滥成灾，蔡温奉琉球国王之命至羽地治理洪水，安抚百姓。他率人早出晚归，依法决策，兼修民田，百姓大安。从此，河水不再泛滥成灾，反而成为农民灌溉耕地的重要水源。为此琉球当地百姓特建"改决羽地川碑记"作为永久纪念。琉球国王亲自至浦添驿迎接蔡温，并赐给他御笔感之状一张，金织锦带一条。

蔡温本人非常重视琉球的森林培育与开发。他认为，树木培育需要历时多年，而琉球乃海岛之国，对外交通及王城建设必须全部依靠木料。如果木料不足，势必向日本萨摩藩订购，支出太多会造成琉球国财政更加困难，加重百姓负担。清乾隆元年（1736），蔡温开始对琉球山林进行实地考察，前后历经五月之久。在其下山之时，琉球国尚敬王依然亲自前往浦添驿迎接蔡温，以表达敬意。②

在此期间，蔡温还编撰了《杣山法式账》及《山奉行规模账》（杣山指王府管理的山林）。这两个法案由琉球摄政和三司官连署颁布，成为治理山林的标准，其内容包括森林养育的方法、森林的鉴定标准、管理森林的行政职责及处罚条例。赖正维认为：蔡温治理山林的理念影响深远，其森林生态学观念仍然是今天的琉球林业的指导思想。③

---

① 杨邦勇. 琉球王朝500年 [M]. 北京：海洋出版社，2018：83.
② 赖正维. 福州与琉球 [M]. 福州：福建人民出版社，2018：252.
③ 赖正维. 福州与琉球 [M]. 福州：福建人民出版社，2018：253.

与农业生产有关的技术也传入琉球。清嘉庆十九年（1814），琉球华人后裔陈有宪以在船通事的身份来闽，奉琉球中山王之命学习藏贮大米之法，回国后自试其法，"虫啮甚少"，效果比较理想。

**结语**

中国农业生产技术传入琉球是有便利条件的，在整个明清时期，琉球闽人三十六姓及其后裔（尤其是华人留学生）对中国农业生产技术在琉球的传播做出了较大的贡献。程顺则、蔡温是琉球华人留学生中的佼佼者，他们在传播中国农业生产技术方面尤其突出。

# 古代中国与尼泊尔的农业科技交流

尼泊尔联邦民主共和国，简称尼泊尔，为南亚山区内陆国家，是世界三大宗教之一佛教的发源地，位于喜马拉雅山脉南麓，北与中国西藏自治区相接，东与印度共和国锡金邦为邻，西部和南部与印度共和国西孟加拉邦、比哈尔邦、北方邦和北阿坎德邦接壤。尼泊尔是古老的国家，从公元前6世纪起，其境内出现了一些王朝，主要有基拉特（公元前6世纪到公元4世纪）、李查维（4世纪到13世纪）、玛拉（13世纪到1768年）等王朝。在中国的史书上，新旧《唐书》上称之为"尼婆罗"，《明史》上称之为"尼八剌"，《清史稿》上称之为"廓尔喀"。清乾隆五十三年（1788）发生了廓尔喀（尼泊尔）侵藏事件，暴露了清政府在西藏边防事务方面存在的严重问题；乾隆五十六年（1791）廓尔喀再次入侵西藏，攻入日喀则，劫掠扎什伦布寺，占领定结、定日、吉隆等地。清政府任命福康安为将军，海兰察、奎林为参赞，统率由满、汉、蒙古、藏、鄂温克、达斡尔等族士兵组成的劲旅入藏讨伐，一举攻入廓尔喀境内700余里，逼近阳布（今加德满都），廓尔喀战败投降，将所掠后藏一切财物交还清朝，廓尔喀还"遣大头人恭进表文"，并求定"贡期"，从此，他们向清朝5年一"贡赐"，中尼两国恢复睦邻关系。在中尼关系史上，虽然在清代两国曾有过短期的战争，但中尼两国关系的主流是友好合作。中尼之间有着上千年友好交往的历史，两国有着密切的文化交流，在农业科技交流方面，也取得了不俗的成绩。

#### 一、古代中尼农业科技交流的有利条件

中尼两国开展农业科技交流有其有利条件：

一是在历史上，中国与尼泊尔两国政治关系良好，有着密切的交往。晋代高僧法显、唐代高僧玄奘曾到过佛祖释迦牟尼诞生地兰毗尼（位于今尼泊尔南部）。自唐代起，中国与尼泊尔交流增多。唐朝时，吐蕃与尼婆罗关系密切，尼婆罗公主尺真与吐蕃赞普松赞干布联姻。唐朝与尼泊尔政治关系十分密切。最突出的事例是：唐贞观二十一年（647），唐太宗李世民以王玄策为正使，再次出使天竺（印度）。时天竺戒日王已死，天竺国内发生饥荒，发兵抗拒王玄策。王玄策发吐蕃、尼婆罗之兵，648年尼婆罗以7000骑兵支援王玄策攻下曲女城，俘虏其王阿罗那顺，奏凯而归。① 中尼邦交亲密无间臻于极峰。元朝时，中国疆域辽阔，影响巨大，尼泊尔著名工艺家阿尼哥曾来华监造北京白塔寺。明清时期中国与尼泊尔关系也比较密切，仅在清代初期发生过短暂的战争。

二是中尼两国地缘关系密切。中尼两国毗邻，中国西藏南部吉隆、定日、聂拉木一带和尼泊尔接壤，两国有交往的地理条件。中尼两国边民长期进行物物交换，互通有无。樟木口岸位于喜马拉雅山南麓的中尼边境樟木镇，东、南、西面与尼泊尔接壤，目前是西藏唯一的国家一类陆路通商口岸，也是中国通向南亚次大陆最大的开放口岸，为国家一级公路——中尼公路之咽喉。古代中尼两国人员频繁往来，边境居民互通婚姻，客观上有利于科技交流。

三是中尼两国都是农业国，创造了高度的农业文明，在农业生产方面可以互相借鉴。尼泊尔是个发达的农业国家。据说玛拉王朝时期人民的道德水平也非常高，有一个著名的十五姆利（Muri，容量单位，约七十升）稻谷一夜间变成十六姆利的故事。有一天早上，一个农夫带着一姆利的稻谷来到朝廷，告诉国王说昨天晚上睡觉前他只有十五姆利的稻谷，但是今

---

① 欧阳修，宋祁. 新唐书［M］. 北京：中华书局，1974：6238.

天早上量的时候，他非常不安地发现有十六姆利。他告诉国王一定是有人加了一姆利的稻谷来诽谤他，他不想要这一姆利，所以带来交给国王。玛拉王朝期间，据说人们必须看管好自己的财物（粮食、钱等），以免他人为其添加。这个故事不仅反映了古代尼泊尔民风淳朴，而且说明了古代尼泊尔农业发达，国家盛产稻谷。

**二、古代尼泊尔农业科技传入中国**

尼泊尔的粮食输入中国西藏境内。根据史料记载，中尼边境的居民长期进行物物交换，互通有无。居住在西藏境内，而与尼泊尔交界的吉隆、定日、聂拉木一带的藏族居民，大多数人从事畜牧业，一向缺乏粮食和布匹等生活日用品，但是藏族居民也有自己的优势，即天然食盐丰富。而生活在喜马拉雅山南麓的尼泊尔居民，粮食充足，但缺乏食盐。这样，西藏边境居民用食盐交换尼泊尔的粮食和布匹，形成自然互补关系。这种物物交换关系自古有之，在松赞干布时期比较盛行，一直延续到后世。[①] 这不仅有利于中尼两国人民的生活，也有利于两国人民的团结，维护了边疆的稳定大局。

尼泊尔的农作物也曾传入中国。647年王玄策第二次奉命使印，途经尼泊尔，尼婆罗国王那陵提婆便派遣使者到长安，向唐太宗赠送波棱、酢菜、浑提葱等礼物。《新唐书·西域列传》亦明确记载：唐贞观二十一年（647），尼婆罗国"遣使入献波棱、酢菜、浑提葱。永徽时，其王尸利那连陀罗又遣使入贡"[②]。《唐会要》云："尼婆罗国献波棱菜，类红蓝花，实似蒺藜。火熟之，能益食味。又酢菜，状如菜，阔而长，味如美鲜。苦菜，状如苣，其叶阔，味虽少苦，久食益人。胡芹状如芹，而味香。浑提葱其状如葱而白。"[③] 波棱就是菠菜，据学者考证，菠菜、榨菜在历史上

---

① 赵萍. 尼泊尔与我国早期关系初探 [J]. 西藏研究，2010 (2)：24-30.
② 欧阳修，宋祁. 新唐书 [M]. 北京：中华书局，1974：8214.
③ 《唐会要》卷一百，杂录王溥·唐会要 [M]. 北京：中华书局，1955.

都由尼泊尔首次输入中国。①

浑提葱就是洋葱，洋葱供食用的部位为地下的肥大鳞茎（葱头）。根茎外边包着一层薄薄的皮（白、黄或红色），里面是一层一层白色或淡黄色的肉。中国人常惧怕其特有的辛辣香气，而在国外它被誉为"菜中皇后"。具有强烈香气的洋葱，营养丰富，是一种世界性的营养蔬菜，也是良好的调味食品。波棱菜（菠菜）、浑提葱等在唐时传入我国后，逐渐成为我国人民常用的蔬菜。②

国内学者认为，除上述三种植物外，还有两种植物来自尼泊尔，这就是胡芥、辛嗅药。③但是关于其来源，在其他史籍上另有来自其他地区的说法。胡芥，即白芥。《本草纲目》卷二十六记载，原来胡芥在地中海地区生长，引入后在今天中国山西地区种植。辛嗅药，是一种调味品，《册府元龟》卷九百七十《外臣部朝贡三》认为它具有中药功能，"辛嗅药，其状类凌冬而青，收干为末，味如佳椒，其根能愈气疾"。有的人把它称为"毕澄茄"，《本草纲目》卷三十二认为它来自佛誓国。④

其实，古代尼泊尔尚有更多的植物传入中国。仅史料明确记载传入西藏的植物就有两类：一是药用植物。在松赞干布统治时期，御前大臣吞弥·桑布扎前往印度留学，中途必须经过尼泊尔。为了获得防治酷暑的良药龙脑、竹黄等，他们向尼婆罗国王敬献礼品。由于有了这些防治酷暑的良药，他们终于平安地到达印度。二是颜料草。尼泊尔盛产的颜料草输入吐蕃，成为吐蕃染织氆氇时所用颜料的主要来源。⑤

以上植物的传入，不仅丰富了中国的物种，而且极大地丰富了人民的精神生活和物质生活。

古代尼泊尔的动物，作为贡品也曾经在明清时期输入中国。明朝洪

---

① 沈福伟. 中西文化交流史[M]. 上海：上海人民出版社，2006：139.
② 杜石然等. 中国科学技术史稿[M]. 北京：科技出版社，1982：366.
③ 王宏纬. 尼泊尔[M]. 北京：社会科学文献出版社，2004：401.
④ 佛誓国，即今印度尼西亚苏门答腊。
⑤ 赵萍. 尼泊尔与我国早期关系初探[J]. 西藏研究，2010（2）：24-30.

武、永乐年间，尼泊尔屡遣使贡金塔、佛经、名马等方物。1769年，廓尔喀人征服了尼泊尔的玛拉王朝，建立起了沙阿王朝。清代乾隆年间中国与尼泊尔之间发生了短期的战争，廓尔喀军队被清军打败，只好遣使"恭进表文"，献"象马方物"。① 在1793—1909年间，尼泊尔先后共19次派遣使臣往返，经西藏向清廷朝贡。清乾隆五十八年（1793），廓尔喀向大清进贡象、马。这几只大象均出自尼泊尔的德顿地区，即尼泊尔与锡金、印度的交界处。②

### 三、古代中国农业科技传入尼泊尔

古代中国农作物曾输入尼泊尔。据史料记载，中国植物传入尼泊尔，主要有荔枝、马铃薯和花生等。直到现在，尼泊尔人民仍把荔枝称为"Leechee"，与中文"荔枝"的发音相同。③ 尼泊尔人把马铃薯称作"中国薯"，把花生称作"中国豆"。学者认为，这些东西不是一朝一夕传入尼泊尔的，而是在中尼两国人民长期密切的交往过程中从中国传过去的。④

古代金鱼也曾经从中国输入尼泊尔，时间很难考证。为了纪念金鱼的来源，尼泊尔人把金鱼称作"中国金鱼"。⑤

中国农作物和金鱼的输入，丰富了尼泊尔的物种，提高了尼泊尔人民的生活水平。

西藏在中国与尼泊尔的民间交流中发挥了巨大作用。在中尼边境，西藏向尼泊尔输出羊毛、牦牛尾、兽皮等日用品。这些日用品都与西藏动物有关。由于尼泊尔处于中印交通的中枢，这些日用品经尼泊尔还运销到印度和中亚的其他国家。⑥

---

① 赵尔巽. 清史稿 [M]. 北京：中华书局，1977：14712.
② 房建昌. 廓尔喀（尼泊尔）朝贡清廷考 [J]. 西藏研究，2013 (1)：11-16.
③ 刘必权. 尼泊尔 [M]. 福州：福建人民出版社，2004：4.
④ 王宏纬. 尼泊尔 [M]. 北京：社会科学文献出版社，2004：401.
⑤ 王宏纬. 尼泊尔 [M]. 北京：社会科学文献出版社，2004：401.
⑥ 赵萍. 尼泊尔与我国早期关系初探 [J]. 西藏研究，2010 (2)：24-30.

西藏与尼泊尔交界的边境居民，在长期的物物交换中也把一些药物传入尼泊尔，如麝香。西藏主要产马麝，体形较形林麝大，吻较长，全身呈棕色，通常仅颈部有少量模糊黄点，颌颈下和腹部呈黄白色。麝香性温，味辛，开窍，通络，辟秽，散瘀，对中枢神经系统的作用为小剂量兴奋，大剂量抑制。有兴奋呼吸、加速脉搏、升高血压和强心的作用；对子宫呈明显的兴奋作用，因此孕妇忌用；麝香还有抑制大肠杆菌和金黄色葡萄球菌的作用等，能治中风不醒、痰迷心窍、心腹暴痛、痈疽肿毒，跌打损伤等症，是一种珍贵的藏药，同时它还是一种高级香精原料。作为最名贵的药材之一，麝香输入尼泊尔后受到民众的热烈欢迎。

明清时期，中国的丝织品输入尼泊尔。明代中国与尼泊尔关系密切，两国使臣往来络绎不绝，中国的丝织品主要通过赏赐的方式输入尼泊尔。据《明史》记载，明洪武十七年（1384），明太祖朱元璋命僧智光携带玺书、彩币出使当时的尼八剌国。尼八剌国王派遣使臣随之入朝，于明洪武二十年（1387）到达京师（应天，今江苏南京），"帝喜，赐银印、玉图书、诰敕、符验及幡幢、彩币"。洪武二十三年（1390），尼八剌王遣使来贡，明太祖赐给其红罗伞。明永乐十一年（1413），明成祖朱棣命杨三保出使尼八剌，第二年尼八剌遣使来明朝贡。明永乐十六年（1418），尼八剌遣使来贡，明成祖"命中官邓诚赍玺书、锦绮、纱罗往报之"。明宣德二年（1427），明宣宗朱瞻基派遣侯显出使尼八剌，"赐其王绒锦、纻丝"[1]。上面提到的赏赐品多为丝织品。红罗伞（红色华盖）是古代皇帝在外出巡游或驻跸时专用的仪仗之一。原本是遮阳、挡雨的伞具，后来逐渐演变成皇帝身份与尊严的象征。其形制、规格历朝历代均有改进。红罗伞可在车辇上使用，也可在步行的仪仗队伍中使用。明代万历年间《礼部物料执》中对天子使用的罗伞（华盖）在尺寸、形制、工艺等方面有详尽的描述。比如，仪仗用伞，"高盈丈，盖三尺，明黄缥丝"，伞面并绣以龙凤等图案。伞盖边缘垂下缕缕丝线，丝线上系有玛瑙、黄玉等宝物。显示

---

[1] 张廷玉. 明史[M]. 北京：中华书局，1974：8586.

"上承天道,下庇万民"之意。这样的伞使用在仪仗中,可谓气势恢宏。锦绮、纱罗都是高级丝织品。绒锦是在西南少数民族地区生产的著名丝织品种。它用麻作经,用丝作纬,织成五色绒,产在贵州古州司(今榕江)等地。

清尼战争结束后,清乾隆五十八年(1793)廓尔喀遣使向清王朝进贡,清朝采取怀柔政策,赏赐甚多,"复赏锦缎各四疋,廓尔喀益感服,受约束"①。清朝不计前嫌,以德报怨,反而给廓尔喀赏赐名贵的丝织品,这不仅有利于边疆地区的稳定,也有利于中尼两国关系的大局发展。综上所述,丝织品在中尼两国政治关系中发挥着重要的作用。

**结语**

古代中国与尼泊尔两国有着密切的政治关系,人员往来频繁,推动了两国的农业科技交流。一方面,中国的农业科学技术传入尼泊尔;另一方面,尼泊尔的农业科学技术也输入中国。中尼两国相互影响,彼此促进。中尼两国的友好交往历史为当代中尼两国的友好合作提供了有益的借鉴。

古代中国与尼泊尔建立了密切的政治关系,始于唐,盛于元,持续于明清时期。历史上两国文化交流不断,人员往来频繁。唐代王玄策多次出使印度,与尼泊尔交往甚深。元代尼泊尔工匠阿尼哥来华建造佛塔,输入了尼泊尔建筑技术,把两国的科技交流发展到巅峰。尼泊尔建筑技术的输入,深刻地影响了中国的建筑和雕塑业。明清时期中尼两国继续交往,科技交流五彩缤纷。

值得注意的是,中尼两国的农业科技交流是建立在良好的政治关系之上的,唐、元、明时期是中国与尼泊尔关系最为密切的时期,两国的科技交流也比较频繁。西藏与尼泊尔为邻,有地利之便,在中尼两国科技交流中起着重要的桥梁作用。在历史上,中尼两国使臣"身负王命",往来于两国之间,除了完成使命,还在两国农业科技交流中发挥了重大作用。

---

① 赵尔巽. 清史稿 [M]. 北京:中华书局,1977:4712.

中尼农业科技文化交流具有重大的历史意义，它不仅密切了两国人民的关系，而且丰富了两国的物种，充实了人民的物质生活和精神生活，有助于边疆地区的稳定，有助于两国的社会经济发展。

　　中尼两国的友好历史为当代中尼两国的友好合作奠定了坚实的基础。丝绸是中华文化和东方艺术的代表符号，东西方文明更因为丝绸而相互交融。作为友好邻国，中尼之间不存在任何问题和争议，具有深厚的友谊、合作和伙伴关系。现在，中国致力于帮助尼泊尔发展，而尼泊尔也同样为双边关系发展做出贡献。尼方坚定奉行一个中国的政策，不允许任何人在国内进行任何反华活动。① 中尼两国是真朋友，好邻居，我们相信今后中尼关系会得到进一步巩固和发展，两国的科技交流将会更加丰富多彩。

---

① 佚名.尼泊尔驻拉萨总领事：绝不允许在尼发生反华活动［EB/OL］.中国新闻网，2014-05-29.

# 朝鲜王朝通事与明鲜贸易

关于朝鲜使行人员，学术界不乏研究，如杨雨蕾的《十六至十九世纪初中韩文化交流研究——以朝鲜赴京使臣为中心》（2005）①、刘喜涛的《封贡关系视角下明代中期使臣往来研究》（2011）②、孙成旭的《19世纪朝鲜赴京使行考》（2014）③ 等，对朝鲜使臣在中朝交往特别是中朝（韩）文化交流中的作用做了较为全面的探讨。但迄今为止学术界鲜见对朝鲜王朝通事的研究。本文拟对朝鲜王朝通事在明鲜贸易中的作用做一初步的探讨，以就教于学术界同人；本文意在抛砖引玉，期待学术界做进一步的研究。

## 一、明鲜宗藩关系的确立

中朝两国交往历史悠久。从朝鲜国名的由来，可见中国与朝鲜的密切关系。"朝鲜，箕子所封国也。汉以前曰朝鲜。"④ 从周代起朝鲜就是中国藩属，此后朝鲜国名虽多有变化，曰高句丽，曰新罗，曰高丽，但与中国关系仍然密切。明洪武二十五年（1392），高丽李成桂遣使"请更国号"，

---

① 杨雨蕾.十六至十九世纪初中韩文化交流研究：以朝鲜赴京使臣为中心[D].上海：复旦大学，2005.
② 刘喜涛.封贡关系视角下明代中期使臣往来研究[D].长春：东北师范大学，2011.
③ 孙成旭.19世纪朝鲜赴京使行考[J].东北史地，2014（4）：67-74.
④ 张廷玉.明史[M].北京：中华书局，1974：8279.

"帝命仍古号曰朝鲜"。①《明实录》记载："上曰：'东夷之号惟朝鲜之称最美，且其来远矣！宜更其国号曰朝鲜。'"(《明太祖实录》)这表明了明太祖充分考虑到朝鲜国的历史发展，也期望未来的朝鲜李朝继续成为中国最有力的东藩。明太祖多次派遣使团出使朝鲜，建文帝时期，明朝正式册封朝鲜国王，这为以后封贡关系的发展奠定了基调。

高丽大将李成桂在夺取朝鲜政权时就声称：同中国建立封贡关系，是"以小事大，保国之道"(《朝鲜王朝实录》)。他即位后，立即遣使要求册封，"以安国民"(《朝鲜王朝实录》)。此后，朝鲜定期遣使明朝。②

在朝鲜的文献中，这种遣使朝贡在明代称为"朝天"，在清代称为"燕行"，有时也统称为"燕行"；朝鲜王朝所派遣的使臣则有"朝天使臣"和"燕行使臣"称呼上的区别，有时也常常统称为"赴京使臣"，或就被称作"燕行使臣"。③《明史》云："朝鲜在明虽称属国，而无异域内。故朝贡络绎，锡赉便蕃，殆不胜书。"④

朝鲜王朝对朝贡非常重视，设置司译院，管理对外交涉事宜，以"事大"为己任。"事大主义"的最主要体现就是每年的朝贡赴京使团。每年有定期派遣的使臣（冬至使、正朝使、圣节使、明帝生日）与临时派遣的使节（谢恩使、奏请使、进贺使、进香使）两种。朝鲜赴明使团，据《朝天录》记载，由三使（正使、副使、书状官）和其他人员组成。使团人员多寡，由使臣赴明承担的任务而定。为了显示朝鲜对明朝"事大以诚"，所选派的使臣品阶较高，基本上都是堂上官或者堂上官兼职。朝鲜王朝官职仿效中国分为九品，共十八级。正三品分堂上和堂下，正一品至正三品堂上称堂上官，穿红色官袍，可以和国王在殿中议事。正三品堂下至正七品称堂下官或参上官，正七品以下称参下官。从朝鲜太祖至睿宗期间朝鲜

---

① 张廷玉. 明史 [M]. 北京：中华书局，1974：8283.
② 吴晗. 朝鲜李朝实录中的中国史料 [M]. 北京：中华书局，1980：107.
③ 杨雨蕾. 十六至十九世纪初中韩文化交流研究：以朝鲜赴京使臣为中心 [D]. 上海：复旦大学，2005：2.
④ 张廷玉. 明史 [M]. 北京：中华书局，1974：8307.

所选派出使明朝的使臣品级较高，基本上都是堂上官，即使不是堂上官，在出使前朝鲜王朝也会通过借衔来提高其品级出使，而且这种身份的使臣所占比例不大。① 朝鲜使臣的选人标准是：学识渊博，熟悉汉语，官品堂上。使臣主要由朝鲜国王直接任命，代表国王赴明呈交表、笺文。

根据《通文馆志》的记载，明代朝鲜赴华使团，"使、副使各一员，大通官二员，次通官二员，跟役十八员，笔贴式二员"②。

### 二、朝鲜通事类别及其来源

通事与朝贡活动紧密联系，通事是使团中的重要成员。通事或称为译官，又称为通官、通译。每个朝贡使团一般设置多名通事，而且有等级上的区别。这些通事均由司译院派遣。③

通事种类繁多，分类如下：

一是按级别上分，通事有堂上译官、上通事、次上通事、通事等之分。堂上译官是译官中最高的职位，主要负责安排和指挥使团各项事务，还要书写译官手本作为使行报告呈送给朝鲜国王。堂上译官由司译院的堂上官担任，开始于明万历三十年（1602）。金指南的《通文馆志》卷三记载：

> 国初，院官之堂上以上，无随使赴京之规。……中间员数寝多，而始自万历壬寅，为重使事传命周旋之地，权设传递儿，随事赴京，而不限其职品。

堂上译官职责是与书状官一同监察使行，回国后递交相关报告，称为"译官手本"。④

---

① 刘喜涛. 封贡关系视角下明代中期使臣往来研究 [D]. 长春：东北师范大学, 2011.
② 金指南：《通文馆志》.
③ 徐居正：《经国大典》.
④ 张存武. 清韩宗藩贸易：1637—1894 [M]. 台北："中研院"近代史研究所, 1978：20.

上通事是次于堂上译官的职务，主要辅助堂上译官，主管使行的货物、礼单及尚衣院的采购工作。

次上通事的地位低于上通事，与使团中的医员（医生，来自两医司，即惠民署和活人署）一起负责药材贸易。①

通事是使团译官的统称。朝鲜成宗时期，为了鼓励通事学好汉语，特设立三等之法。精通清练者为一等，其次二等，再次为三等。"赴京之际，一等以拟之通事，二等以拟之押物、押马，三等以拟之打角。"（《朝鲜王朝实录》）

二是按职责，通事可以分为押物通事、押币通事、押米通事、厨官等。押物通事、押币通事和押米通事主要负责岁币、岁米和方物的运输及管理。厨官是从译官中选取三人来担任，主要负责三使的钱粮事务。另外还要一名译官担任掌务官，管理使行中的行政文书。

三是根据语种，通事有蒙学通事、清学通事、倭学通事、汉学通事等。或称为蒙通事、野人通事、倭客通事、汉通事。

朝鲜司译院是培养翻译人员的译学机构，设置四学，即汉学［明洪武二十六年/朝鲜太祖二年（1393）］、蒙学［明洪武二十七年/朝鲜太祖三年（1394）］、倭学［明永乐十二年/朝鲜太宗十四年（1414）］、女真学［明洪熙元年/朝鲜世宗七年（1425）］。

司译院四学有赴京递儿之职，被称为"等第"。《通文馆志》记载：

> 堂上元递儿无定员；堂站别递儿十七员；汉学，上通事二十员、教诲二十三员、年少聪敏十员、次上通事二十员、押物通事五十员、偶语别递儿十员；倭学，教诲十员、年少聪敏十五员；清学，上通事十员、被选别递儿各十员、新递儿十员；四学偶语厅一百员，汉学五十员、蒙学十员、倭学二十员、清学二十员。②

---

① 通文馆志［M］. 首尔：民昌文化社，1991：3-4.
② 通文馆志［M］. 首尔：民昌文化社，1991：9-10.

由此可以看出，汉学在四学中处于绝对优势地位，是四学中的重点。

朝鲜使行一行出入中国关门时，由汉学通事负责交涉。打角夫负责使行所用器物的管理。清学新递儿负责进入中国后的交涉和使团的饮食。质问正官是到中国学习吏文和方言的人员，明朝初期称为"朝天官"，明嘉靖十四年（1535）改称为"质正官"，嘉靖十六年（1537）又称为"质问正官"，按其职责称为第几从事官。①

由于使行的经费及贸易利益问题，致使每次使行通事（译官）的人数并不固定，据朝鲜高宗年间编撰的《通文馆志》中记载，冬至使派遣译官的人数大致为26人。②

朝鲜通事亦可充任使臣，这在兼行中可以见到。兼行也被称为复合使行，其含义为同一使行兼具不同的使行任务，可以是集两种、三种或多种使行任务于一身的使行，这种"兼行"在朝鲜对明使行中占有很大比例。有些使行确实需要"兼行"，如陈慰使充当正使，进香使担任副使，这基本上成为朝鲜王朝派遣使臣的一种定例。

在所有兼行中，谢恩使多和其他使行兼行，如奏闻谢恩使、进贺谢恩使，但贺圣节使几乎不与谢恩使兼行，圣节使一般不兼行奏闻使。朝鲜世宗二十八年（1446），世宗对领议政黄喜说："因圣节使兼行奏请，恐有朝廷之议，欲别遣使，何如？"（《朝鲜王朝实录》）黄喜也以为不妥，于是朝鲜派通事金何为奏闻使。③

朝鲜使团通事的来源，有以下三种：

一是司译院培养。生徒通过"译科""取才"考试，成为通事，在朝鲜与中国、北元、女真和日本的外交事务中担任翻译。汉学通事负责与明朝的有关外交事务。清学通事则负责与女真（后为清朝）的有关外交事务。司译院的教师由华人充任。明朝末年移居朝鲜的郑先甲、文可尚，因

---

① 通文馆志 [M]. 首尔：民昌文化社，1991：2.
② 孙成旭. 19世纪朝鲜赴京使行考 [J]. 东北史地，2014（4）：67-74.
③ 刘喜涛. 封贡关系视角下明代中期使臣往来研究 [D]. 长春：东北师范大学，2011.

为精通汉语而被朝鲜王朝或"付军职,购屋以处之"(吴庆云《小华外史》),或封为"三品阶"(末松保和《李朝实录》),主要目的就是"训诲译官"(吴庆云《小华外史》)。宣德九年(1434),朝鲜官员提出奖励翻译人才的策略。这年正月壬午,礼曹与承文院提调同议启"译语人奖励之策":"汉语训导加差司正徐士英、张显等。""士英与显本唐人也。"①

二是流寓朝鲜的华人。一些被掳之华人充当通事。如李相,本是辽东铁岭卫军人,"于正统二年九月日,被脱轮卫野人虏掠,辗转卖讫为奴,到来边境,今次被捉前来"(《李朝实录》)。后李相受到朝鲜国王赏识而充任通事。朝鲜李朝对李相极为关爱,给予各种待遇。朝鲜世宗二十四年(明正统七年/1442)二月"辛酉,以唐人李相兼承文院博士,赐衣服、笠、靴、帽、带、鞍马、奴婢、家舍,使娶司译院注簿张英俊女"②。

三是华人后裔。朝鲜和中国自古关系密切,两国人员往来频繁。每个封建王朝都有中国人移居朝鲜半岛。朝代更替之时,如宋末元初,明末清初,都有一些人具有民族主义思想,义不事元或义不事清的人士流亡朝鲜。明朝建立后,流寓到朝鲜的中国人以辽东为多。明万历年间的抗倭援朝,明朝有不少将士流落朝鲜,朝鲜的姓氏增加了千氏、片氏、贾氏、施氏。③ 一些流亡朝鲜的中国人后裔因为通晓汉语而被任命为通事。朝鲜官员中有些华人后裔精通华语,如曹崇德。《朝鲜王朝实录》记载:洪熙元年(1425),"八月戊寅,赐故工曹参议曹崇德丧赙纸六十卷。崇德,中国人证之子也。本国科第出身,能吏文,通华语"④。下文中谈到的吴贞贵、辛伯温、任君礼等华人,因为精通华语,被朝鲜选拔为通事。

确定通事是否为华人,我们主要是依据朝鲜姓氏族谱及其历史文献。谭汝为在《韩国人的姓氏》中谈到,朝鲜半岛的安、卞、边、蔡、曹、陈、池、丁、范、方、房、洪、蒋、吉、康、孔、廉、卢、明、南、

---

① 吴晗. 朝鲜李朝实录中的中国史料[M]. 北京:中华书局,1980:376.
② 吴晗. 朝鲜李朝实录中的中国史料[M]. 北京:中华书局,1980:427.
③ 王秋华. 明万历援朝将士与韩国姓氏[J]. 中国边疆史地研究,2004(2):126.
④ 吴晗. 朝鲜李朝实录中的中国史料[M]. 北京:中华书局,1980:327.

潘、千、秦、秋、任、芮、辛、严、延、鲜于、沈、慎、石、宋、魏、阎、严、杨、殷、印、禹、朱、陆等姓氏完全来自汉唐直至明朝时期的中国。在族谱记载中，相传始祖是商周、战国、秦汉时代进入朝鲜的中国人，姓氏有林、鲁、柳、车、罗、吕、南宫、王、吴等。① 这些姓氏的通事即华人后裔。

在朝鲜（韩国），金、李、朴三姓几乎占国人一半。据《朝鲜姓氏族谱大全》介绍，金姓主要来自新罗国王金阏智和伽耶国王金首露，而朴姓来自新罗国王始祖朴赫居世。金何亦是朝鲜著名通事。《朝鲜实录》世祖实录一记载：

（天顺六年，1462）正月己酉，判中枢院事金何卒。何通译语，出入中原，明习仪制。每明使至，何将命周旋，言动无差。谥靖宣。②

在朝鲜（韩国），金氏可考的有106个本贯，是本土起源。③ 因此，我们可以肯定，金何是朝鲜人。

在明代的朝鲜王朝通事中，到底有多少人是华人及其后裔，很难确定。但根据朝鲜族谱及相关文献，我们可以肯定一些朝鲜王朝通事为华人。

**三、朝鲜通事在明鲜贸易往来中的作用**

（一）朝鲜王朝通事是明鲜两国贸易的参与者

明鲜之间的贸易，按照贸易的性质和贸易中公私成分所占的比例，可以分为贡赐贸易、官方和买贸易、使臣贸易和民间贸易4种。④ 朝鲜王朝通事（以下简称为朝鲜通事）参与了明鲜之间的各种贸易活动。

---

① 谭汝为. 韩国人的姓氏 [J]. 寻根，2014（4）：134-135.
② 吴晗. 朝鲜李朝实录中的中国史料 [M]. 北京：中华书局，1980：538.
③ 谭汝为. 韩国人的姓氏 [J]. 寻根，2014（4）：134-135.
④ 侯环. 明代中国与朝鲜的贸易研究 [D]. 济南：山东大学，2006.

1. 朝贡贸易

朝贡贸易即贡赐贸易，朝贡国向中国贡献方物，中国按照方物的价格，采取"厚往薄来"的原则给予赏赐，其赏赐价值一般大于方物价值。明代对朝鲜赏赐甚厚，如（洪武二十六年二月癸巳）朝鲜遣使送马九千八百八十匹至辽东。"命指挥王鼎运纻丝棉布一万九千七百六十匹以酬之。"（《明太祖实录》卷二百二十五）

宣德四年二月朝鲜国王李裪遣使贡马及方物。三月乙卯，明宣宗"遣使赍敕朝鲜国王李裪白金三百两，纻丝纱罗五十匹、彩帛三十匹"（《明宣宗实录》卷五十二）。

在朝鲜王朝对华的历次常贡和别贡中，通事都是参与者。在朝贡贸易活动中，通事的职责是负责翻译事项。常贡就是"常礼进贡"的简称，是根据朝贡国的土产情况而确定的贡物种类和数额。较为重要的贡品主要有金银及金银器皿、布匹、各种帘席、纸张、皮毛、人参及各种药材等。

别贡，是根据明朝需要临时确定的贡物，如处女、鹰犬等。

火者即宦官，亦泛指受阉的仆役。明洪武二十一年（1388）十二月，明太祖遣使前往朝鲜征索火者。永乐朝加大了向朝鲜索取火者的力度。明永乐二年（1404）六月，"遣通事张有信押洪武二十八年还乡火者崔臣桂等一十名及新选火者金得富等一十名，随帖木儿如京师"①。宣德以后，明廷向朝鲜征索的火者明显减少，正德十六年（1521），武宗崩，世宗即位，诏罢之。

朝鲜还遣使进献鹰犬，号称进鹰使，通事随行。在宣德期间，朝鲜进献鹰犬更为频繁。如明宣德二年（1427）十一月，"壬寅，进鹰使通事吴贞贵回自京师"②。"甲辰，进鹰使上护军韩成舜，以乌骨四连、海青三连赴京师"③。由于朝鲜所贡鹰犬之数不能满足明朝的需要，明廷特地派遣

---

① 吴晗. 朝鲜李朝实录中的中国史料 [M]. 北京：中华书局，1980：201.
② 吴晗. 朝鲜李朝实录中的中国史料 [M]. 北京：中华书局，1980：338.
③ 吴晗. 朝鲜李朝实录中的中国史料 [M]. 北京：中华书局，1980：339.

官员直接到朝鲜采捕。宣德十年,宣德帝崩,这种采捕活动才告一段落。到明正统七年(1442)十月甲午,朝鲜遣使"仍献海青三连"①。朝鲜世祖在位期间,进鹰使又频频出使中国。往往是在如明请封、贺正等重大外事活动中兼进鹰犬之类方物。

景帝景泰、英宗天顺年间朝鲜连年进献,往往一年数次。

成化初年明朝要求朝鲜进献白鹞。明成化元年(1465)十一月丁巳,朝鲜遣使"进海青"②。成化二年(1466)八月戊午,"贺圣节兼献白鹞"③。十月丙午,"贺正,并献海青"④。直到成化三年三月,明帝在给朝鲜国王的敕书中才下令取消进献白鹞,云:"朕以稽古图治为用,得贤安民为瑞,于瑞物、羽猎淡然无所好焉。今于王所献,置诸闲处而已。劳王诚恳,良非敬上之所宜,今后勿复尔也。只宜遵守常礼进贡。"(《明宪宗实录》卷三十八)

2. 官方和买贸易

明鲜两国的官方和买贸易主要表现为马匹交易。押运马匹到辽东,是朝鲜通事的一项工作。《朝鲜王朝实录》中有很多相关的记载。《太宗恭定大王实录》记载:明建文三年(1401),"遣通事梅原渚押先运马五百匹如辽东"⑤。在永乐时期,朝鲜曾频繁地遣使押送马匹至辽东。如明永乐二十一年(1423)八月,朝鲜"差通事金乙玄押初运杂色马七百匹赴辽东"⑥。九月,"壬辰,差通事俞兴俊,管押五运马一千匹赴辽东"⑦。宣德、景泰、正统年间朝鲜多次遣使献马。种马之献,有相当长时间已经停止。天顺六年(1462)朝鲜又遣使进献马匹。"十月辛未……进贡种马五

---

① 吴晗. 朝鲜李朝实录中的中国史料[M]. 北京:中华书局,1980:432.
② 吴晗. 朝鲜李朝实录中的中国史料[M]. 北京:中华书局,1980:565.
③ 吴晗. 朝鲜李朝实录中的中国史料[M]. 北京:中华书局,1980:568.
④ 吴晗. 朝鲜李朝实录中的中国史料[M]. 北京:中华书局,1980:568-569.
⑤ 吴晗. 朝鲜李朝实录中的中国史料[M]. 北京:中华书局,1980:156.
⑥ 吴晗. 朝鲜李朝实录中的中国史料[M]. 北京:中华书局,1980:307.
⑦ 吴晗. 朝鲜李朝实录中的中国史料[M]. 北京:中华书局,1980:307.

十四。"①

牛只也是官方和买贸易的对象。辽东曾上奏明廷要求与朝鲜交换牛只，朝鲜国王为此感到忧愁。此事详细载于朝鲜方面史料：

（明宣德七年，1432）四月辛卯，尹凤族人金雨霖回自京师云："凤屏人言兵部奏辽东牛只请换事。凤在帝傍曰：'朝鲜自来不产牛只，而且国王曾闻牛只易换之语，深用忧虑。'帝曰：'勿听辽东之奏。'凤语雨霖云：'勿泄此言，密启殿下。'"②

身为太监的尹凤，祖籍朝鲜，深受皇帝的信任，多次出使朝鲜，在关键时刻总是替朝鲜方面说话，并暗中传递有关情报。

朝鲜不产牛，但对明朝的索牛行为，朝鲜最终按照明朝的要求，仿照明永乐年间例，以牛交换布绢。

（明宣德七年，1432）七月，"丁卯，朝廷易换牛六千只，分六运解送。遣上护军金乙玄管押初运牛一千只解送辽东"。③

## 3. 使臣贸易

朝鲜朝贡使团肩负与明王朝进行经济贸易的重任。朝鲜使团到达中国后，居住在北京的玉河馆（后名会同馆）。这是明政府在京城设立的用于接待外国朝贡使团的专门机构。据朝鲜金景镇的《燕辕直指·玉河馆记》记载："明时我使到燕，寓接于礼部近处旅邸，顺治初……以其在于玉河之傍故名玉河馆，或称南馆。乾隆壬辰赐名会同馆。"到馆后，朝鲜使团所进贡的方物也要在馆向明官员汇报并交接。除此之外，使臣们还可以在

---

① 吴晗. 朝鲜李朝实录中的中国史料 [M]. 北京：中华书局，1980：542.
② 吴晗. 朝鲜李朝实录中的中国史料 [M]. 北京：中华书局，1980：363.
③ 吴晗. 朝鲜李朝实录中的中国史料 [M]. 北京：中华书局，1980：364.

馆与中国商人进行自由贸易。

(1) 公贸易

公贸易指在朝鲜使臣出使中国之时,国王和政府委派其完成所规定的贸易项目,这是一种独特的贸易形式,贸易物品包括绸缎、药材、书籍等,在特定时期也购买朝鲜王宫所需要的服装、奢侈品及武器等。亦称为"使臣贸易"。朝鲜王朝以法律形式对通事等进行约束,"赴京通事公物不用意贸来者,囚禁推考。以判书有违律论断"(《大典后续录》)。在会同馆进行公贸易之前,朝鲜使团要提交所购买的物品目录,接受明朝官员的监督,防止采购违禁物品。公贸易在当时是双方物资交流的主要形式,是以国家为主体,交换各自国家所需物品的贸易形态。① 朝鲜书状官许篈在其《朝天录》中记载了开市的场面:

> 是日又开市而罢。中朝之制,许三日开市,故钱员外逐日来视。余见一行之人眩于卖买,如狂如痴,无一在馆内者,呼之不答,往往多错应,可惜货利之陷溺人心,至于斯极也。②

通事负责使行中的公贸易事务。公贸易主要是针对典医监、惠民局、济生院等进行贸易。根据世宗时期户曹的报告:"典医监、惠民局、济生院呈启:今谢恩使行次,黑麻布五匹入送,唐药材贸易,自今每入朝行次,以为恒式。"(《朝鲜王朝实录·世宗实录》)

①药材。药材等是朝鲜使行人员在华购买的主要商品。朝鲜国王重视在中国购买药材。《朝鲜实录》云:

> (明宣德七年三月)乙巳,上曰:"入中朝禁私贸易,但国家须赖

---

① 刘喜涛. 封贡关系视角下明代中朝使臣往来研究 [D]. 长春:东北师范大学,2011.
② 许篈. 朝天记 [M] //林基中. 燕行录全集. 首尔:东国大学校出版部,2001:261.

中国之物，不得已而贸之。本朝乐器、书册、药材等物，须赖中国而备之，贸易不可断绝，如之何而可？卿等商议以咨。"①

为了获得大量的中国药材，朝鲜以法律明确规定："赴京医员通事等所买唐药不准数者及题名外他药材买来者，启闻科罪，并以本色追征。"

成化年间，朝鲜使团医员通事等人到中国大量收购甘草、厚朴、陈皮、干姜、麻黄等物。②

②书籍。书籍亦是朝鲜使行人员购买的主要商品，朝鲜王朝对完成贸易任务的使行人员会给予奖励。华人通事为书籍流入朝鲜做出了巨大贡献。

明永乐十五年（朝鲜太宗十七年，1417）十二月，使臣卢龟山、元闵生等回自北京，带来了明成祖的赐书。明朝"赐诸佛如来，菩萨名称歌曲一百本，神僧传三百本，册历一百本"（《朝鲜王朝实录·太宗实录》）。元闵生即华人通事，其祖先来自中国。朝鲜元氏始祖元镜为中国唐朝八学士之一，被唐太宗派往高句丽。其后世子孙定世居地原州为本贯。③

明宣德十年（1435），"七月庚午，谢恩使通事辛伯温、进献使通事许元祥、偰振等回自京师，赐衣有差，以贸得胡三省资治通鉴也"④。

据《朝鲜姓氏族谱大全》，辛伯温的祖先是中国人，辛伯温是华人通事。许氏来源于朝鲜本土。偰氏来源于中国，据当代学者考证，偰氏是我国维吾尔族，其先祖偰玉立，在元至正九年（1349）任泉州路达鲁花赤，后升任总管。偰玉立之侄偰百僚（逊）东迁高丽，其子孙偰长寿、偰眉

---

① 吴晗. 朝鲜李朝实录中的中国史料 [M]. 北京：中华书局，1980：364.
② 许筠. 朝天记 [M] //林基中. 燕行录全集. 首尔：东国大学校出版部，2001：261；吴晗. 朝鲜李朝实录中的中国史料 [M]. 北京：中华书局，1980：364.
③ 李永勋. 朝鲜族姓氏漫谈 [M]. 沈阳：辽宁民族出版社，1998：168.
④ 吴晗. 朝鲜李朝实录中的中国史料 [M]. 北京：中华书局，1980：387.

寿、偰耐、偰振等多次代表高丽、朝鲜出使明朝。①

明宪宗成化元年（1465）六月己亥，礼曹据书云观单子启："地理大全我国本无，每试取时人持写本简帙多少不同。请凡公私所藏地理诸书，无遗搜集，详加雠校，广印以布，然得全帙为难，令求购中国。"（《朝鲜王朝实录·世祖实录》）

据杨昭全先生的《中朝关系简史》，明朝向朝鲜输出的书籍有《四书五经大全》《古今列女传》《劝善书》《十八史略》《性理大全》《元史》《朱子成书》《春秋会通》《通鉴集贤》《胡三省音注资治通鉴》等。

③丝绸。自永乐时期开始，朝鲜历代国王朝服以丝绸制作，王国内大臣的朝服也逐渐以丝绸取代了布料。因此，丝绸在使臣贸易总量中所占比重不断增加，成为公贸易的主要内容。② 据朝鲜史料记载，明弘治十三年（1500），仅尚衣院一次赴京贸易的布匹竟然达到4800余匹。（《朝鲜王朝实录·燕山君日记》）

（2）私贸易

私贸易与公贸易相对应，又名私人贸易、自由贸易。私贸易的物品有很多，如衣冠、药材、书籍等。朝鲜通事会利用职务之便，从事私人贸易或违禁贸易。

对于私人贸易，朝鲜李朝曾规定使行人员私赍货物数额，用于购买中国药材。《朝鲜王朝实录》记载：宣德十年（1435）"丁亥，传旨礼曹：'今后赴京通事及从事官内司译院出身者，依已定数私赍布货茶参，以贸

---

① 胡家其，李玉昆. 偰玉立在泉州的史迹与偰氏家族在高丽、朝鲜 [J]. 海交史研究，2007（1）：66-73；桂栖鹏，尚衍斌. 谈明初中朝交往中的两位使者：偰长寿、偰斯 [J]. 民族研究，1995（5）：65-69，34；陈尚胜. 偰长寿与高丽、朝鲜王朝的对明外交 [C] //明史国际学术讨论会论文集. 长春：东北师范大学出版社，1999：508-516.

② 侯环. 明代中国与朝鲜的贸易研究 [D]. 济南：山东大学，2006.

药材。虽差从人，若是司译院出身者，依打角夫例。'"①

朝鲜使臣从事私人贸易，甚至与明宫廷中的太监相互勾结进行贸易活动。据史料记载，朝鲜使臣"凡赴京之行，贸易之物，公私纷扰，未有纪极，其搬运之弊，不可胜言"，引起明朝的极大反感，甚至有人认为"朝鲜人非为贡献，其实为贸易而来"（《朝鲜王朝实录·中宗实录》）。

明代对朝鲜使臣暗中从事私人贸易采取了相应的措施。

>嘉靖十四年（1535）九月甲申，诏遣通事序班一人护送朝鲜国使臣出境，自后岁以为常，防其夹买私货也。（《明世宗实录》卷179）

在朝鲜通事中，有的人因为私贸易成为巨富。通事任君礼之父亲任彦忠是华人，以译官成为朝鲜开国功臣。任君礼也以译官身份多次出使中国，逐渐成为巨富。由于他没有贿赂高官，触怒了高官，而获"为人贪鄙"罪名，于明永乐十九年（1421）被朝鲜政府车裂于市。（《朝鲜王朝实录·世宗实录》）

4. 民间贸易

辽东贸易是朝鲜与中国进行经贸往来的重要渠道。

朝鲜《世宗实录》三年八月条，云："司译院官员奉使辽东，以商贾之辈为伴人，多赍布货，任行贩卖。"朝鲜《文宗实录》元年七月条，云："通事往来辽东，常贸采（彩）帛。"朝鲜通事亦在辽东购买书籍。《朝鲜王朝实录》记载：

>英宗正统五年（1440），正月丙午，"传旨前正郎金何曰：'今通事金辛来'，言'辽东人家藏胡三省蘉虫录，欲市之，臣既与定约而来。'其以今送麻布十五匹买来"。②

---

① 吴晗. 朝鲜李朝实录中的中国史料 [M]. 北京：中华书局，1980：384.
② 吴晗. 朝鲜李朝实录中的中国史料 [M]. 北京：中华书局，1980：413.

（英宗正统五年正月）辛亥，传旨金何等曰："今送麻布十匹，听金辛之言，买大明集礼以来。"

二月丁酉，前正郎金何以火者亲丧咨文贵进官往辽东，命就求去年在北京礼部所见大明集礼。如已颁降，即设法得来。若未得文本，传写而来。①

（二）朝鲜王朝通事的违禁行为

明朝政府出于国家安全和政治生活的需要会对一些物品如火药、弓角、某些书籍等禁止贸易。明朝严厉禁止非法贸易。如果朝贡国使臣在华从事违禁贸易，将会受到应有的惩罚。但是朝鲜一些通事仍有人从事违禁贸易。

但明朝对朝鲜区别对待。明成化十三年（1477）朝鲜国王要求准许购买牛角，得到明朝许可。（《朝鲜王朝实录·燕山君日记》）成化十七年（1481）明宪宗考虑到朝鲜的实际情况，"许每岁增买百五十副"（《明宪宗实录》卷二百一十二）。明弘治元年（1488）八月，朝鲜国使臣违反中国的禁令购买弓角事发，明孝宗宽大为怀，下旨："朝鲜礼仪之邦，事同一家，彼此细人潜相买卖，非宰相所知。且朝鲜人一年一度许贸弓角有例。并赦勿治。"（《朝鲜王朝实录·成宗实录》）

在万历抗倭战争后火药之类物品明朝允许朝鲜购买。

明万历二十年（1592），朝鲜使行人员的违禁贸易很是猖獗，"一行射利之辈到处多贸烟硝，年例则许贸三千斤，而今则例外私贸之数多至累千。通判张文达送其标下搜捉犯禁硝黄而去……已捉之数多至七千四百斤"（黄中允《东瀛先生文集》）。

明万历三十年（1602）冬十月庚午，朝鲜国王李昖奏"乞买办硝黄火药"。明政府同意朝鲜"每年一次收买三千斤"（《明宪宗实录》卷三百七十三）。

---

① 吴晗. 朝鲜李朝实录中的中国史料 [M]. 北京：中华书局，1980：413.

明朝为了防止地理、兵法、天文等类涉及国家机密的汉籍流出，在明世宗嘉靖元年（1522）出台了禁书令，限制朝鲜使臣在北京的活动范围和次数，这被称为"玉河馆门禁"。其起因是朝鲜王朝通事金利锡买违禁书。

> 通事金利锡买官本书册，礼部郎中孙存见之，怒执牙子，著枷立街上三十余日。以序班不能禁，并移咨刑部论罪。禁本国人不许浪出于外。①

朝鲜王朝对本国使臣的违禁贸易行为会给予处理。

明宣宗宣德六年（1431），"三月丙寅，通事金乙玄入朝，购工模画乐工所著（着）衣冠，又买冠而来，下礼曹"②。

朝鲜成宗八年（1477）三月壬申，议禁府向成宗报告："通事芮亨昌赴京公贸易牛角，不慎密犯禁，律该杖一百赎。"成宗下令给予四十大板。由于禁令未能很好地贯彻，违禁贸易屡禁不止。

**结语**

在朝鲜王朝与明朝经济往来中，朝鲜使用通事辗转千里，发挥语言优势，担任口语工作，不辱使命，成为两国交往的桥梁；在朝贡贸易、官方和买贸易、使臣贸易、民间贸易中，他们是积极的参与者。明鲜两国的贸易往来，推动了两国朝贡关系的发展，丰富了两国人民的物质和精神生活，促进了两国人民的文化交流，也有利于两国巩固国防。朝鲜使团通事在其中发挥了巨大的作用。

有些朝鲜通事在奉使期间表现优异，得到了朝鲜国王的赞赏，如张洪筹和元闵生。在使臣贸易和民间贸易中，一些朝鲜通事从事违禁贸易，产生了一定的负面影响，并因此受到惩罚。瑕不掩瑜，我们不能因此否定朝鲜王朝通事在明鲜两国贸易中的作用。

---

① 吴晗. 朝鲜李朝实录中的中国史料［M］. 北京：中华书局，1980：634.
② 吴晗. 朝鲜李朝实录中的中国史料［M］. 北京：中华书局，1980：357.

# 明代琉球华人通事与对华外交

通事是中国古代对口头翻译人员的称呼，通事制度是中国古代朝贡体制的一个重要组成部分，通事是指在中国封建王朝与"朝贡"国之间充当翻译官的角色，使中外互通，无隔阂之患。关于琉球通事的研究，学界成果较为薄弱。关于琉球通事的相关研究，主要有以下三个方面的成果：一是对东亚通事群体或个案的研究，涉及琉球通事在中外关系上的作用问题。日本学者松浦章在《明代海外诸国通事》（2005）中，论述了通事在中外经济和文化交流中的作用；在《明清时代东亚海域的文化交流》（2009）第二章中，集中论述了明代的海外各国通事，认为通事在明朝与海外各国的通好关系上起了纽带作用；臧文文的《明清山东与琉球关系考述》（2012）谈到了通事在琉球与山东交往中的作用。二是从明清政府政策的视角来探讨中琉关系，涉及琉球通事。丁春梅的《从处理索银事件看清代对琉球的政策》（2005）在论述索银事件中谈到了琉球通事在交涉过程中的作用；陈小法的《琉球己酉倭乱与明代东亚局势推演之研究》（2015）也涉及琉球通事在处理倭乱中所发挥的积极作用。三是从汉语史和汉语学史的角度出发，对培养通事的基本教材进行研究。韩国与日本学者，对《老乞大》和《朴通事》都给予了极大关注和高度重视。在韩国有《老乞大集览》《老乞大谚解》《朴通事谚解》《老乞大新释》《重刊老乞大》等许多研究和改编著作；日本对《白姓官话》和《广应官话》很重视，仅濑户口律子就有多种研究成果。他们认为这些教材有助于通事的培养。

前人对琉球通事在中外关系上所起作用的研究还不够深入。本文拟探讨明代琉球通事在对华外交方面的作用，以就教于专家同人。

### 一、琉球华人通事的由来及其类别、职责

明洪武五年（1372）明太祖遣行人杨载诏晓谕琉球，告知明朝建立，曰："惟尔琉球，在中国东南，远据海外，未及报知。兹特遣使往谕，尔其知之。"[1] 明朝颁诏的翌年（1373），中山王察度派遣王弟泰期奉表入明进贡，同年，山北王怕尼芝和山南王承察度也遣使进贡。《球阳》对此高度评价："由是琉球始通中国，以开人文维新之基。"[2]

在明清时期琉球成为中国的藩属国，中琉两国保持着密切的关系。双方关系的重要标志是朝贡往来，即琉球定期向中国封建王朝遣使朝贡，带来大量以土特产为主的贡物。据琉球王府的记载，当年琉球使者向中国皇帝进贡的路线是：从福州"至浦城县水路，从浦城县至浙江江山县清湖为陆路，自清湖至钱塘江水路，上岸后由杭州府经运河至张家湾水路"，然后进北京，全程4912里，大约需要72天时间。[3] 琉球使臣向中国皇帝进贡，并非全部成员进京，只是由正副使臣及其从者、通事20人左右进京，其余人则滞留福州，明政府允许其就地贸易。作为回馈，中国封建王朝向琉球赏赐中国物产。明朝还多次派遣使臣到琉球册封国王，在首里城举行即位仪式。琉球还向中国派遣留学生，学习中国的语言文化和典章制度。琉球不断以"探贡""接贡"等名义加派船只入闽，直到清光绪五年（1879）其被日本吞并为止。

明朝重视与琉球的建交，并把琉球作为制约日本的重要一环。为了便于琉球往来朝贡，根据琉球中山王的请求，明洪武二十五年（1392）明太

---

[1] 严从简. 殊域周咨录 [M]. 北京：中华书局，1993：126.
[2] 球阳研究会. 球阳 [M]. 东京：角川书店，1982：68.
[3] 宫城荣昌，高宫广卫. 冲绳历史地图 [M]. 东京：柏书房，1983：122.

祖朱元璋钦赐三十六姓善操舟者与琉球。现存最早的《使琉球录》作者陈侃记载了此事，云："我太祖之有天下也，不加兵，不遣使，首效归附。其忠顺之心，无以异于越裳氏矣。故特赐以闽人之善操舟者三十有六姓焉，使之便往来、时朝贡，亦作指南车之意焉耳。"① 万历年间申时行等编纂的《明会典》亦云："二十五年，中山王遣子侄入国学。以其国往来朝贡，赐闽人三十六姓善操舟者。"

那么，洪武二十五年前，在中琉史籍中是否记载有琉球入贡以及琉球通事的情况呢？

据《明实录》记载，明洪武五年，明太祖开始遣使杨载前往琉球以即位诏晓谕琉球。洪武七年，琉球国中山王察度遣其弟泰期等奉表，贡马及方物，上皇太子笺，贡方物。②（《明太祖实录》）在这一使团中，泰期为正使，副使苏惹爬燕之，此外有通事、从人，未记载其姓名。第一次记载通事具体姓名开始于洪武二十三年春正月，琉球国中山王察度遣使亚兰匏等上表贺正旦，贡马、硫黄、胡椒、苏木等物。"中山王所遣通事屋之结者附致胡椒三百余斤、乳香十斤，守门者验得之以闻，当没入其货。诏赐还之，仍赐屋之结等六十人钞各十锭。"③（《明太祖实录》）这第一个出现姓名的琉球通事竟然以从事私人贸易者的面目出现。

洪武二十五年五月，琉球国中山王察度为其通事程优、叶希尹二人"乞赐职加冠带"。

> （洪武二十五年五月）庚寅，琉球国中山王察度表言："通事程优、叶希尹二人，以寨官兼通事，往来进贡，服劳居多，乞赐职加冠带，使本国臣民有所景仰，以变番俗。"从之。（《明太祖实录》）

---

① 台湾文献史料丛刊：第287种. 台北：台湾大通书局，1984：24.
② 明太祖实录：卷九十三 [M]. 上海书店出版社，1982年。
③ 明太祖实录：卷九十九 [M]. 上海书店出版社，1982年。

可见，在洪武七年至洪武二十五年间，在琉球赴明使团中有通事，通事屋之结并非华人，而洪武二十五年琉球使团中有华人通事程优、叶希尹二人。根据琉球国中山王察度表上文字，我们可以推断，在洪武二十五年明太祖赐闽人三十六姓于琉球之前，即有华人到达琉球定居，并被琉球国中山王任命为通事。华人通事程优、叶希尹二人在琉球已经服务数年。

琉球中山王对闽人三十六姓非常重视，安排他们住居久米村（唐荣），负责朝贡事务。《明神宗实录》① 万历三十五年（1607）九月条云：

> 琉球国中山王尚宁，以洪永间例，初赐闽人三十六姓，知书者授大夫、长史，以为贡谢之司；习海者授通事、总管，为指南之备。

至清代，周煌在《琉球国志略》② 中云：

> 久米府官：紫金大夫四员，总理唐荣司一员；即于四员中以一员统辖一村事为最贵，主朝贡、礼仪、文移。
>
> 正议大夫、中议大夫、长史、都通事、加谒理衔副通事、通事：皆久米人秀才习汉文者任其职。
>
> 臣按三十六姓，皆洪、永两朝所赐；至万历中，存者止蔡、郑、梁、金、林五姓，续赐者阮、毛两姓。每姓子孙，亦不甚繁衍。余寄籍起家，贵显者有之。自大夫、长史以下，由秀才升授。今取士之法，惟凭总理司及诸长史学中教习，佥词荐举，即许出身。

通事在琉球享有较高的社会地位。在琉球职官中，"通事官"都有一定的官衔，都通事（正六品），副通事、司历通事（正七品），通事（正九品）。根据其官衔，俸禄亦有差别。都通事，俸禄8石。副通事，俸禄5

---

① 明神宗实录：卷四百三十八 [M]．南京：江苏国学图书馆影印本，1940．
② 周煌．琉球国志略：卷九 [M]．北京：京华书局，1968．

石。通事，俸禄4石。①

根据职级、使命、具体工作、身份语言、来源地等，兹将琉球通事分类如下：

一是琉球通事，从级别上由低到高可以分为通事、副通事、都通事。

二是从上京朝贡的使命来看，通事分为进贡通事、庆贺通事、谢恩通事等。

三是从通事的具体工作看，通事可以分为押运通事、看针通事、留边通事、陈情通事、司历通事等。

四是从其身份、语言来看，琉球通事有土通事和夷通事之别。

土通事即闽之河口人，精通夷语（琉球语），故被委任为通事。夷通事是指明初洪永年间所赐"闽人三十六姓"及在明末清初琉球所存的七姓华人及其后裔，其中毛、阮两姓是万历年间再赐者，这些华人及其后裔生活在琉球，精通华语，担任琉球通事。

五是根据官生来源地不同，琉球通事分为首里通事和久米村通事。

琉球派官生去中国留学。首里出身的官生回国后担任通事，负责琉球对外外交事务，被称为首里通事。久米村出身者被称为久米村通事。

通事的主要职责是"司朝贡"，具体而言，通事在朝贡活动中充当翻译、迎接明清册封使臣、遣送漂风难民回国、接贡、护送本国使臣回国、收集各种情报、处理外交纠纷等角色。

**二、明代琉球华人通事在对华外交上的贡献**

琉球华人通事身负王命，恪尽职守，不辱使命，在外交上发挥了巨大的作用。

（一）迎接明册封使臣

明朝共向琉球派遣册封使15次。最早的一次是在明永乐二年（1404）

---

① 唐淳风. 悲愤琉球［M］. 北京：东方出版社，2013：34-35.

二月，中山王世子武宁来告父丧，明成祖遣行人时中赴琉球祭吊，颁发诏书封武宁"袭爵位"。(《明太宗实录》) 明嘉靖十一年 (1532) 陈侃、明万历四年 (1576) 萧崇业、明万历三十年 (1602) 夏子阳等先后出使琉球进行册封，并留下了《使琉球录》，而使臣中的陈侃、夏子阳等人均对自己的使行过程做了详细的记录，琉球通事周到的接待也在他们的笔下有所反映。

琉球华人通事在接待明使方面自始至终发挥了重要作用，为明册封使在琉球的活动提供了便利条件。明嘉靖十一年 (1532)，陈侃出使琉球，到达福州后，要着手造船、募集船工舵手、祭祀、等待琉球迎封舟等工作。琉球方面为迎接册封使臣，要派遣迎封舟，琉球中山王尚清遣长史蔡廷美过海来迎，令通事林盛带夷稍三十人为侃等驾船。[①] 明朝使团到达琉球后，行祭王礼，谕祭文，次日行封王礼。琉球中山王"尚清令通事致词，欲留为镇国之宝"，陈侃等人根据惯例将诏敕留在琉球，在册封使回国时，通事亦要护送他们回国。明嘉靖十三年 (1534)，陈侃等回国，琉球中山王尚清"仍遣通事林盛带夷稍十人"为陈侃等人驾舟，"又遣王亲宁古、长史蔡瀚、通事梁梓等另驾一舡"(陈侃《使琉球录》)。

琉球国王在闽人三十六姓所居地那霸港设立"天使馆"，用于接待明代使臣。天使馆是琉球通事一个重要的工作地点，在此琉球通事负责接待使臣和宣读文书。

(二) 参加朝贡活动

琉球通事在明琉外交上贡献颇多。原籍江西饶州的琉球王使臣程复，在明太祖未赐三十六姓给琉球之前，毅然担负其朝贡使命，以七十多岁高龄，"以寨官兼通事，往来进贡，服劳居多"。由于他对琉球"勤诚不懈"，中山王察度曾为他上表，要求明代皇帝赐职加冠带，以此作为琉球臣民敬仰的典范。(《明太祖实录》)

明永乐八年 (1410)，琉球中山王遣三五良尾等赴华入贡，通事林佑，

---

[①] 严从简. 殊域周咨录 [M]. 北京：中华书局，2019：34.

"本中国人，王启请赐冠带，成祖从之"①。

明宣德十年（1435）乙卯，琉球中山王遣长史梁求保、通事李敬等赴华谢恩贡方物。②

正统年间琉球先后派遣通事来华。明正统元年（1436），琉球使臣阿普尼是、通事郑长等谢恩贡方物。明正统四年（1439）己未，琉球长史梁求保、通事蔡让等贡方物，表贺登极。又遣阿普礼事、通事程鹏等入贡。明正统六年（1441）辛酉，琉球长史梁求保、通事梁祐等奉表入贡。明正统十二年（1447），琉球通事蔡让等贡马及方物。③ 明景泰元年（1450），琉球遣百佳尼和通事程鸿等贡方物。景泰二年（1451），遣通事李敬等入贡。④ 成化年间，琉球遣使来华，通事作为使团重要成员，或奉表贡方物，或谢恩贡方物，或请袭封。如明成化七年（1471）通事有梁应等。⑤ 明成化十一年（1475）通事有林茂等。明成化十二年（1476）通事有蔡璋等。⑥ 明成化十三年（1477）琉球通事为梁德。⑦ 明成化二十三年（1487）通事有林荣等。⑧

---

① 蔡铎，蔡温，郑秉哲. 中山世谱 [M]. 袁家冬，校注. 北京：中国文史出版社，2016：55.

② 蔡铎，蔡温，郑秉哲. 中山世谱 [M]. 袁家冬，校注. 北京：中国文史出版社，2016：65.

③ 蔡铎，蔡温，郑秉哲. 中山世谱 [M]. 袁家冬，校注. 北京：中国文史出版社，2016：65-66，69-70.

④ 蔡铎，蔡温，郑秉哲. 中山世谱 [M]. 袁家冬，校注. 北京：中国文史出版社，2016：72-73.

⑤ 蔡铎，蔡温，郑秉哲. 中山世谱 [M]. 袁家冬，校注. 北京：中国文史出版社，2016：85.

⑥ 蔡铎，蔡温，郑秉哲. 中山世谱 [M]. 袁家冬，校注. 北京：中国文史出版社，2016：87-88.

⑦ 蔡铎，蔡温，郑秉哲. 中山世谱 [M]. 袁家冬，校注. 北京：中国文史出版社，2016：92.

⑧ 蔡铎，蔡温，郑秉哲. 中山世谱 [M]. 袁家冬，校注. 北京：中国文史出版社，2016：94.

明弘治二年（1489）己酉秋，琉球中山王遣马仁、通事等进大行皇帝香。①

正德年间，琉球也多次遣使贡方物，通事被委以重任。如明正德十三年（1518）通事高义，明正德十四年（1519）通事吴昊，明正德十六年（1521）通事蔡璋②。琉球国尚清王、尚元王遣使来华，多以长史、使者率领使团，没有通事随行的记载。到尚永王时期琉球才派遣通事赴华。

明万历二年（1574）冬，琉球中山王世子以前使正议大夫郑宪等未回之故，遣使者马庆、通事郑禧等移咨布司，至闽探问。③

在万历年间有较长时期通事没有出使中国，主要原因就是琉球通事的缺乏。明万历三十四年（1606）琉球国遣使入贡，其附奏说明了通事缺乏的具体情况：

> 本年冬，王遣王舅毛凤仪、正议大夫郑道、使者芝巴那等奉表进方物，谢袭封恩（时王赆金，不受），附奏："洪武、永乐间，赐闽人三十六姓。知书者，授大夫、长史，为贡谢之司；习海者，授通事、总管，为指南之备。今世久人湮，文字音语，海路更针，常至违错。乞依往例，更赐数人。"礼部以闻。翌年丁未，神宗仍以阮国、毛国鼎二人，许入本国臣籍。即今唐荣阮、毛二姓是也。④

明天启三年（1623）冬，琉球中山世子遣正议大夫郑俊、使者金城、

---

① 蔡铎，蔡温，郑秉哲. 中山世谱 [M]. 袁家冬，校注. 北京：中国文史出版社，2016：95.
② 蔡铎，蔡温，郑秉哲. 中山世谱 [M]. 袁家冬，校注. 北京：中国文史出版社，2016：97.
③ 蔡铎，蔡温，郑秉哲. 中山世谱 [M]. 袁家冬，校注. 北京：中国文史出版社，2016：110.
④ 蔡铎，蔡温，郑秉哲. 中山世谱 [M]. 袁家冬，校注. 北京：中国文史出版社，2016：115.

都通事郑子廉等奉表贡方物。①

明崇祯十一年（1638）戊寅冬，琉球中山王遣紫金大夫蔡坚、使者毛继善、都通事郑士乾等奉表贡方物。②

（三）遣送漂流民

中国与琉球之间都存在漂流民的问题。琉球位于中国的东南，特别是在冬季，西北季风盛行的时间，经常有中国难民漂流到琉球。而夏季，东南风盛行，琉球难民会漂流至中国。这些漂流难民成为强化两国关系的重要纽带，对难民难船的处置以及送还体制也构成了中琉封贡关系的重要内容。③

琉球华人通事在处理漂流民问题上发挥了巨大的作用。中国和琉球之间，互相有漂流民漂流到对方的问题。明代皇帝对漂流问题非常重视。明永乐二年（1404）九月壬寅，福建布政司奏报有暹罗国前往琉球的使臣船只遇到风险而停泊，并就是否将船上货物没收而请示皇帝。"上谓礼部尚书李至刚等曰，暹国与琉球修好，是番邦美事。不幸船为风漂至此，正宜嘉恤。岂可利其物而籍之？卿有善人，犹能援人于危，助人于善。况朝廷统御天下哉？"（《明太宗实录》）明景泰元年（1450）五月丁卯，琉球国通事程鸿等言，朝贡回还，欲往暹罗国货买苏木等物，中途遭风坏船，欲在中国造船。明朝礼部"移文福建三司听其自造，不许侵扰，军民从之"（《明英宗实录》）。《中山世谱》记载："（弘治）十六年癸亥，王遣吴诗等往满剌加国收买贡物。遇风漂至广东，舟覆上岸。吴诗等一百余人为逻卒所获。广东守臣以闻。孝宗命送吴诗等至福建，给粮赡养，候本国贡使

---

① 蔡铎，蔡温，郑秉哲. 中山世谱［M］. 袁家冬，校注. 北京：中国文史出版社，2016：120.
② 蔡铎，蔡温，郑秉哲. 中山世谱［M］. 袁家冬，校注. 北京：中国文史出版社，2016：122.
③ 臧文文. 明清山东与琉球关系考述［D］. 青岛：中国海洋大学，2012.

归之。"① 在没有遇上有贡船到中国的时候，琉球国王会派出都通事解送这些漂流难民回国，这也增加了一次去中国贸易的机会，并且解送难民的都通事和随行人员都会得到明朝皇帝的赏赐，所以这种方式也成为琉球国送还难民的主要方式。

（四）咨报倭情

琉球独特的地理位置，很难抵抗日本的进攻。明朝奉使琉球的官员夏子阳曾经谈到琉球的危险处境："琉球，一单弱国也；去闽万里，悬立海东。地无城池，人不习战。即所属诸岛，浮影波末，如晨星错落河汉；其不能为常山蛇势，明矣。日本素称强狡，与之为邻，数数要胁，眼中若无之。顾山海自若，传世永永；岂非圣神御极，威德广被，为属国者世守带砺，安若覆盂耶！"②（夏子阳《使琉球录》）

明朝令日本不得入贡后，萨摩藩觊觎琉球与中国通商之巨大利益，竟然举兵攻入琉球，俘虏国王尚宁等人。尚宁等人被迫与萨摩藩签订《掟十五条》，琉球从此成为两属之地。明朝灭亡后，琉球王国考虑到现实需要，继续向清朝进贡，同时也向萨摩藩进贡。在这段历史演变过程中，琉球华人通事在维护国家权益、争取中国支持等方面发挥了其作用。萨摩藩入侵琉球、押走琉球君臣的同时，琉球官员郑俊正巧出使明朝，他立即向明朝报告萨摩藩入侵琉球及琉球君臣被囚于鹿儿岛的"倭乱"情况，并奏报了萨摩藩计划出兵鸡笼（今台湾基隆）的阴谋，提醒明朝应注意倭寇复起的可能性。1610年，岛津忠恒命令琉球官员毛凤仪、金应魁向明朝进贡，欲重开朝贡贸易，但是毛凤仪等人暗中将琉球国王尚宁写的求救信呈交福建巡抚陈子贞，万历皇帝下旨召见毛凤仪，毛凤仪汇报了萨摩入侵琉球的经过以及琉球被迫答应萨摩藩提出的苛刻条件。万历皇帝极为震惊，令毛凤仪向琉球国王转告明朝慰问之意，并同意琉球延迟纳贡，还要求福建官员

---

① 蔡铎，蔡温，郑秉哲. 中山世谱［M］. 袁家冬，校注. 北京：中国文史出版社，2016：96.
② 夏子阳，使琉球录，台湾银行，1970年版.

立即调查"倭乱"情况。1612年琉球再度遣使来明朝贡,福建巡抚丁继嗣上奏朝廷,认为贡使团形迹非常可疑,问:"何以不服盘验?不先报知而突入会城?贡之尚方有常物,何以突增日本等物于硫黄、马、布之外?贡之赍进有常额,何以人伴多至百有余名?"(《明神宗实录》)主张退回不是常贡名单的物品。兵部也进行了一系列调查,指出萨摩藩入侵琉球,又放琉球国王归国,就是为了与明朝通贡。"数十年来,倭所垂涎者,贡耳!"(《明神宗实录》)

明朝官员黄承玄的《题琉球咨报倭情疏》,谈到琉球华人通事向明朝提供倭情[①]:

> 题为飞报琉球船只事。据福建按察司巡视海道副使韩仲雍呈……本年五月初一日,准琉球国中山王尚宁咨称,今特遣通事蔡廛捧咨文一通前赴贵司告投,切以蕞尔藩邦自太祖高皇帝准贡以来,二百余年,仁恩极大之故,父子之国,情同一体,唇齿之地,势实相连,痛昔倭寇肆毒侵害,举国君臣素蒙天朝卵翼之恩,铭心感记。迩闻倭寇造战船五百余只,本年三月内协取鸡笼山等处。窃思鸡笼山虽是外岛野夷,其咽喉门户有关闽海居民,藉令肆虐鸡笼则福省滨海居民焉能安堵如故?宁忝藩臣,屡蒙君父圣恩,宜先移咨火速奏报以凭裁取胜。天朝备御之有方,亦防微杜渐之长策等因,准此,看系紧急夷情合就呈报等缘由,奉批属夷告警饬备宜严仰巡海道速行查议报,又奉臣令牌,仰道速行沿海各道路将海防备总等官,严督哨兵远出,侦探分布要害,加谨提防等因……

琉球华人通事在倭乱期间的中琉交往中发挥关键作用。明万历三十七年(1609),琉球发生乙酉倭乱,五月十一日,当时处于尾声,国王尚宁被扣押,不可能出面处理国事。临时负责王国事务的三司官马良弼"为急

---

① 顾炎武. 明经世文编选录[C]. 台北:台湾银行经济研究室,1971:227.

报倭乱致缓贡期事，今特遣正议大夫、使者、都通事等官"，因为"今差去员役并无文凭，诚恐所在官兵盘验不便，据此理合给照，为此除外"。派遣都通事梁顺等人带洪字第五十一号半勘合执照前往中国。① 明万历四十四年（1616），琉球国王遣通事蔡廛来言："迩闻倭寇造战船五百余只，欲夺取鸡笼山，恐其驰突中国，为害闽海，故特移咨奏报。"于是，福建巡抚黄承玄立即向朝廷奏报了这一情况。（周煌《琉球国志略卷三》）

**结语**

在明代中琉交往中，琉球通事特别是华人通事为中琉朝贡关系的建立和发展做出了巨大贡献。自明代起中国与琉球建立了密切的朝贡关系，一直到琉球被日本吞并为止，前后历时500余年。在中琉建立宗藩关系之时，明太祖朱元璋对琉球寄予厚往，委之以"屏藩东方"的重任。他给琉球赐以闽人三十六姓，作为火者、通事，担当中琉交往的桥梁，并给予许多政治经济上的优惠条件，如加冠带、赏赐绸缎等物。琉球华人通事不负所望，在每次中琉交往中，都起到了重要作用，涌现出一大批杰出的华人通事，如林盛、梁梓、林佑、程鸿、梁应、蔡让等人。

明代琉球华人通事在中琉政治交往中异常活跃。他们参加朝贡活动，接待明朝使臣，确保了朝贡秩序的稳定发展。他们还向明王朝提供有关倭寇的军事情报，在漂流民问题上也恪尽职守，从而密切了中琉两国的政治关系，增进了两国人民的信任。琉球华人通事不仅是中琉两国外交的桥梁，而且是中琉两国人民友好的使者。

---

① 陈小法. 琉球己酉倭乱与明代东亚局势推演之研究：兼论琉球的历史归属［J］. 浙江社会科学，2015（11）：96-106, 159.

# 明代东南亚华人使臣

东南亚由中南半岛和马来群岛两大部分组成，共有11个国家，包括越南、老挝、柬埔寨、缅甸、泰国、马来西亚、新加坡、印度尼西亚、菲律宾、文莱和东帝汶。这是一个历史悠久、文化多元的地区。在明代，中国和东南亚有着密切的交往。

关于海外华人使臣的研究，前人有一些研究成果。清代学者赵翼在《廿二史札记》中曾有一条"海外诸番多内地人为通事"，专门记载海外通事情况。陈学霖在1962年的《大陆杂志》第24卷第4期发表了《记明代外番入贡中国之华籍使事》，记载了华人使臣出使中国的情况。陈尚胜的《夷官与逃民》（载张国刚主编：《中国社会史评论》第四辑，商务印书馆，2002年版）对明代海外国家华人使臣出使中国的反应进行了探讨。本文拟在前贤的基础上，对明代东南亚一些国家如安南、占城、暹罗、满剌加、爪哇等国华人使臣的来源，出使中国的目的、作用和影响等问题做一个初步的探讨。①

明代东南亚国家纷纷来华朝贡，使团中不乏华人使臣，其中最早来到中国的华人使臣是暹罗所遣。据有关文献记载，明洪武五年（1372），暹罗来明使臣中有华人李清兴担任通事，洪武六年（1373）有华人陈举应担任使团副使。陈举应是最早来到中国的东南亚华人使臣。此后，华人曾寿

---

① 陈尚胜．夷官与逃民：明朝对海外国家华人使节的反应［M］//张国刚主编．中国社会史评论：第四辑．北京：商务印书馆，2002：555-576.

贤（永乐三年、八年）、陈宝提（宣德元年）、黄子顺（宣德二年）、谢文彬（成化十三年）先后作为暹罗正使、贡使、副使来华。此外，东南亚的安南、爪哇、苏门答腊、满剌加、占城等国亦陆续遣使来华。不少华人都充当了使团的正使或副使。

**一、华人使臣的来源**

在东南亚各国，都有华人流寓当地。其中一些华人被任命为使臣。下面拟对东南亚华人使臣的来源做一些分析。

**（一）移民后裔**

东南亚是中国古代移民最多的地区。安南曾长期属于中国的藩属，因此有大量的中国移民居住于彼。安南取得独立后，中越两国恢复了正常的外交关系。郑和下西洋后，闽浙粤一带的杨姓人士即开始向海外传播，其中不少人到达越南。明天顺八年（1464）十一月，黎朝遣使如明，范伯珪进香，黎友直、杨宗海、范庆庸贺即位，黎宗荣、范琚、陈文真谢赐彩币。① 明成化四年（1468）十一月，安南黎朝遣使如明，杨文旦、范鉴、黄仁等岁贡②。杨文旦是华人移民后裔。杨姓出自古杨国（今山西洪洞县东南）。越南姓氏多来自中国，如阮、陈、黎、范、郑、李等姓氏。这些奉命使明的使臣都是华人后裔。值得一提的是，黎朝皇帝亦是祖籍中国，前黎朝的黎桓是蜀人后裔，而后黎朝的黎利则是闽人后裔。

**（二）海外贸易商人**

明清时期不少中国沿海地区的商人从事海外贸易。明永乐三年（1405）九月乙卯，爪哇国西王都马板遣使臣八智陈惟达等奉表，贡方物。明永乐四年（1406）春正月癸卯，爪哇国西王都马板再次遣使八智陈惟达等奉表，来华朝贡。（《明太宗实录》）陈惟达为华人，因经商到达爪哇

---

① 吴士连，等. 大越史记全书 [M]. 重庆：西南师范大学出版社，2015：606.
② 吴士连，等. 大越史记全书 [M]. 重庆：西南师范大学出版社，2015：634.

国，受到国王的信任，被任命为朝贡使臣。在爪哇，华人商人作为使臣的还有明洪熙元年（1425）夏四月甲寅来华的贡使亚烈黄扶信。(《明仁宗实录》）此外，明宣德元年（1426）来华的使臣亚烈郭信，明宣德三年（1428）来华的使臣亚烈张显，他们都是在爪哇的华商。（《明宣宗实录》）

暹罗国使臣谢文彬，福建汀州人，长期在沿海贩运私盐。明正统十三年（1448），他偶然遇风漂流到暹罗，之后获得暹罗国王的信任，被晋升为"岳坤"等官职。"岳坤"相当于中国的"学士"。明成化十三年（1477），他作为暹罗副使出使中国。①

（三）漂流者

明清时期，由于遭遇飓风漂流到异国他乡的华商有不少。漂流者成为华人使臣，除了上面提到的谢文彬，还有马用良等人。明正统三年（1438）闰六月壬辰，爪哇国遣使来华朝贡，在此使团中有使臣亚烈马用良，通事良殷、南文旦等人，他们在接受明朝皇帝的召见时自称："臣等本皆福建漳州府龙溪县人，因渔于海，飘坠其国。"(《明英宗实录》）他们由于遭受海难漂流到爪哇国，后来因国王信任而成为使臣和通事。明弘治十年（1497）九月，暹罗国通事秦罗亦自称是福建清流县人，因渡海飘风，流寓暹罗国。(《明孝宗实录》）

（四）被倭所掳

明代前期和中期，倭寇横行，不少沿海民众被倭寇掳去东亚和东南亚各国。明正统元年（1436）六月戊午，爪哇国遣使入贡，在使团中有一人名为财富八致满荣，自称"初姓洪，名茂仔，福建龙溪民，取鱼为业，被番倭掳去，脱走于爪哇，改今名"(《明英宗实录》）。如洪茂仔一样的人，在东南亚国家普遍存在。

---

① 陈尚胜. "夷官"与"逃民"[M]//张国刚. 中国社会历史评论：第4辑. 北京：商务印书馆，2002：569.

## 二、东南亚华人使臣出使中国的目的

明清时期，东南亚国家的国王派遣使臣来华，其目的是多样的，归纳起来，大致主要有以下几种：

### （一）是以朝贡为名追求经济利益

朝贡贸易是以物易物的官方贸易，明清王朝按照"厚往薄来"的原则对朝贡国家进行赏赐。这有利于朝贡国获得利益，因此东南亚国家的国王为了获得中国的丝绸瓷器、书籍药材等，纷至沓来，乐此不疲。安南等国多次遣使中国进行朝贡贸易。明天顺元年（1457）六月甲午，安南国陪臣黎文老奉命出使中国，奏告明英宗，曰："诗书所以淑人心，药石所以寿人命。本国自古以来，每资中国书籍、药材，以明道理，以跻寿域。今乞循旧习，以带来土产香味等物，易其所无，回国资用。"（《明英宗实录》卷二百七十九）明弘治九年（1496）三月戊午，安南国王黎灏遣陪臣黎峻等来贡，回赐王锦缎等物。（《明孝宗实录》卷一百二十三）明弘治十二年（1499）十一月己未，安南国世子黎晖派遣陪臣阮观贤等来贡。明朝回赐黎晖锦缎等物。（《明孝宗实录》卷一百五十六）

占城亦多次遣使进行朝贡贸易。明弘治十八年（1505）六月庚午，占城国王子沙古卜洛遣使臣沙不登古鲁来贡方物。（《明武宗实录》卷二）弘治十八年秋七月丙申，明朝赐占城国入贡使臣沙不登古鲁等金织衣、彩段等物有差，"遂以回赐王子沙古卜洛锦绮付之"（《明武宗实录》卷三）。

暹罗多次遣使进行朝贡贸易。明洪武五年（1372）正月，暹罗斛国遣使臣奉表贡黑熊、白猴、苏木等物。（《明太祖实录》卷七十一）明洪武十四年（1381）二月丙寅，暹罗斛国遣其臣陈子仁等奉表贡方物。（《明太祖实录》卷一百三十五）明永乐八年（1410）十二月，暹罗国王遣使臣曾寿贤等贡马及方物。（《明太宗实录》卷一百一十一）明天顺六年（1462）九月，暹罗国王遣使来朝，"贡马及盔甲、佩刀等物"（《明英宗实录》卷三百四十四）。明成化十二年（1476）四月，暹罗国王派遣使团如明朝贡，其使团副使为谢文彬。暹罗使团通过经纪人周璋所订购的织造缎匹，周璋多次以各种借口不肯付货。于是暹罗使团向南京官府控告周璋诈骗暹罗国王银两。明朝政府经过调查，裁定周璋等人私通外国使臣交易番货罪，而谢文彬在早年亦犯有擅自出海与外国互市的律令。由于谢文彬是暹罗使臣，最后获得明朝赦免，由明朝政府提供船只助其回国。① 暹罗此行，其实是从事朝贡贸易。

老挝亦多次遣使朝贡。明永乐三年（1405）秋七月丙午，老挝军民宣慰使刀线歹遣头目浑典等来朝，进象及方物。明朝赏赐纱、绮、帛等物。（《明太宗实录》）永乐五年（1407）九月老挝军民宣慰使刀线歹遣头目来朝，贡金银器、方物。（《明太宗实录》）

真腊在明洪武十年（1377）十二月遣使奉表，贡方物，贺明年正旦。（《明太祖实录》）明永乐三年（1405）七月，真腊又遣使来朝，贡方物。（《明太宗实录》）明景泰三年（1452）八月戊子，真腊国遣使臣那答洪文荣等来朝，贡马及方物。（《明英宗实录》）本人认为那答是真腊的官职。洪文荣是流寓到真腊的华人。

满剌加国亦遣使朝贡。明永乐三年（1405）九月，满剌加国王遣使，随奉使中官尹庆来明朝贡。（《明太宗实录》）明永乐五年（1407）九月，满剌加再次派遣使臣来朝，贡方物。（《明太宗实录》）明正德三年（1508），满剌加国贡使火者亚如等奉命来华朝贡。（《明武宗实录》）亚刘，即江西万安人萧明举，以罪叛入其国，为通事。明正德三年他与贡使端亚智一起奉满剌加王命来华。（《明武宗实录》）

爪哇亦多次遣使入贡。如明洪武十四年（1381）冬，爪哇国王遣使臣贡方物及黑奴三百人。（《明太祖实录》）明永乐三年（1405）九月，爪哇国王遣使臣八智陈惟达等奉表贡方物。（《明太宗实录》）明永乐四年（1406）春正月癸卯，爪哇国王都马板遣使臣陈惟达等来朝，贡珍珠、珊

---

① 陈尚胜."夷官"与"逃民"[M]//张国刚.中国社会历史评论：第4辑.北京：商务印书馆，2002：570.

瑚、空青等物。(《明太宗实录》) 由此看来,八智陈惟达与陈惟达是同一个人,而且是华人。八智是其官职。明洪熙元年夏四月壬寅,爪哇国王杨惟西沙遣头目亚烈黄扶信贡方物。(《明仁宗实录》) 黄扶信亦为华人,亚烈是其官职。明宣德元年(1426)十一月壬寅,爪哇国王遣使臣亚烈郭信等来朝,贡方物。(《明宣宗实录》)

(二) 是作为中国的藩属国来华朝贡

作为朝贡国,必须奉表纳贡。越南、占城与明王朝建立了宗藩关系,故多次遣使奉表入贡。越南在明朝多次遣使来华。这在中越两国史料中均有大量的记载。黎贵惇在《北使通录》中记载,越南的使臣,分正使、甲副使、乙副使。越南遣使朝贡,既有政治上的因素,也有经济上的考虑。明永乐元年(1403)十二月,安南胡衮遣使如明贺明年正旦,进方物。(《明太宗实录》) 明成化四年(1468),安南黎朝于"十一月,遣使如明,杨文旦、范鉴、黄仁等岁贡"[1]。明万历四十二年(1614)五月丁巳,安南都统使黎维新差夷官刘廷质三十八员进贡方物表文,补三十三年额贡。(《明神宗实录》) 明天启六年(1626)秋七月癸巳,安南都统使黎维新嫡子黎维祺遣使臣阮进用等补贡方物。(《明熹宗实录》)

占城作为明朝的藩属亦多次遣使朝贡。如明洪武二年(1369)九月丙午,"占城国王阿答阿者遣其臣蒲旦麻都等贡方物"(《明太祖实录》)。明洪武三年(1370)八月辛酉,占城国王阿答阿者遣其臣打班舍利等来贡方物。(《明太祖实录》)

(三) 寻求明朝的支持

东南亚国家之间长期存在纷争,因此多次遣使来华诉求,寻求明朝的支持。

越南与占城长期对抗。明代越南多次派遣使臣前往中国,奏告占城入

---

[1] 吴士连,范公著,黎僖,等.《大越史记全书》标点校勘本[M].重庆:西南师范大学出版社,2015,第634页。

侵、骚扰边境。明成化五年（1469）三月，"占城人乘船航海，寇边化州"①。明成化六年（1470），"冬十月，遣使如明。阮廷美奏占城骚扰边事，郭廷宝奏偷采珍珠及地方侵扰事"②。明成化十年（1474），"冬十月，遣使如明。黎弘毓、阮敦复、吴雷等岁贡。汧（音qiān）仁涛、阮廷美等奏占城溃乱扰边事"③。而占城亦多次遣使赴明，控告安南派兵入侵其国。永乐元年（1403）秋七月丁酉，占城国王占巴的赖遣使婆甫郎等奉金叶表文来朝，贡方物，且言其国与安南接壤，数苦其侵掠，请降敕戒谕。（《明太宗实录》）《明实录》记载：明永乐四年（1406）八月庚子，占城国王遣其孙来朝，"贡白象、方物，且言安南黎贼数侵掠其境土、人民，请兵讨之"（《明太宗实录》）。明天顺八年（1464）三月庚申，占城国王遣使臣奏："安南国侵扰本国，求索白象等物，乞照永乐年间，遣使安抚，置立界牌碑石，以免侵犯，杜绝仇衅。"（《明宪宗实录》）明朝兵部商议后，让通事省谕占城来使，还语国王："俾谨守礼法，保固境土，以御外侮，勿轻构祸。"（《明宪宗实录》）

满剌加与暹罗之间亦有冲突，满剌加遣使向明朝控告其罪行。明宣德六年（1431）二月壬寅，满剌加国头目巫宝赤纳等至京，说："国王欲躬来朝贡，但为暹罗国王所阻。暹罗欲侵害本国，本国欲奏，无能书者，今王令臣等三人，潜附苏门答腊贡舟来京……"（《明宣宗实录》）

（四）向明朝请赐请封

明代东南亚诸国多次派遣使臣来华请赐。在东南亚各国中，有一些国家认为自己有功于大明王朝，希望得到明朝皇帝的奖励，因此遣使来华邀功请赏。如明洪武六年（1373）八月戊戌，占城国王阿答阿者遣其臣阳宝

---

① 吴士连，范公著，黎僖，等.《大越史记全书》标点校勘本［M］.重庆：西南师范大学出版社，2015，第635页。
② 吴士连，范公著，黎僖，等.《大越史记全书》标点校勘本［M］.重庆：西南师范大学出版社，2015，第639页。
③ 吴士连，范公著，黎僖，等.《大越史记全书》标点校勘本［M］.重庆：西南师范大学出版社，2015，第659页。

摩诃八的悦文旦进表，贡方物，"且言海寇张汝厚、林福等自称元帅，动掠海上，国王攻败之，汝厚等溺水死，获其海舟二十艘，苏木七万斤，及从贼吴第四来献"。明太祖对其进行奖励，"命赐其王织金文绮纱罗四十匹，使者纱罗二匹、文绮四匹、衣一袭、钱一万二千，从人各赐有差"（《明太祖实录》）。真腊国亦曾遣使邀功。据《明实录》记载：明万历八年（1580）八月壬戌，柬埔寨酋郑青捕逆贼杨四并金书牙腊来献，云："四，逋贼林道乾党也。"柬埔寨酋郑青曾"乞通贡于内"，明朝以为"俟获道乾后再议"（《明神宗实录》）。

要求明朝给赐冠带，在东南亚各国使行中比较普遍。以明成化年间为例，可见一斑。在已经给赐冠带的情况下，有些国家使臣仍然坚持要求给赐冠带。如占城国。明成化五年（1469）十一月丁未，占城国遣使臣来华，副使阿离等奏："乞给赐冠带。"（《明宪宗实录》）礼部官员因此奏告明朝皇帝："阿离及舍人翁木等五人，事宜如所请；其通事周公保并舍人翁贵等六人，先已给赐，不可再给。"（《明宪宗实录》）明朝皇帝采纳了其建议。明嘉靖二十二年（1543）秋七月甲寅，占城国使臣沙不登古鲁等来华援例奏乞冠带。（《明世宗实录》）暹罗等国也多次要求给赐冠带。安南也起而效之，要求明朝给赐冠带。明成化十八年（1482）秋七月，暹罗国差使臣来朝请封，贡方物。（《明宪宗实录》）明成化二十三年（1487）八月辛未，安南国王黎灏派遣陪臣黎德庆等奉表，贡方物，要求明朝给赐，"乞如暹罗、爪哇、占城等国使臣事，给赐冠带"。明宪宗同意了安南使臣的请求，"命后不为例"（《明宪宗实录》）。

遣使请封，是东南亚各国遣使中国的原因之一。明正统十二年（1447）秋七月己亥，故占城国王占巴的赖侄子摩诃贵来遣使臣赴明，奏告：先王逊位舅舅摩诃贲该，摩诃贲该不久在与安南的战争中被俘，"国中臣民，以臣先王之姓，在昔已有遗命，请臣代位，以掌国事。臣辞之再四，不得已乃于府前治事，其王位未敢自专。伏乞特降赐明诏，以慰远人之望"（《明英宗实录》）。明英宗根据其请求，遣给事中陈宜为正使、行

93

人薛干为副使，持节册封摩诃贵来为占城国王。占城还利用朝贡的机会进行请封。如明弘治十八年（1505）六月占城国王子遣使臣来明贡方物，"乞命大臣往其国，仍以新州港等处封之"（《明武宗实录》）。明正德五年（1510）秋七月庚辰，占城国署国事世子沙古卜洛遣其叔叔沙系把麻等请封，并贡方物。（《明武宗实录》）安南亦多次遣使请封。明正统八年（1443）夏四月丁酉，安南国故王黎麟嫡子黎浚遣陪臣黎傅等赍捧国人表文请封，及贡方物。（《明英宗实录》）明万历三十四年（1606）二月甲辰，安南都统使黎维潭子黎维新贡方物，请封黎氏。（《明神宗实录》）

（五）其他原因

除上述四点外，东南亚各国还会因以下几点原因遣使中国。遣使请降。明嘉靖十八年（1539）二月癸丑，安南国头目莫方瀛遣使臣阮文泰奉表，款镇南关请降，因籍其土地、户口以献。（《明世宗实录》）《大越史记全书》云：嘉靖十七年，"莫遣阮文泰如明，赍表乞降，并祈处分"①。

遣使谢罪。明永乐三年（1405）六月己丑，安南胡奆遣使臣阮景真等随监察御史李琦等入朝上奏谢罪。（《明太宗实录》）自称"权理国事以主其祭"，否认窃夺陈朝权位的罪行，提出"臣请迎归天平，以君事之"（《明太宗实录》）。

进香、庆贺。明正统元年（1436）夏四月戊午，安南国权署国事黎麟以宣宗皇帝宾天，遣使黎笼等进香；以上新登宝位，尊圣祖母为太皇太后，圣母为皇太后，各遣使进表及方物称贺。（《明英宗实录》）

告讣，亦是东南亚与中国有宗藩关系国家遣使的缘由之一。如明弘治十一年（1498）闰十一月丁丑，安南国王黎灏卒，世子黎晖遣陪臣潘综等以讣闻。（《明孝宗实录》）明孝宗命行人司行人徐钰往祭。

在上述的东南亚使臣中，有相当多的华人，如安南的黎德庆、潘综、刘廷质等人，暹罗的陈子仁、曾寿贤、谢文彬等，真腊的洪文荣等，满剌

---

① 吴士连，范公著，黎僖，等. 大越史记全书［M］. 重庆：西南师范大学出版社，2015：820.

加的火者亚如（萧明举）等，爪哇的陈惟达、黄扶信等。

### 三、东南亚华人使臣出使中国的作用和影响

东南亚华人使臣出使中国，每次使行有其不同的目的，所发挥的历史作用亦有明显的不同。就越南而言，华人使臣出使中国，除了外交活动之外，还从事经贸活动和文化交流。这对中越两国都是有利的，并且产生了很好的影响。对非宗藩国家而言，东南亚的暹罗、马六甲等国，除了解决有关争端外，还多进行了贸易活动。这不仅有助于东南亚的社会稳定，也促进了中国与东南亚各国的经济往来。

东南亚华人使臣出使中国，总的来说，其历史作用是发展了中国与东南亚的政治关系，加强了中外经贸往来，促进了文化交流。

但是东南亚华人使臣的不法活动，对中外关系也产生了一些消极影响。不法活动的表现主要有：

（一）夹带私货，劳民伤财

据史料《越峤书》记载，越南在朝贡使行中，越南使臣多夹带私货，动用了大批劳动力。明朝对安南国王，要求"今后所差陪臣行人，俱照洪武年间事例，止许五人，亦不许夹带私货"。但越南方面，依然我行我素，到清代，"动用人夫，少则二千，多则三千"（汪森《粤西诗文》）。

越南贡使借机购买北货，甚至违禁购买，在回国之后受到惩处。如明宣德九年（1434）的黎伟、阮传，多买北货（中国商品），达到30余担。[①]

越南使臣夹带私货，甚至违禁购买，这给中越两国人民带来了沉重负担，干扰了边境人民的生活，也影响了中越关系的发展。

（二）非法贸易

东南亚国家的使臣还从事非法贸易活动，对明朝主导的朝贡体制造成

---

[①] 吴士连，范公著，黎僖，等. 大越史纪全书［M］. 重庆：西南师范大学出版社，2015：529-530.

了很大的冲击。明朝对东南亚国家的非法活动早有发觉，并采取了一些措施。如却贡，"绝其往来"。《明实录》云：（明洪武二十六春正月）甲寅，禁民间用番香、番货。先是，上以海外诸夷多诈，绝其往来，唯琉球、真腊、暹罗斛许入贡。（《明太祖实录》）

我以为，所谓"诈"，就是一些国家打着"朝贡"的幌子，从事非法贸易活动，甚至有些国家的商民，冒充朝贡使团前来中国贸易。

明成化十七年（1481）秋七月丁酉，暹罗、苏门答腊二国使臣朝贡还，舟人教其途中买贫民子女、多载私盐，且为诸不法事。（《明宪宗实录》）

明正德九年（1514）六月丁酉，广东布政司参议陈伯献奏："岭南诸货出于满剌加、暹罗、爪哇诸夷，计其产不过胡椒、苏木、象牙、玳瑁之类，非若布帛、菽粟，民生一日不可缺者。近许官府抽分，公为贸易，遂使奸民数千驾造巨舶，私置兵器，纵横海上，勾引诸夷为地方害，宜亟杜绝。"事下礼部议，令抚按等官："禁约番船，非贡期而至者，即阻回，不得抽分以启事端，奸民仍前勾引者，治之。"报可。（《明武宗实录》）

上面材料说明，国内一些商人伙同东南亚商人，从事非法贸易，为了利益而不惜武装走私，纵横海上，还多次勾结外夷以"朝贡"为名前来贸易，这不仅阻碍了中外关系的发展，也给中国沿海地区的人民生活带来了消极影响，给明朝的海上安全带来了较大的隐患。

**结语**

东南亚华人使臣的来源，主要有移民后裔、海外贸易商人、漂流者、被倭所掳者等。越南华人使臣的来源主要是移民后裔，而东南亚其他国家则有海外贸易商人、漂流者等多个来源。

明代东南亚华人使臣奉命出使中国，主要有政治和经济方面的目的。越南和占城是与明朝有着宗藩关系的国家，他们的朝贡既有政治上的目的，也有经济上的目的。其他如暹罗、爪哇、苏门答腊等国，遣使来华的目的多是以朝贡为名，其实是为了追求经济利益。

东南亚华人使臣在华活动，有其积极影响，发展了明朝与东南亚各国的政治关系，加强了中外经贸往来，推动了中外文化交流，总之有利于中外关系的发展。同时，东南亚华人使臣在华的不法活动，也有其消极影响，即夹带私货，加重了人民负担。外国使臣和不法海商勾结，给明朝的海上安全带来了安全隐患，阻碍了中外使团的正常往来，不利于中外关系的发展。

# 孝道思想在海外传播及其影响

孝道思想源远流长。传说舜就是一个孝子，堪为后人楷模。此后孔子、曾子等人的孝行也值得后人称道。《孝经》在中国传统文化中具有较高的地位。从现有文献资料来看，秦王朝变法乃至统一后，其政策有大量涉及孝悌伦理的内容。汉朝统治者吸取秦王朝覆灭的教训，做出了许多政策调整，其中就有"以孝治天下"。汉朝统治者提倡孝治政策，以身作则，天子本人树立起孝子的榜样。此后，中国历代封建统治者都大力提倡孝治政策，宣传孝道思想。这对维护古代中国的封建王朝统治、安定社会起到了巨大作用。

古代儒家经典著作中大力宣传孝道思想，使得其家喻户晓，深入人心。孝道思想随着儒家思想的对外传播而流传到海外，受到各国封建统治者的高度重视。孝道思想推动了海外地区的社会经济发展，同时也产生了很大的消极作用。

前人对孝道思想有很丰富的论述。论文数目极多，相关专著主要有康学伟《先秦孝道研究》（吉林人民出版社，2000），肖群忠《孝与中国文化》（人民出版社，2001）等，对孝文化做了精辟的论述，但是没有涉及孝道思想在海外传播的问题；而陈尚胜撰写的《五千年中外文化交流史》第一卷（世界知识出版社，2002）在探讨中国文化对外传播时涉及了这一问题，笔者陆续发表了《孝道思想在朝鲜半岛的传播及其影响》和《略论孝道思想在越南的传播及其影响》，也对这一问题从微观上（就某一国家）

做了一些探讨。本文拟从宏观上（从整个接受孝道思想的亚洲国家之角度出发）继续研讨这一问题。

一、孝道思想在海外传播的主要途径

古代中国孝道思想在海外传播，范围比较广泛，但是我们可以断言：主要地区是在东亚和东南亚，主要国家有朝鲜（韩国）、日本、越南等。这些国家在历史上属于东亚文化圈，儒家思想长期占统治地位。孝道思想在这三地能够广泛传播，与其同中国的政治文化关系十分密切有关。如《明史·朝鲜传》中说："朝鲜在明虽称属国，而无异域内。故朝贡络绎，锡赉便蕃，殆不胜书。"① 表明明朝时期中朝两国政治联系紧密，人员往来频繁。

孝道思想在海外传播的主要途径有：华人移民、外交使节、商贸活动和宗教僧侣等。

（一）华侨华人在传播孝道思想方面做出了重大贡献

孝道思想在安南能得到广泛的传播，与华侨华人的努力分不开。据中越史籍记载，越南历代封建王朝的建立者多为华人。据考证，李公蕴于1009年年末登上越南王位，成为李朝的创建者。陈朝的建立者是陈煚。他们的祖籍均为福建省安海。大批华人在越南封建王朝任职，甚至处于王者之尊，对越南独立后继续吸收中国文化，起到了极大的推动作用。②

古代华侨在朝鲜传播孝道思想的主要方式，主要有两种。一是来朝鲜国讲学，《李朝实录》载："在先元朝之季，汉南（方）人韩昉、李原弼等避地出来，训诲生徒，谨备事大（与中国交往）之任。"③ 韩昉、李原弼不仅在朝鲜积极传播儒家孝道思想，而且充当了中朝两国交往的桥梁；二是移民，宋嘉定十七年（1224）春，朱熹的曾孙朱潜弃官，来到朝鲜定

---

① 张廷玉. 明史 [M]. 北京：中华书局，1974：8307.
② 杨保筠. 中国文化在东南亚 [M]. 北京：大象出版社，1997：40.
③ 吴晗. 朝鲜李朝实录中的中国史料 [M]. 北京：中华书局，1980：525.

居,"与门人中公济、赵昶、陈祖舜、周世显、刘应奎、杜行秀、陶成河七学士浮海而东。……舟泊锦城仍居焉"①。朱潜等七位学士移民到朝鲜后,建书院讲学,培养生徒,对孝道思想在朝鲜的传播起了关键作用。

华侨在日本也积极传播孝道思想。明清之际,有一些南明乞师人员赴日,如周鹤芝、黄征明、朱舜水等人。有不少僧人为了弘扬佛法或者避乱而东渡日本,如隐元、释如一等人。更多的是不愿归顺清王朝的明朝遗民纷纷赴日。②他们之中不乏具有浓厚孝道思想的人。朱舜水(1600—1682),名之瑜,字鲁屿,浙江宁波余姚人。舜水是他在日本居住时所取的号,意思为"舜水者敝邑之水名也",以示不忘故国故土之情。朱舜水学识渊博,"凡古今礼仪大典,皆能讲究,致其精详"。他在日本大力传播孝道思想,他认为:孝可分为初级和高级两种,初级的孝,一般满足于对父母的孝敬,"竭诚而至死,慎终追远,出言举足,不敢忘父母";而高级的孝,乃是"立身行道,扬名于后世,以显父母"。朱舜水认为高级的孝,"无以复加",应该大力提倡。

华侨华人不仅把中国的孝道思想传播到海外,而且以自己的言行实践了其孝道思想。朱舜水就是一位身体力行者。又如越南的潘清简(1796—1867),字靖伯,号梁溪,别号梅川,祖籍中国福建,明末南迁,定居于越南平定省。他少有文名,儒学造诣很深。他主持编写《越史通鉴纲目》,大力宣传忠孝思想。1867年,法军侵略越南,时任南圻经略大臣的潘清简,眼见法军不久就要占领南圻,大好河山沦陷敌人手中,心情十分沉重,自杀殉国。他把对父母的孝上升到对祖国的热爱,这就使得孝行具有突出的社会意义。

赵康太和李英华主编的《中国传统思想道德与东南亚伦理》一书谈到了新加坡华人传播儒家孝道的情况。在新加坡,华人设立许多私塾。到20

---

① 方国根. 简论儒学在朝鲜和日本的传播、发展及影响 [J]. 东方论坛, 2005 (3): 21-29.

② 中国中日关系史研究会. 日本的中国移民 [M]. 北京: 生活·读书·新知·三联书店, 1987: 142.

世纪80年代,又开设了许多书院,当时的私塾和书院都以《三字经》《千字文》《集注》和《孝经》为教材。著名诗人邱菽园是"儒学运动"的发起者,他对儒家经典进行了重新编写。林文庆医生也用英文传播儒学,在1895—1915年间,他用英文写了一系列传播儒学思想的文章,大力宣传孝道思想,如《儒家对人性的看法》《儒家孝顺的规矩》等。他还用英文演讲儒学,并亲自到南洋各地去宣传孔教,为儒学在南洋的传播和普及做出了积极的贡献。①

(二) 外交使节是孝道思想的传播者

中外使节在历史上都曾经担当起传播孝道思想的重任。

使节购买有关孝道的书籍。交趾自宋代脱离中国封建王朝的统治而独立后,仍然重视中国书籍的输入,曾不断向宋朝政府请求赠书和购买中国的各种书籍。宋朝政府每逢交趾使团入华,都要向其赠送儒学经典等著作。宋朝政府为了满足交趾方面的要求,准许交趾使节购买除"禁书"之外的各种中国书籍。②

使节肩负传播孝道思想的使命。安南国王陈日煃去世后,其子陈日熞即位。明太祖朱元璋派翰林侍读学士张以宁等出使安南,在张以宁等临行前赠其诗云:"安南世子性惟贤,志气将来必备全。初附能尊中国礼,讣音来报朕心怜。以宁休作殊邦看,万里神交是宿缘。更把圣书深道与,直教素服衣三年。"③ "直教素服衣三年",让安南人懂得礼义廉耻,遵守孝道,把孝文化进一步传播到安南是明太祖交给张以宁等的使命。可以说,明太祖是中国历史上第一个明确提出要在安南传播孝文化的封建统治者。

明永乐十七年(1419)春二月,明朝永乐大帝遣监生唐义到交趾,"颁赐五经四书、《性理大全》《为善阴骘》、孝顺事实等书于府州县儒

---

① 赵康太,李英华. 中国传统思想道德与东南亚伦理[M]. 北京:中国社会科学出版社,2007:179-180.
② 陈尚胜. 五千年中外文化交流史:第一卷[M]. 北京:世界知识出版社,2002:353.
③ 严从简. 殊域周咨录[M]. 余思黎,校. 北京:中华书局,2010:172.

学"①。这是我国古代有关孝文化的书籍传入安南的明确记载。此后，中国孝文化著作源源不断地输入安南。

孔子第54代孙孔昭曾经受元朝派遣，以翰林学士的身份陪同高丽王子前往高丽，后来即定居在朝鲜水原并在此建立起阙里庙，使高丽民间祀孔的风习流行起来。②

外国使节把中国封建统治者赏赐的有关孝文化的著作带回国内。明洪武二年（1369）秋，高丽国王王颛派遣总部尚书成惟得等人贺天寿节，因请祭服制度。明太祖"命工部制赐之"，又向高丽使团赠送"六经""四书"和《资治通鉴》等。③明永乐元年（1403）明成祖向朝鲜使团也赠送"五经""四书"等，明宣德八年（1433），朝鲜国王李祹遣使来明，宣德帝"赐五经、四书、性理、通鉴纲目诸书"。④这样，孝道思想随着儒家经典著作传入朝鲜。

（三）商贸活动也有助于孝道思想在海外的传播

在商贸活动中，书籍成为重要的商品，大量的儒学经典通过商业渠道流入越南、日本和朝鲜等地。在这些儒学经典中不乏孝文化的著作。

在交趾（今越南），自宋代脱离中国封建王朝的统治而独立后，仍然重视中国书籍的输入，曾经不断向宋朝政府请求赠书和购买中国的各种典籍。1457年，安南黎朝入明使团还大量从中国购入书籍和药材，其中就有不少的儒学著作。

高丽统治者非常重视中国书籍的输入。宋朝皇帝曾经把《孝经》等书籍赠送给高丽王朝，也允许高丽使臣自购书籍。《周易》《尚书》《毛诗》《周礼》《戴礼》《春秋》等儒学经典在高丽被作为儒学教育的教材。⑤一

---

① 吴士连. 大越史纪全书 [M]. 重庆：西南师范大学出版社，2015：459.
② 陈尚胜. 五千年中外文化交流史：第一卷 [M]. 北京：世界知识出版社，2002：464.
③ 张廷玉. 明史 [M]. 北京：中华书局，1974：8280.
④ 张廷玉. 明史 [M]. 北京：中华书局，1974：8285.
⑤ 陈尚胜. 五千年中外文化交流史：第一卷 [M]. 北京：世界知识出版社，2002：354.

些中国商人看到汉文书籍在东亚邻国的高丽和日本颇有市场，积极从事书籍的国际贸易。例如，1027年宋朝江南商人李文通前往高丽时，带去书籍597卷。在宋朝海商的对日贸易方面，书籍也是一种重要的商品。①

（四）宗教僧侣传播孝道思想

在文化交流方面，宗教僧侣往往成为文化交流的友好使者。在孝道思想的对外传播方面，中外佛教徒起着重要的桥梁作用。

新罗圆光和尚把中国的孝道思想传播到朝鲜半岛。他在隋末唐初逗留长安40年，回国后，深得新罗国王信任，传播佛教，被人尊为"圣人"。他主张"五戒"，即事君以忠，奉亲以孝，交友以信，临阵勿退，慎于杀生。② 他把儒家伦理融入佛教教义之中。"奉亲以孝"一条是他把中国儒家孝道思想引入新罗的。

日本入宋僧侣也积极在中国寻访书籍，然后大量运回国内。日本京都东福寺开山祖圆尔辨圆于1241年从宋朝回国时，带回的典籍达数千卷，儒家著作较多，其中就有《注讼论语并孝经》《小字孝经》等。此后，他的弟子白云惠晓于1279年从明州回国时，也带回很多宋朝的书籍。日本镰仓中期的权臣西圆寺实兼，为了获取天台之秘籍，不惜以3500两巨金鼓励入宋僧侣购买中国典籍，他们对汉文书籍的重视可见一斑。③ 日本京都东福寺开山祖圆尔辨圆，是日本入宋僧侣，他把中国的典籍《注讼论语并孝经》《小字孝经》等带回日本。高丽的入宋僧人也大量地把中国书籍带回国内。

## 二、孝道思想对海外社会的巨大影响

在古代中国孝道思想传播到海外后，由于其有利于封建地主阶级对国内人民的统治，有利于封建社会秩序的稳定，因此得到各国封建统治者的

---

① 陈尚胜. 五千年中外文化交流史：第一卷 [M]. 北京：世界知识出版社，2002：356.
② 樊树志. 历史与文化 [M]. 上海：复旦大学出版社，2010：64.
③ 陈尚胜. 五千年中外文化交流史：第一卷 [M]. 北京：世界知识出版社，2002：355.

高度重视。

在这些受中国孝文化影响的国家，封建统治阶级都广泛利用孝道来稳定社会秩序，大做"孝道"文章。

（一）在政治上推行"孝"政

孝道思想传播到海外以后，各国纷纷以孝治国，推行"孝政"。

1419年朝鲜世宗即位，重视孝行。这是政治气氛使然，顺应当时社会趋势的缘故。世宗大力倡导孝道思想，稳定家族制度，恢复社会秩序。规定家有70岁老父者可以免军役，使其奉养双亲，以及遵照朱子《家礼》，努力确立祭祀制度等都是旨在倡导"孝"的政策，这一切源于"孝乃百行之本"的思想，以及后来产生了"忠臣烈士求之于孝子家门"的格言。《论语》曰："其为人也孝弟，而好犯上者，鲜矣。"世宗殚精竭虑，为提高孝的价值观而付出的努力，都体现在其政策上。① 1428年10月，世宗决定刊印《孝行录》，认为"而今民俗刻薄而粗俗，至有子而不子者。予欲印《孝行录》，启迪愚夫愚妇，虽并非救弊之急务，实乃教化之要事也"。担任编撰的集成殿官员认为："孝乃百行之源，编撰此书，令家喻户晓，善莫大焉。"②朝鲜儒家代表人物栗谷也十分重视孝的作用。他编撰的《圣学辑要》由《修己》《正家》《为政》三章构成，与孝相关联的诸文献收录在第二章《正家》中。他认为孝是一切行为之首，正家应以孝敬为先。孝是家族伦理之首。③

越南黎朝和阮朝积极推行孝政。黎圣宗于洪德元年（1470）发布敕旨，规定："子居父母丧，妻居夫丧，当遵三年通制，不得徇直行，悖礼逆法。"④

1665年，黎玄宗"令旨各处承司，精择属内各县社有孝廉者，即以名

---

① 崔根德. 韩国儒学思想研究[M]. 北京：学苑出版社，1998：214.
② 崔根德. 韩国儒学思想研究[M]. 北京：学苑出版社，1998：215.
③ 崔英辰. 韩国儒学思想研究[M]. 邢丽菊，译. 上海：东方出版社，2008：43.
④ 赵康太，李英华. 中国传统思想道德与东南亚伦理[M]. 北京：中国社会科学出版社，2007：84.

闻，命官阅选，随材授任"①。1832年，越南阮朝明命帝对群臣说："朕以孝治天下，盖欲民之孝于其亲也。故有犯罪而亲老丁单，每常屈法伸恩，准其留养。"明命帝对于孝子顺孙，义夫节妇，分优、平、次三等给予奖励。对于各地表现突出的孝子顺孙，还赐予"孝行可风""孝顺可风"匾额。1834年，明命帝颁布《十条训谕》，主要内容是"敦人伦"（重三纲五常）、"崇正学"（崇奉儒学）和"慎法守"（遵守阮朝法律法令），其目的是要求全国上下以孝悌、忠信、仁义、礼智来约束自己，按照三纲五常办事，多做善行，学当善人。②

封建统治者就这样把社会政治法律制度与伦理道德紧密结合起来，把伦理道德发挥成治国理政的思想，巩固、发展和维护了封建制度。越南近代著名的勤王运动领袖潘廷逢说："我国千年来，地非广，兵非强，物非盛，建国之本唯在伦常，君臣、父子而已。"③

（二）在文化教育方面实施"忠孝教育"

日本天皇在位时（662—671），日本仿照唐朝国学制度建立起"大学寮"。"大学寮"分为"明经道"和"算道"，其中的"明经道"则以儒学的"九经"（《周易》《尚书》《周礼》《议礼》《礼记》《毛诗》《春秋左诗传》《孝经》《论语》）作为其教科书。④ 757年，日本的孝谦天皇下诏，令全国每家都必须准备一部《孝经》。日本天皇还奖励孝子，明治天皇时代仍然有不少官方奖励孝子的事例。

越南黎朝和阮朝重视儒学教育，推行孝道思想。黎圣宗通过科举准入的办法等来约束人民的行为，于1462年制定了《保结乡试例》，明确规定："听本官及本社社长保结其人实有德行者，方许上数应试。其不孝、

---

① 何成轩. 儒学南传史[M]. 北京：北京大学出版社，2000：552.
② 何成轩. 儒学南传史[M]. 北京：北京大学出版社，2000：362.
③ 赵康太，李英华. 中国传统思想道德与东南亚伦理[M]. 北京：中国社会科学出版社，2007：85.
④ 陈尚胜. 五千年中外文化交流史：第一卷[M]. 北京：世界知识出版社，2002：305.

不睦、不义、乱伦及教唆之类，虽有学问词章，不许入试。"① 阮朝的第一代皇帝阮福映，曾在发布的诏书中，称："王者以孝治天下，而孝莫大于尊亲，追崇祖宗，所以致敬而达孝也。"对于乡里村社的学校教育，亦做出规定：人年八岁以上，入小学。次及孝经、忠经。②

古代朝鲜亦是如此。早在高丽恭让王时，《朱子家礼》就传到了高丽，高丽的祭礼开始按照《朱子家礼》实行。到了李朝时期，"礼"被提得更高，成为维护封建社会持续的礼法。《经济六典》规定了实施"五服制"，同时宣布实施家礼之一的三年服丧及家庙制。太宗时代，平壤府印制《家礼》150部颁赐各司。在科举考试中增加了《家礼》的测试。③

儒教对朝鲜民族起到教化和修身养性的作用。在古代朝鲜，"生子，先教以《小学》《家礼》……治丧、居家一皆遵之"，"家家皆以孝悌忠信为业"，"人皆以入孝出恭、忠君信友为职分事"，"士子皆以经学穷理为业"。

孝道思想在当今的越南和韩国等地还有着深刻的影响。

韩国的年俗流行举行祭祖的"茶礼仪式"，各地乡校在假期举办"忠孝教育"讲座，都是民众主动行孝的表现。从20世纪70年代开始，一些民间人士和团体发起了"孝道文化推广运动"，并且针对现代化的历史背景，赋予了孝道文化新的内涵和意义。这不仅有利于个人的修身养性，而且有助于社会的教化，对整个国家的安定团结、经济发展都有极大的现实意义。

在越南，越南人认为：孝为百德之首。他们对于孝的理解更接近古代礼制。首先，在孝行中要求儿子对父母要尽孝道，不孝是大逆不道的行为，会受到舆论的谴责和嘲笑；其次，在孝行中讲究礼，人民要处处循礼

---

① 赵康太，李英华. 中国传统思想道德与东南亚伦理［M］. 北京：中国社会科学出版社，2007：84.
② 何成轩. 儒学南传史［M］. 北京：北京大学出版社，2000：399.
③ 张敏. 韩国思想史纲［M］. 北京：北京大学出版社，2009：9.

行事，尤其是丧礼和祭礼最为重要。①

在新加坡，"以德治国"来源于中国传统的儒家思想。新加坡人从中国传统文化中发掘和整理出了治国的指导原则，即"忠孝仁爱，礼义廉耻"②。李光耀曾经指出："如果孝道不受重视，生存体现就会变得薄弱，而文明的生活方式，也会因此变得粗野。"他甚至认为："我们有必要立法规定，子女必须照顾或供养父母。"③

在马来西亚，近年来华人社会明确提出，要加强灌输传统伦理道德价值思想，认为"传统的忠、孝、仁、爱、礼、义、廉耻等价值观是华族文化的特点和优点，应获得振兴与继续发扬"。马来西亚华人对于中国传统文化的继承、传播和弘扬从未懈怠过。

孝道思想是中国传统文化的重要组成部分，既有积极的一面，也有消极的一面。孝道思想在海外的广泛传播，无疑也给当地带来了较大的负面影响。

一是束缚了人的思想。强调"三纲五常"等，其目的是实现"愚民政策"，历代封建统治者也正是在所谓"孝道"的掩盖下，实行"愚民政策"，利用孝道为统治阶级服务。这在古代朝鲜、日本和越南都是如此，也有类于中国。

二是压制了一代青少年。儒家孝道思想中的君臣、父子等关系和等级观念渗透着人与人之间的不平等。这种不平等关系表现为下对上、卑对尊的单向性服从。在家庭生活、政治生活和社会生活方面，都存在不平等现象。在越南，青年人在长辈面前唯唯诺诺，俯首帖耳，不敢越雷池一步。如在婚姻问题上，子女不能自己做主，要遵从"父母之命，媒妁之言"。

---

① 赵康太，李英华. 中国传统思想道德与东南亚伦理 [M]. 北京：中国社会科学出版社，2007：85.
② 赵康太，李英华. 中国传统思想道德与东南亚伦理 [M]. 北京：中国社会科学出版社，2007：194.
③ 赵康太，李英华. 中国传统思想道德与东南亚伦理 [M]. 北京：中国社会科学出版社，2007：196-197.

这种封建婚姻葬送了许多年轻人的幸福。

三是阻碍了人们的行动。孝道思想扼杀了创新力,强调对圣贤思想理念的守成,在文化上就是彻头彻尾的守成主义,不思进取,墨守成规。如越南近代民族革命领袖潘佩珠和阮尚贤,都曾经因为生父年迈多病,只好将自己的宏图大志搁置起来,在家中侍奉老父,尽孝子之责,直到父亲去世后才离家去实现自己的志向。

**结语**

古代中国孝道思想在海外的传播,是中国传统文化的重要组成部分。它是与儒家文化的外传紧密联系在一起的。孝道思想在海外的传播主要通过四种途径:华人移民、外交使节、商贸活动和宗教僧侣。由于朝鲜和安南(古代越南)封建王朝的大力推行,以及华侨的积极传播,儒家思想长期在思想领域占绝对统治地位,其中孝道思想对其影响极大。朝鲜和越南民族都把儒家学说当作宗教来信奉,称之为儒教。

古代朝鲜和日本的孝文化书籍也曾经一度"反馈"中国。随着东亚各国之间书籍的交流,中国的印刷术也传入高丽和日本。为了满足其国内教育的需要,高丽王朝也曾经大量雕刻翻印中国的经、史、诸子文集等方面的著作。其中,就有不少在高丽翻印的中国书籍,又作为礼品被回赠到中国。早在五代的后周王朝,高丽光宗王就曾遣使送来《别序孝经》1卷、《越王孝经新义》8卷、《皇灵孝经》1卷、《孝经雌雄图》3卷。[①] 日本刻印的汉文书籍,也在宋代输入中国。据《宋史》记载:"雍熙元年(983),日本国僧奝然与其徒五六人,浮海而至,献铜器十余事,并本国《职员令》《王年代记》各一卷……其国多有中国典籍,奝然之来,复得《孝经》一卷、《越王孝经新义》第十五一卷,皆金镂红罗褾,水晶为轴。《孝经》即郑氏注者。越王者乃唐太宗子越王贞;新义者,记室参军任希

---

[①] 陈尚胜. 五千年中外文化交流史:第一卷 [M]. 北京:世界知识出版社,2002:305.

古等撰也。"①

　　我们要正确看待孝道思想在历史上的积极影响和消极影响。一方面，孝道思想在海外的传播，有利于维护封建王朝的统治，稳定社会秩序，培养了一批忠君爱国之士；另一方面，狭隘的孝道思想具有愚民性、不平等性和保守性，严重阻碍了人们的思想发展，不利于整个社会的进步。今天，我们也要正确对待孝道，要发扬孝敬老人的优良传统，同时要克服"唯父母之命是从"的缺点，共建美好的和谐社会。

---

① 脱脱，阿鲁图，等. 宋史［M］. 北京：中华书局，1977：14131-14135.

# 中 编

著作

# 高骈在安南事迹述评

高骈（821—887），字千里，是唐代著名将领。祖籍渤海蓚县（今河北景县），出身官宦世家。先世乃山东（太行山以东）汉族名门渤海高氏，南平郡王崇文孙。据《旧唐书》列传第一百三十二《高骈传》记载，其祖父高崇文，元和初功臣，封南平王。父亲高承明，神策虞候。"家世仕禁军。"① 高骈文武兼备，是个难得的帅才。史载：高骈"幼而朗拔，好为文，多与儒者游，喜言理道。两军中贵，翕然称重，乃縻之勇爵，累历神策都虞候"。②高骈因军功不断得到提拔。在镇守长武城防御"党项羌"期间，"伺隙用兵，出无不捷"，深得唐懿宗的嘉勉。后因"西番寇边，移镇秦州"，不久被任命为秦州刺史，经略使。③《新唐书》列传一百四十九，叛臣下，《高骈传》记载："取河、渭二州，略定凤林关，降虏万余人。"④ 高骈曾为安南都护十多年（自唐咸通五年至乾符二年，864—875年）。

实事求是地说，高骈晚年多有失误。唐乾符二年（875），高骈担任成都尹、剑南西川节度观察等使，在任上刑罚严酷，滥杀无辜。唐乾符六年（879），高骈开幕府于扬州，节度淮南。唐光启三年（887）九月，高骈死于"广陵妖乱"事件。高骈在节度淮南之时对武职任用失当，致使其割据

---

① 刘昫. 旧唐书［M］. 北京：中华书局，1976：4703.
② 刘昫. 旧唐书［M］. 北京：中华书局，1976：4703.
③ 刘昫. 旧唐书［M］. 北京：中华书局，1976：4703.
④ 欧阳修，宋祁. 新唐书［M］. 北京：中华书局，1976：6391.

淮南不足9年便迅速倾亡。这主要表现在两个方面：其一，任用术士吕用之等人为使府牙将，光启二年，吕用之小集团正式形成，标志着高骈已经对使府失控；其二，大量任用黄巢降将为州刺史，自中和二年，光、寿、庐、舒、和等州陆续失控，互相兼并之势已不可挽回。①

在高骈一生中，在安南任职的岁月无疑是他最为出色的时期。安南，古名交趾。秦代为象郡，后属南越王赵陀。汉武帝平南越，设置交趾、九真、日南三郡，又置交趾刺史。汉建安中，交趾郡改为交州。吴国分其地置广州，而把交州治所移至龙编。唐初改安南都护府，属岭南道管辖，安南之名由此而来。后改静海军，分属岭南西道。② 本文无意全面探讨高骈在历史上的贡献及其得失，仅就其在安南的活动进行一些考察。

### 一、临危受命

高骈在担任安南都护期间，做了许多工作，在历史上有其突出表现。高骈出任安南都护，是在特定的历史背景之下，可以说是临危受命。

安南古名交趾，一直处在中国版图之内。传至唐朝，中央政府派官员进行了有效的管辖。李琢为安南都护，贪得无厌，草菅人命，结果安南人愤然而起，纠集蛮军（南诏）合势攻占安南。朝廷不忍安南落入"蛮夷"之手，屡次派军征战，但均不能收复安南。正是在这样的困境下，唐咸通五年（864），经宰相夏侯孜推荐，唐朝任命高骈为安南都护。越南官修正使《大越史记全书》是由越南古代史学家历经数百年不断修订完善的一部汉文编年体史学著作。其中《大越史记》外记卷五"属隋唐纪"，就有关于高骈在安南事迹的记载。

> 秋七月，茵逗遛不敢进。夏侯孜荐骁卫将军高骈代之，乃以骈为

---

① 张剑.唐末淮南道节度使高骈幕府速亡原因探究[J].扬州教育学院学报，2018（1）：15-17，22.

② 严从简.殊域周咨录[M].北京：中华书局，1993：168.

都护总管经略招讨使，茵所将兵悉以授之。……时南诏占据我地，故委骈来代之。①

茵即指总管经略使张茵，秋七月指唐咸通五年（864）七月。

## 二、收复交州郡邑

高骈在担任安南都护期间，采取了一些措施。首先采取"擒贼先擒王"的战术，收复交州郡邑。

高骈在收复安南的过程中体现了其杰出的军事才能。《旧唐书》记载较为简洁。《旧唐书》列传一百三十二《高骈传》记载：高骈"至则匡合五管之兵，期年之内，招怀溪洞，诛其首恶，一战而蛮卒遁去，收复交州郡邑。"② 而《新唐书》记载尤其详尽。《新唐书》列传一百四十九，叛臣下，《高骈传》记载："骈次峰州，大破南诏蛮，收所获馔军。""骈拔安南，斩蛮帅段酋迁，降附诸洞二万计。"③

《大越史记全书》外记卷五"属隋唐纪"记载比较具体：

乙酉唐咸通六年。秋七月，骈治兵于海门未进。监军李维周恶骈，欲去之，屡趣骈使进军。骈以五千余人先济，约维周发兵应援。

但是李维周居心叵测，毫无信用，竟然不发援兵。"骈既行，维周拥余众不发。"

九月，骈至南定，峰州蛮众近五万方获田禾，骈掩击，大破之，斩张铨等，收其所获以食军。

---

① 孙晓. 大越史记全书［M］. 重庆：西南师范大学出版社，2015：106.
② 刘昫. 旧唐书［M］. 北京：中华书局，1976：4703.
③ 欧阳修，宋祁. 新唐书［M］. 北京：中华书局，1976：6392.

丙戌唐咸通七年。夏四月，南诏除段酋迁为遗袭善阐（善阐，南诏别都也，在交州西北）节度使，张缉助酋迁攻交州，以范昵些为我府都统，赵诺眉为浮邪都统。唐监阵敕使韦仲宰将七千余人至峰州，骈得以益其兵，进击南诏，屡破之。

心胸狭窄的李维周不仅隐匿高骈的战绩，还以"玩敌不进"的罪名诬陷高骈。"唐帝怒，以右武卫将军王晏权代骈，召骈诣阙，欲重贬之。"不久，高骈再次取得大捷。"是月，骈大破南诏蛮，杀获甚众。南诏引余众奔入州城固守。"

冬十月，骈围州城十余日，蛮人困蹙甚。

此城即将攻破，王晏与李维周将大军发海门。高骈深知王、李等人趁机抢功，便秘密派遣小校曾衮"即驰诣京师"，向皇帝报告真实情况。

唐帝得奏大喜，即加骈检校工部尚书，使骈来攻蛮人。

晏权完全听命于李维周，李维周凶贪，"诸将不为之用"。与李、王不同，高骈深得民心，指挥有方，土蛮闻风而降。

骈至，复督励将士攻城，拔之，杀酋迁及土蛮为南诏向导者朱古道，斩首三万余级。南诏遁去，骈又破土蛮之附南诏者二洞，诛其酋长。土蛮率众归附者万七千人。

由于高骈在收复安南过程中的巨大贡献，唐朝廷更加信任他。"进骈检校刑部尚书，仍镇安南，以都护府为静海军，授骈节度，兼诸道行营招讨使。"①

### 三、治理安南

为了治理安南,高骈采取了一些有力措施。其一就是整治安南至广州江道。

高骈为静海军节度使期间,在安南的建筑、水利方面做出了巨大贡献。

史载:"由安南至广州,江漕梗险,多巨石。"高骈招募工匠进行治理,"由是舟楫安行,储饷毕给"②。这不仅有利于安南至广州的物资运输和商旅通行,也保证了安南与内地的联系。

高骈第二个重大举措就是修筑安南城。史载:"咸通七年十二月……置静海军于安南,以高骈为节度使。自李涿侵扰安南,为安南患殆将十年,至是始平。骈筑安南城,周三千步,造屋四十余万间。"(《资治通鉴》)在当时,建筑安南城是一个庞大工程,耗费了大量的人力物力。安南城又名罗城。《大越史记全书》外记卷五"属隋唐纪",如斯记载:

> 骈据我府称王,筑罗城,周回一千九百八十二丈零五尺,城身高二丈六尺,脚阔二丈五尺,四面女墙高五丈五寸,望敌楼五十五所,瓮门六所,水渠三所,踏道三十四所。又筑堤子,周回二千一百二十五丈八尺,高一丈五尺,脚阔二丈,及造屋四十余万间。

越南历史学家吴时仕称赞高骈:"高骈在交南,破南诏,以拯一时之生灵,筑罗城,以壮万年之都邑,其功伟矣!至于通道路,置使驿,凡事皆奉公而行,无一毫之私。"③可见,高骈修筑安南城,不仅赢得了安南

---

① 欧阳修,宋祁. 新唐书[M]. 北京:中华书局,1976:6392.
② 欧阳修,宋祁. 新唐书[M]. 北京:中华书局,1976:6392.
③ 张秀民. 中越关系史论文集[M]. 台北:文史哲出版社,1992:187.

民众的拥护，而且有助于维护唐朝在安南的统治秩序。

交州罗城亦名大罗城，为后人所尊崇。后来越南李朝开国之君李公蕴在《迁都诏》中大力称赞高骈的功绩："高王（高骈）故都大罗城，宅天地区域之中，得虎踞龙蟠之势，正南北东西之位，便江山向背之宜。其地广而坦平，厥土高而爽垲，民居蔑昏垫之困，万物极蕃阜之丰，遍览越邦，斯为胜地。"此城就是今天的越南首都河内。

高骈第三个重大举措是修天威道。由安南到广州，其航道中有许多大石头，阻滞了货物运输。高骈大力招募能工巧匠凿掉大石、疏浚河道，从此由安南到广州的水路舟行畅通，储饷供应充足。又因每年朝廷有使者来，于是开凿驰道，修建驿站五所，设兵护送使者。道中有青石，据说当年马援都拿它没办法。高骈来凿石，突发地震，将青石震碎，道路得通，大家以为神仙助力，于是命名此道为"天威"。

《大越史记全书》外记卷之五"属隋唐纪"，如斯记载：

> 丁亥（唐咸通八年）。春正月，骈巡视至邕、广二州，海路多潜石覆船，漕运不通。遂命摄长使林讽、湖南将军余存古等领本部兵并水手一千余人，往疏凿之。谕曰："天道助顺，神力扶直。今凿海派，用拯生灵。苟不徇私。何难之有？前时都护，乃犒师不至，持法不坚。负约营私，人皆怠惰。今我则不然，只要济其王事耳。"言讫，讽等拜命而往。夏四月五日，兴工疏凿，逾月之间，将欲开达。但中间两处俱巨石，缭亘数丈，凿下刃卷，施斧柯折，役者终日相顾，人工殆几中止。五月二十六日当昼，忽狂云怒风暴作，窥林若瞑，视掌如瞽。俄而轰雷震于大石之数百声，倏然开霁。役者骏奔视之，石已摧碎矣。其西又值巨石立两处，众工亦不能措手。六月二十一日，复大震如初，巨石一时碎裂，港乃成，因名天威港。①

---

① 孙晓. 大越史记全书［M］. 重庆：西南师范大学出版社，2015：108.

天威道的修建，极大地树立了唐王朝的权威，也大大提升了高骈在安南和唐朝的地位，唐朝因此加高骈官检校尚书右仆射。

**四、擅长作诗**

高骈是个儒将，能文能武，好文善论，擅长作诗，佳作颇为安南文人学习，其诗歌有《安南送曹别敕归朝》《赴安南却寄台司》《南海神祠·南征叙怀》等。这些诗都撰于任职安南都护时期。计有功称"雅有奇藻"。高骈身为武人，而好文学，被称为"落雕侍御"。《全唐诗》编诗一卷。

《安南送曹别敕归朝》一诗云：

云水苍茫日欲收，野烟深处鹧鸪愁。
知君万里朝天去，为说征南已五秋。

该诗是送别友人回国述职而作。当时高骈等人奉命征南已有五载。"云水苍茫日欲收，野烟深处鹧鸪愁"二句勾勒了安南土地的辽阔。

《赴安南却寄台司》云：

曾驱万马上天山，风去云回顷刻间。
今日海门南面事，莫教还似凤林关。

此诗描写了诗人赴安南却寄台司所感。此诗运用了借景抒情等手法，充分表达了他对取得胜利的坚强决心和信心。语言清新朴素而韵味含蓄无穷，历来广为传诵。高骈的为人和诗作为安南文人所仰慕，这不仅增强了安南士人对唐朝和中国文化的向心力，而且对维护安南社会的和谐稳定大有裨益。

**结语**

高骈在安南任职期间,正是其年富力强时期,越史称其"在镇共十三年"①,致力于安南社会秩序的稳定和安南经济的发展,顺应了社会发展的规律和人民的愿望,无论是对唐朝还是对安南都做出了不可磨灭的贡献。

《新唐书》把他列为"叛臣传",主要是因为他有以下几个罪过:一是任用投降的黄巢将领,没阻止黄巢北上;二是没有勤王入朝;三是拥兵自重,断绝朝廷赋税;四是任用吕用之小集团,沉湎于修炼。但是他在安南任职期间的贡献,载于史册,不仅得到了唐朝封建统治者的肯定,而且得到了后世历史学家和安南封建统治者的高度评价。

---

① 孙晓. 大越史记全书 [M]. 重庆:西南师范大学出版社,2015:109.

# 明朝应对东亚各国互争疆域之举措

明朝在长期的对外交往中，逐渐形成了自己的疆域观。明太祖朱元璋建立朝贡体制和东亚政治秩序，其核心是维护明朝的宗主国地位，稳定东亚各国的边疆，维护东亚和平。为此，明朝初期针对东亚各国互争疆域的行动，采取了相应的对策和行动，确保了东亚疆域的基本稳定。但是到了明朝后期，由于明朝国力的衰弱，以及东亚缺乏强有力的合作机制，明朝无力制止他国的侵略行为，坐视东亚政治秩序被破坏。

## 一、明太祖的疆域观

疆域所指的境界不一定有非常完全的主权归属。例如，历史上的中原王朝除了拥有主权很明确的正式行政区以外，往往还有不少属国、藩国、羁縻单位等各种附属的自治区域。在古代，疆域一般只指表层的陆地和水面，不像现在的领土这样延伸到它们的底床、底土和上空。这是由于当时在科学技术和生产力不发达的情况下，这样的延伸还缺乏实际意义，所以当时人们不可能对这些延伸部分产生主权意识。明朝（1368—1644）的领土虽然不及元朝辽阔，但曾囊括今日内地18省之范围，并曾在今东北地区、新疆东部等地设有一些羁縻机构。1382年，明军最终平定云南。至此，除了元残余势力（北元）据有蒙古高原及其西北地区以外，明朝基本上继承了元朝的疆域。但明朝的疆域并不稳定，尤其是在北方和西南，时有变化。

明太祖的疆域观是与天下观、国家观相联系的。明朝建立以后，明太祖遣使四出，宣告大一统王朝的建立，通好各国，积极展示其"天下共主"的形象。自明洪武七年（1374）至洪武十六年（1383），朱元璋亲自编撰写了63通诏令。在朱元璋的诏令中，"天下主"，指代主宰天下，具有超出中国范围的含义。"天下"指代中国、全国、国家全境。但他诏令中的"天下"更多的是狭义的，即中国实际范围内的天下。正如万明所说的，历史发展到明初，明太祖的天下观主要是中国观，是一种国家观念，发生了从"天下"向"国家"的回归。①

明太祖的天下国家观，直接影响他对外部世界的认识和角色定位。他认识到中国只是天下中一大国的地位，因此清醒务实地考虑国与国之间的关系。

> 天覆地载，日月所临，为蒸民之主，封疆虽大小之殊，治民之道，莫不亦然。其尽大地之民，亘古至今，岂一主而善周育者也。（《明太祖实录》卷一百四十五）

《皇明祖训》之《箴戒章》记录了朱元璋制定的对外策略：

> 四方诸夷皆限山隔海，僻在一隅，得其地不足以供给，得其民不足以使令。若其不自揣量，来扰我边，则彼为不祥。彼既不为中国患，而我兴兵轻犯，亦不祥也。吾恐后世子孙倚中国富强，贪一时战功，无故兴兵，杀伤人命，切记不可。但胡戎（北元—蒙古）与中国边境密迩，累世战争，必选将练兵，时警备之。（朱元璋：《皇明祖训》）

明洪武四年（1371）明太祖朱元璋明确规定安南、占城、高丽、暹

---

① 万明. 明代外交观念的演进：明太祖诏令文书所见之天下国家观［J］. 古代文明，2010（2）：71-88，113.

罗、琉球、日本、苏门答腊、爪哇等国为"不征之国",同时,把毗邻的朝鲜、安南、占城和琉球的山川视为中华礼治的自然涵盖之域,在那里立碑,举行祭祀大典。《明史·卷四十九·志第二十五·礼三》中云:"安南、高丽皆臣服,其国内山川,宜与中国同祭。"① 这实际上就确立了中国的实际控制范围,采取了"厚往薄来"的朝贡原则,最后确立了朝贡体系,成为东方世界通行的国际关系体制。在这个体系中,中国中原王朝成为一元的中心,各个朝贡国承认中原王朝这一中心地位。这正如《明史·卷六十三·志第三十九·乐三》所记载的,明洪武三年(1370)明太祖钦定的《太清歌》词所说的那样:"万国来朝进贡,仰贺圣明主,一统华夷。普天下八方四海,南北东西。托圣德,胜尧王,保护家国太平,天下都归一,将兵器销为农器。"②

在事实上,明太祖对东亚各国实行的是和平的外交政策,不侵犯邻国的领土,不干涉他国内政,"使别国自为声教",并不谋求"天下都归一"。明太祖在《谕辽东都司指挥潘敬叶旺敕》中谈到朝鲜,云:"前者不令来朝,彼坚执不听,及其与之期约,而乃不遵所约,其状显然,止可各固封疆,使其自然。"(《高皇帝御制文集》)

明朝建立后,明太祖在长期的对外交往中逐渐形成了他的疆域观。他认为疆域是历史形成的,各国君主应当尊重疆域现状,"保守封疆,奉天勤民"(《明太祖实录》)。各国君主还应当采取睦邻友好政策,即"王当修睦"(《明太祖实录》)。反对以战争改变疆域现状的做法。明太祖指出发动战争会导致消极后果,"夫兵者凶器,两兵相斗,势必俱伤"(《明太宗实录》)。"鹬蚌相争,渔人得利"(《明太祖实录》)。在疆域问题上,需要吸取历史教训。"朕观宋书,占城在宋时,曾被真腊入境,此亦辱之甚也。"

---

① 张廷玉. 明史 [M]. 北京:中华书局,1974:1285.
② 张廷玉. 明史 [M]. 北京:中华书局,1974:1568.

## 二、明朝应对东亚各国互争疆域之举措

明太祖对东亚各国互争疆域的行为，不是听之任之，而是从维护东亚朝贡体制、维护东亚秩序的大局出发，采取了相应的对策及其行动。对东亚各藩属国之间的疆域之争，明朝历代皇帝视为东亚内部矛盾，遣使其国并进行了耐心的调解。

明代以宗主国自居，积极处理藩属国之间的纠纷，多次调解各国之间的矛盾。

明朝统治者积极处理国际纠纷，目的是从根本上维护宗主国的权威，协调藩属国之间的关系，确保朝贡体制的顺利实施。明朝对邻国疆域之争的调解，其中包括对安南与占城之间国际纠纷的调解，爪哇与三佛齐之间国际纠纷的调解，暹罗与占城、苏门答腊、满剌加诸国之间的国际纠纷的调解等。

在调解过程中，明太祖对互争疆域的国家循循善诱，一方面要求他们做好本职工作，尽自己的本分，"保守封疆，奉天勤民"；另一方面晓谕他们争斗的恶果，"鹬蚌相争，渔人得利"，"不然悔无及矣"。明太祖还以中国历史上的教训为例来进行劝导。

1. 调解安南与占城之间的纠纷

占城与安南两国毗邻，由于领土之争，战火不息。明太祖告诫占城国王放弃战争，"保守封疆，奉天勤民"。

> 洪武十三年（1380——引者注）九月，占城使臣还国，明太祖以玺书谕其国王阿答阿者，曰："……然览表阅辞，乃知复与安南交兵，水战弗利，朕尝戒尔两国毋深构仇雠，以安生民。今一胜一负，终无休息，果何为哉？今再敕王，王其审之。古人有云：杀莫大于好杀，生莫大于好生，所以莫大于好杀者，好用兵也。而天之所恶者，兵。莫大于好生者，好施仁也。而天之所好者，仁。有果者，果能行仁，以合天道，则国岂有不久，而子孙岂有不昌盛乎？今尔两国之争，是

非吾所不知，但知曩者安南兵击败于占城之下，占城乘胜入安南之国，安南之辱已甚。若此之后，王能保守封疆，奉天勤民，则福禄绵长矣。如其不然，必欲驱兵连年苦战，彼此胜负，固不可知。鹬蚌相争，渔人得利。他日悔之，不亦晚乎？朕观宋书，占城在宋时，曾被真腊入境，此亦辱之甚也。朕书至，王当修睦。四邻之道，以是服非则可，是此非彼则不可。因王至意，故戒之再三，王其修仁。惟吉。"（《明太祖实录》卷一百三十三）

明太祖因占城王"万里远道"为其上寿，引经据典，语重心长地告诫占城王放弃战争，保境安民，否则"他日悔之"。占城结局，不幸为明太祖所言中，后来占城最终被安南所灭。

在处理安南与占城关系的问题上，明朝主动保护弱小的占城。

占城王子古来，为安南所逼，弃国至广求援。部议令守臣送之还国。尹直言："远夷为强国所侵，其来诉者，恃我能为之主也。若徒遣之归，而一无所处，是弃之矣。宜令大臣至广审度事宜，且敕责安南，敦睦邻好，庶不失以大字小之体。"因荐都御史屠慵往。由是安南敛戢，古来得领封还国。①

明朝初年，明王朝多次调解安南与占城的矛盾，诏谕安南停止对占城发动进攻，但安南置之不理。安南迫于明朝的强大压力，只是表面屈服。据《明太宗实录》卷二十六记载：

（永乐元年十二月）辛丑，安南胡㢲遣使贺明年正旦进方物且上章谢罪曰："伏蒙敕书谕臣占城构兵事。臣罪深重荷天地大德，敕而不诛，不胜惭惧。自今以往，谨当息兵安民，以仰副圣训。"上以其能改过，赐敕慰勉，之时已有诏封胡㢲为安南国王。其上章不称王

---

① 焦竑. 玉堂丛语［M］. 北京：中华书局，1981：58.

者，诏命未至故也。

不久，明成祖又遣使占城，告知其情况，并殷切要求：

（丁巳）遣使赍敕，谕占城国王占巴的赖曰："尔奏数为安南国所侵，朕已遣人谕之，令罢兵安民，今安南王胡查陈词服罪，不敢复肆侵。越人能改过，斯无过矣。尔矣宜务辑睦，用保下人。"（《明太宗实录》）

### 2. 调解琉球三国之间的冲突

琉球僻处大海之中，内有三国，中山、山南、山北，"争雄长，相攻击"。明洪武十六年（1383）春正月，明太祖遣使琉球三国，劝告三王"息兵养民"。明太祖遣使敕中山王察度，曰："王居沧溟之中，崇山环海，为国事大之礼不行亦何患哉？王能体天育民，行事大之礼。自朕即位十有六年，岁遣人朝贡。朕嘉王至诚，命尚佩监奉御路谦报王诚礼。何期王复遣使来谢，今令内使监丞梁民同前奉御路谦赍符赐三镀金银印一。近使者归，言琉球三王互争，废农伤民，朕甚悯焉。诗曰：'畏天之威，于时保之。'王其罢战，息民务修尔德，则国用永安矣。"明太祖又谕山南王承察度、山北王帕尼芝曰："上帝好生寰宇之内生民众矣。天恐生民互相残害，特生聪明者主之。迩者琉球国王察度坚事大之诚，遣使来报，而山南王承察度亦遣人随使者入觐。鉴其至诚，深用嘉纳。近使者自海中归，言琉球三王互争，废弃农业，伤残人命，朕闻之不胜怜悯。今遣使谕二王知之。二王能体朕之意，息兵养民，以绵国祚，则天必佑之。不然悔无及矣。"（《明太祖实录》卷一百五十一）

### 3. 调解缅甸与百夷的矛盾

缅甸与百夷为邻，领土纠纷不断。他们之间经常发生"侵夺境土"事件。

洪武二十八年（1395——引者注）冬十月，己未。缅国王卜剌浪遣使桑乞剌查贡方物，因言百夷思伦发屡出兵侵夺其境土之故。上谓廷臣曰："远夷相争，盖其常事，然中国抚驭四夷，必使之无事，当遣使谕解之。"（《明太祖实录》卷二百四十二）

后来明太祖遣使调解他们之间的矛盾。

4. 调解真腊和占城的矛盾

真腊和占城矛盾由来已久。明永乐十二年（1414），真腊遣使臣如明入贡方物，因"数被占城侵掠"，真腊使臣久留京城，向明朝反映情况并请求明朝出面调解，"上遣祝原等使真腊国"送其归国，别以敕戒占城王占巴的赖，令其"安分循理，保境睦邻"（《明太宗永乐实录》）。这样，在明朝的劝导下，真腊和占城相安无事。

5. 处理暹罗与满剌加国之间的纠纷

暹罗与满剌加为邻，满剌加因为地小力薄，常遭到暹罗入侵。永乐年间，暹罗入侵满剌加，满剌加被迫向明朝求援。明成祖遣使敕谕暹罗国王：

（永乐十七年十月）癸未，遣使谕暹罗国王三赖波磨剌扎的赖曰：朕祗膺天命，君主华夷，体天地好生之心以为治，一视同仁无间彼此。王能敬天事大，修职奉贡，朕心所嘉，盖非一日。比者，满剌加国王亦思罕儿沙嗣立，能继乃父之志，躬率妻子，诣阙朝贡。其事大之诚与王无异。然闻王无故欲加之兵。夫兵者凶器，两兵相斗，势必俱伤，故好兵非仁者之心。况满剌加国王既已内属，则为朝廷之臣。彼如有过，当申理于朝廷，不务出此而辄加兵，是不有朝廷矣！此必非王之意，或者左右假王之名弄兵以逞私忿。王宜深思，勿为所惑，辑睦邻国，无相侵越，并受其福，岂有穷哉？王其留意焉。（《明太宗实录》卷二百一十七）

127

### 6. 调解麓川与木邦的冲突

麓川与木邦亦因为领土问题争执不已,明宣德帝遣使去安抚两国。

> 宣德元年(1426——引者注)春正月,己酉。遣使往抚。"时麓川、木邦互争疆界,各诉于朝,就令使者谕解之,俾各安分,毋相侵越。"(《明宣宗实录》卷十三)

### 7. 调解安南和满剌加的疆域之争

满剌加亦遭到安南的入侵。在对待安南占据占城城池,欲吞并满剌加的问题上,明朝皇帝告诫安南"宜修睦结好,藩屏王室"。《明实录》云:

> (成化十七年九月壬申)满剌加国使臣端亚妈剌的那查等奏,成化五年,本国使臣微者然那入贡,还至当洋,被风漂至安南国,微者然那与其傔从俱为其国所杀,其余黥为官奴而幼者皆为所害。又言,安南据占城城池,欲并吞满剌加之地,本国以皆为王臣,未敢兴兵与战。适安南使臣亦来朝,端亚妈剌的那查乞与廷辨。兵部尚书陈钺以为此已往事,不必深校,宜戒其将来。上乃因安南使臣还,谕其王黎灏曰:"尔国与满剌加俱奉正朔,宜修睦结好,藩屏王室,岂可自恃富强,以干国典,以贪天祸?满剌加使臣所奏,朝廷虽未轻信,尔亦宜省躬思咎,畏天守法,自保其国。"复谕满剌加使臣曰:"自古圣王之驭四夷,不追咎于既往。安南果复侵陵,尔国宜训练士马以御之。"(《明宪宗实录》卷二百一十九)

明帝告诫满剌加,要防范敌人再次入侵,做好御敌准备。

### 三、明朝应对破坏东亚秩序的侵略者

明朝对那些蓄意侵略他国领土、肆意破坏东亚政治秩序的国家,采取了不同于前者的对策。一是明朝在对其警告无效的情况下,毅然出兵相助

被侵略国家；二是在无法救援的情况下呼吁邻国救援，并对入侵者进行严厉谴责。

(一) 兴救援之师

明永乐二年（1404）八月，乙亥，安南陪臣裴伯耆从安南逃到广西，在明朝思明官员的帮助下，到达京城，向永乐皇帝上表，称："奸臣黎季犛父子弑主篡位，屠害忠臣"，希望明朝"兴吊伐之师，隆继绝之义"，讨伐胡季犛。（《明太宗实录》）"丁酉，老挝军民宣慰使刀线歹遣使护送前安南王孙陈天平来朝。"（《明太宗实录》）陈天平控诉：黎季犛"更姓名胡一元，子曰胡大互，自谓舜裔胡公满之后，遂改国号大虞，季犛号太上皇，子大互为大虞皇帝"，希望明朝能"伐罪吊民，兴灭继绝"（《明太宗实录》）。明永乐三年（1405）六月，安南胡𡗉遣使臣阮景真入朝上奏谢罪，自称"盖缘陈氏多难，子孙丧亡，以致于尽，臣实其甥，谬当众举，权理国事，以主其祭"。"臣请迎归天平以君事之。"（《明太宗实录》）胡氏父子阳奉阴违，杀陈天平与执行护送任务的明军将士。永乐皇帝怒不可遏，毅然兴兵讨伐安南胡朝，擒拿胡氏父子，又根据安南耆老意愿，将安南纳入大明版图。在明成祖看来，明朝兴兵讨伐胡季犛，不仅仅是因为他灭了陈朝，侵占了占城疆域，更重要的原因在于胡季犛此举从根本上践踏了东亚朝贡体制，破坏了东亚秩序。

朝鲜王朝建立后与明朝确立了宗藩关系。明万历二十年（1592）日本丰臣秀吉侵略朝鲜。为了维护宗主国的地位，确保东亚秩序的稳定，明神宗下令出兵，经过七年战争，打败日军，"再造藩邦"。

明朝末年满洲逐渐崛起。明崇祯九年（1636）12月，清太宗皇太极率领清军攻打朝鲜，迫使朝鲜仁祖大王称臣纳贡。此时，明朝实力已大不如前，崇祯皇帝曾命山东总兵陈洪范调各镇舟师救援，水师出海救援，由于朝鲜屈服只好下令撤离。（《朝鲜王朝实录·英宗实录》）1641年荷兰占领马六甲，到1824年，英国人占领了马六甲。

(二) 谴责佛郎机

明朝后期西方殖民者开始入侵东南亚。在西方殖民者佛郎机（葡萄牙）对满剌加侵略一事中，明朝政府站在满剌加一边，指责西方，并呼吁邻国救援：

> 后佛郎机强，举兵侵夺其地，王苏端妈末出奔，遣使告难。时世宗嗣位，敕责佛郎机，令还其故土。谕暹罗诸国王以救灾恤邻之义，迄无应者，满剌加竟为所灭。时佛郎机亦遣使朝贡请封，抵广东，守臣以其国素不列《王会》，羁其使以闻。诏予方物之直遣归，后改名麻六甲云。①

《嘉庆重修一统志》亦记载：

> 正德三年（1508——引者注），遣使臣端亚智等入贡。后佛郎机强横海上，举兵侵夺其地，国王苏端妈末出奔，遣使告难。朝廷敕责佛郎机，令还其故土。又谕暹罗诸国王以救灾恤邻之义，迄无应者，满剌加竟为所灭。②

有学者认为：14世纪初，在明朝的支持下，满剌加取得独立，并迅速发展成东南亚国际贸易的中心。然而，16世纪初葡萄牙殖民者侵入东南亚，占领了满剌加，导致东南亚国际形势发生剧变，从根本上动摇了以"朝贡"制度为基础的"华夷秩序"。面对这一空前的变局，由于明朝后期最高统治者愚昧无知，不了解世界大势，做出了不合时宜的反应与决策；加之明朝国力式微，缺乏坚强的实力作为后盾，在对葡交涉中软弱无力，其结果只能是坐视满剌加的灭亡，从此我国丧失了在东南亚原有的地位，东南亚逐步沦为西方的势力范围。③

---

① 张廷玉. 明史：卷三百二十五 [M]. 北京：中华书局，1974：8419.
② 穆彰阿. 嘉庆重修一统志 [M]. 上海：上海世纪出版社，2008：1-2.
③ 廖大珂. 满剌加的陷落与中葡交涉 [J]. 南洋问题研究，2003（3）：76-86，93.

**结语**

明朝皇帝在长期的对外交往中形成了"疆域观",明太祖构建的东亚朝贡体制有助于东亚疆域的稳定。自 1368 年明朝建立至 1664 年明朝灭亡,明朝政府为应对东亚各国的疆域之争,根据现实情况,区别对待,采取了各种措施。将东亚各国的疆域争端,视为内部矛盾,采取遣使调解的方法,循循善诱,劝告他们"各守疆土",使其"幡然悔悟"。而对蓄意破坏东亚秩序,动摇朝贡体制的侵略者,明朝视为外部威胁,在劝告无效的情况下,毅然兴兵讨伐,对被侵略国家展开积极的救援行动。

在明朝前期,明朝应对东亚各国疆域之争的举措,可以说颇有成效。其原因在于明朝有强大的国力,不仅拥有强大的军队,而且经济富足,足以威慑他国。斗转星移,到了明朝后期,由于国力的逐渐衰弱,明朝无力他顾。当那些蓄意破坏东亚秩序的国家发动侵略时,明朝仍然墨守成规,只是对侵略者进行警告和严厉谴责,或者呼吁邻国救助,这样做无济于事,最后只能坐视满剌加被西方佛郎机侵占,朝鲜被后金占领,琉球被日本占领。

明朝虽然建立了以中国为中心的东亚朝贡体制和东亚秩序,但是明朝没有在东亚建立强大的合作机制。这就存在一个比较大的漏洞。仅仅依靠一个大国的力量来维持东亚的和平局面,显然力不从心。明朝后期国家逐渐衰弱,内忧外患,无力他顾。当西方殖民者入侵东南亚之时,只能坐视东亚的疆域被人为地改变,东亚政治秩序被无情地破坏。以史为鉴,要确保东亚的和平局面,维护东亚的稳定,我们首先必须重视自身的经济发展,科技强军;其次必须整合东亚地区的力量,求同存异,形成合力,建立强有力的区域合作机制;最后必须树立正确的疆域观,理智地看待领土争端问题,和平地解决领土争端问题。

# 明成祖祥瑞观及其影响

祥瑞现象在中国封建社会屡次出现，封建统治者往往利用祥瑞来维护自己的统治地位。明朝也不例外。

明太祖朱元璋经过多年的鏖战，最终在马上得天下，做了开国皇帝，但是他出身贫寒，了解农村疾苦，因而非常重视农业生产，出台了许多重农政策。这一政策得到许多封建士大夫的支持和称道。据陈建《皇明通纪》记载：明洪武四年（1371）十月，"甘露降于乾清宫后苑苍松之上，宋濂作颂以献"。[1] 又云：明洪武四年（1371）十月，甘露降于钟山，沾润草木，莹若凝脂。五年十一月又降，七年仍降如初。刘基在明洪武七年（1374）作《甘露颂》，记载此事，称颂"帝德动天，至祥连年，屡降如此"。[2] 其实，祥瑞现象的出现，并非天人感应的产物，而是一种自然现象。宋濂、刘基等人作颂以献，是对朱元璋明初休养生息政策的肯定，也有取媚君主之嫌。

明成祖朱棣是继明太祖、建文帝之后的明朝第三代皇帝，以靖难之师推翻建文帝的统治，在政治、经济、军事、文化诸方面都有一番建树。朱棣十分重视祥瑞现象，对祥瑞现象有着深刻的认识，并把祥瑞现象作为他稳定统治地位、管理官吏、发展农业生产、稳定社会秩序的工具。

---

[1] 陈建. 皇明通纪［M］. 钱茂伟，点校. 北京：中华书局，2008：154.
[2] 陈建. 皇明通纪［M］. 钱茂伟，点校. 北京：中华书局，2008：199-200.

## 一、明成祖的祥瑞观

张云飞认为，明成祖是集崇高与卑鄙于一身的皇帝。他在《永乐大帝：朱棣》一书中，谈到了他的丰功伟绩，也揭露了他的残忍和虚伪。事实上，朱棣具有两面性，就他的祥瑞观而言，自身在言论和实践上相矛盾。

明成祖朱棣是一个英武过人的皇帝，他对祥瑞有着清醒的认识。关于祥瑞，明成祖朱棣多次有所论述。他的祥瑞观超越了同时代的许多人，也超越了历代君主。在祥瑞问题上，他继承了明太祖朱元璋的重农主张，提出了一些独到的观点。

（一）百谷丰登，雨畅时顺，家给人足，此为上瑞

明永乐五年（1407），山东曹县献驺虞。尚书吕震奏："驺虞，上瑞，请率群臣上表贺。"明成祖不同意，说："百谷丰登，雨畅时顺，家给人足，此为上瑞。驺虞何与民事？不必贺。"吕震坚持请求上表。明成祖说："大臣之道，当务为国为民。汝能效李沆为人则善矣。"吕震只好退出。明成祖对身边的侍臣说："震可谓不学无术者也。"①

（二）夫时和岁丰，物无疵疠，生民足食，四夷顺安，此国家之瑞也

明永乐六年（1408）三月，巡按福建监察御史赵升及布政司、按察司奏以柏生花为瑞。明成祖赐敕责备他，其中云："朕主宰天下，于生民休戚，未能遍知，故委任尔等镇抚藩方，以图安辑。而乃肆志安逸，于军民疾苦一毫不言，而今言柏花为瑞。夫时和岁丰，物无疵疠，生民足食，四夷顺安，此国家之瑞也。树木之花，世所常有，何益于国？何利于民？而以为瑞也。相与朋比戏侮，于忠君恤民之心，果安在哉？姑曲宥尔等，复为欺匿，不赦。"第二天，苏州、扬州二府官员又奏桧花为瑞。明成祖非常气愤，说："近苏淞诸郡，水涝为灾，有司往往蔽不以闻。昨有奏柏花

---

① 陈建. 皇明通纪 [M]. 钱茂伟，点校. 北京：中华书局，2008：437.

为瑞者,已责其欺匿。今又言桧花,小人之务说也可恶!"仍然赐敕责备他们。①

(三)夫贤君能敬天恤民,致勤于理,则有以感召和气,屡致丰年,海宇清明,生民乐业,此国家之瑞也

明成祖还教育太子正确看待祥瑞现象,要求太子以民为本,做一个贤君。

明永乐十六年(1418)正月,明成祖将《玄兔图》并群臣上表及诗文赐给皇太子,以书谕曰:"比陕西耀州民献玄兔,群臣以为瑞,且谓朕德所致,上表称贺,又献诗颂美者,朕心惕然愧之。夫贤君能敬天恤民,致勤于理,则有以感召和气,屡致丰年,海宇清明,生民乐业,此国家之瑞也。彼一物之异,常理有之,且吾岂不自知?今虽边鄙无事,而郡县水旱,往往有之,流徙之民亦未尝无,岂至理之时哉?而一兔之异,喋喋为谀。"② 明成祖指出喜欢直言与好听谀言的不同结果,希望太子能以国事为重:"夫好直言,则德日广;好谀言,则过日增。尔等将来有宗社生民之寄,群下有言,不可不审之于理。但观此表及诗,即理了然而情不能遁矣。"③

从上面明成祖的话来看,他以"家给人足"(生民足食),"四夷顺安"作为国家之瑞,把人民作为国家的根本,具有浓厚的民本思想。贤君应当能"敬天恤民,致勤于理",天人感应,这样就能"屡致丰年,海宇清明,生民乐业"。明确指出"此国家之瑞也"。

明成祖以"生民足食,四夷顺安"作为国家之瑞,充分表现了他的民本思想。

后人对明成祖此言此行多有称道。明朝史学家陈建即指出:"永乐中,一时臣工往往睹一怪异违常之物,即指为瑞应,献谀无所不至。我成祖此

---

① 陈建. 皇明通纪 [M]. 钱茂伟,点校. 北京:中华书局,2008:437.
② 陈建. 皇明通纪 [M]. 钱茂伟,点校. 北京:中华书局,2008:480-481.
③ 陈建. 皇明通纪 [M]. 钱茂伟,点校. 北京:中华书局,2008:480.

谕可谓洞物理，昭治体，彻群情，善教谕，一举而数善，并可为万世法矣。"①

明成祖统治时期，明朝地方官员多次向明成祖上瑞，目的是歌功颂德，企图以此获得明成祖的青睐，从而封官加爵。

史料记载，明成祖多次拒绝群臣贺上瑞。

明永乐七年（1409）八月，繁峙县献嘉禾二百七十九本。礼部请表贺，（成祖）不许。②

《明史·卷六·本纪第六·成祖二》记载：明永乐十一年（1413），"五月丁未，曹县献驺虞，礼官请贺，（成祖）不许"。③

《明史·卷七·本纪第七·成祖三》记载：明永乐十七年（1419），"九月丙辰，庆云见，礼臣请表贺，（成祖）不许"。④

明成祖还多次拒绝外国贡使进献麒麟。

明永乐十一年（1413）三月，榜葛剌国献麒麟。据《皇明通纪》记载，永乐年间，诸番国进献麒麟共三国，继榜葛剌国之后，麻林国、阿丹国也来大明贡献了麒麟。⑤

明永乐十二年（1414）九月，丁丑，榜葛剌国王赛弗丁贡麒麟名马。"戊寅，礼部请贺麒麟，上不许。"⑥

明永乐十三年（1415）九月，戊申，占城贡狮。群臣请贺。上曰："元顺帝时，西都桑果叶皆五色黄龙文，嘉禾有一茎至八穗者，五色文常见。朕与卿等只敬无怠而已。"⑦ 明成祖认为祥瑞之物在盛衰之年都会出现。

明成祖以"生民乐业"作为国家之瑞，拒绝大臣进献所谓祥瑞之物，

---

① 陈建. 皇明通纪 [M]. 钱茂伟, 点校. 北京：中华书局, 2008：481.
② 谈迁. 国榷 [M]. 张宗祥, 校. 北京：中华书局, 1958：1027.
③ 张廷玉. 明史 [M]. 北京：中华书局, 1974：91.
④ 张廷玉. 明史 [M]. 北京：中华书局, 1974：98.
⑤ 陈建. 皇明通纪 [M]. 钱茂伟, 点校. 北京：中华书局, 2008：471.
⑥ 谈迁. 国榷 [M]. 张宗祥, 校. 北京：中华书局, 1958：1106.
⑦ 谈迁. 国榷 [M]. 张宗祥, 校. 北京：中华书局, 1958：1167.

正确对待祥瑞的态度，反映了他的执政理念。他主张以民为本，官员应当勤于国事。孟森先生说："永乐以降，所用公卿，其历外任时，率多循良之绩，其专以爱民勤政著者，若周新等一传二十余人，皆有异政。"①

**二、明成祖对祥瑞的利用**

（一）制造祥瑞现象，维护其正统地位

在明成祖统治的初期，明成祖欣然接受祥瑞。明永乐四年（1406），南阳地方官献瑞麦，他命荐之宗庙。"十一月己巳，甘露降孝陵松柏，醴泉出神乐观，他荐之太庙，赐百官。"②

谈迁在《国榷》中谈到明成祖的身世时云："太祖高皇帝第四子也。母硕妃。玉牒云：高皇后第四子。盖史臣因帝自称嫡，沿之耳。今南京《太常寺志》，载孝陵祔享。硕妃穆位第一，可据也。"③ 燕王朱棣推翻建文帝的统治后，为维护其统治地位，篡改历史，故意隐瞒其母是硕妃的事实，声称其母是高皇后（马皇后），建法坛荐福皇考、皇妣。其目的是迷惑世人，树立其合法继承人的形象。

明永乐五年（1407）二月，明成祖命西僧尚师哈立麻于灵谷寺庙建法坛，荐福皇考、皇妣。尚师率天下僧伽，举扬普度大斋科达 14 日之久。"卿云天花，甘雨甘露，舍利祥光，青鸾白鹤，连日毕集。一夕，桧柏生金色花，遍于都城。金仙罗汉，变现云表，白象青狮，北严妙相，天灯导引，幡盖旋绕，亦既来下。又闻梵呗空乐，自天而降。"④ 群臣上表称贺，学士胡广等人还精心写作《圣孝瑞应歌颂》献给明成祖。"自是，上潜身释典，作为佛曲，使宫中歌舞之。"⑤ 《皇明通纪》作者陈建写了按语，说："番僧多幻术，此所谓卿云天花、白象青狮之类，无亦其幻也与！"⑥

---

① 孟森. 明史讲义［M］. 上海：上海世纪出版集团，2008：100.
② 张廷玉. 明史［M］. 北京：中华书局，1974：84.
③ 谈迁. 国榷［M］. 张宗祥，校. 北京：中华书局，1958：847.
④ 陈建. 皇明通纪［M］. 钱茂伟，点校. 北京：中华书局，2008：431.
⑤ 陈建. 皇明通纪［M］. 钱茂伟，点校. 北京：中华书局，2008：431.
⑥ 陈建. 皇明通纪［M］. 钱茂伟，点校. 北京：中华书局，2008：437.

(二) 明成祖统治后期，陶醉于太平盛世，好祥瑞

明成祖朱棣在其统治后期坦然接受祥瑞。经过长期的励精图治，明成祖和他的臣民们终于使大明王朝政治清明、国泰民安、国力空前强盛起来。明成祖开始陶醉起来，于是他开始坦然接受群臣的吹捧，连他一贯反对的祥瑞也欣然接受。明朝史料对此多有记载：

明永乐八年（1410）三月，乙未，（上）次清平源，平地泉溢数亩，足人马，赐名神应泉。①

明永乐十年（1412）十月，丁卯。皇太孙演武方山。甘露降，财上之。群臣表贺。②

明永乐十二年七月，戊寅，宜阳人献白兔。③

明永乐十八年二月，戊午，贵州乌撒卫指挥蔡礼进白兔。④

明永乐十八年十月，癸亥，甘露降孝陵松柏。皇太孩采之，荐太庙。⑤

明永乐二十年十一月，戊寅，郑州民献白兔。⑥

明永乐二十一年（1423）八月，礼部左侍郎胡濙利用明成祖过生日的机会，进献《瑞光图》及榔梅灵芝，具奏云："今岁万寿圣节，太岳太和山顶金殿现五色圆光，紫云周匝，逾时不散。又山石产灵芝，榔梅结实，符盛往年，此圣寿之征也。"于是，礼部尚书吕震率百官进贺。⑦

胡濙是明成祖的亲信，唯成祖之命是从，竭力为成祖效劳，曾长期为成祖寻找建文帝的下落而奔走大江南北。陈建在《皇明通纪》中的按语中说："胡忠安号称贤臣，而亦进《瑞光图》，相率为谀，何也？其视吕震之不学无术，相去何能以寸哉？"⑧虽然没有指出其"相率为谀"的原因，其实字里行间就是认为明成祖好祥瑞，其前后的态度判若两人。上有所

---

① 谈迁. 国榷[M]. 张宗祥，校. 北京：中华书局，1958：1039.
② 谈迁. 国榷[M]. 张宗祥，校. 北京：中华书局，1958：1082.
③ 谈迁. 国榷[M]. 张宗祥，校. 北京：中华书局，1958：1105.
④ 谈迁. 国榷[M]. 张宗祥，校. 北京：中华书局，1958：1167.
⑤ 谈迁. 国榷[M]. 张宗祥，校. 北京：中华书局，1958：1174.
⑥ 谈迁. 国榷[M]. 张宗祥，校. 北京：中华书局，1958：1199.
⑦ 陈建. 皇明通纪[M]. 钱茂伟，点校. 北京：中华书局，2008：505.
⑧ 陈建. 皇明通纪[M]. 钱茂伟，点校. 北京：中华书局，2008：505.

好，下必效之。胡溁进献《瑞光图》及梅椰灵芝，是他揣摩明成祖心理并及时献媚的结果。

明成祖后期对祥瑞的喜爱，是他好大喜功的结果，也流露出了他的虚荣心。

明成祖对祥瑞有清醒的认识：一方面，他认为祥瑞与政治无关；另一方面，他又认为祥瑞是天人感应的产物。他把祥瑞作为统治的有力工具。因此，在他的政治生活中，他玩弄祥瑞，以祥瑞现象欺骗世人，树立合法继承人的形象；又以祥瑞来体现其民本思想，以此判断官员的优劣。难能可贵的是，明成祖以"生民足食，四夷顺安"作为国家之瑞，有伟大政治家的胸襟，这对明代初年的吏治及其社会经济发展产生了积极的影响。

### 三、明成祖祥瑞观对后世的影响

明成祖成为明朝第三代皇帝之后，他的子孙一直沿袭其皇位，直到最后一个皇帝崇祯帝。明成祖对祥瑞现象的态度无疑对大明王朝后代君主产生了很大的影响。

他的孙子明宣宗，也非常喜好祥瑞。史书上有许多相关记载：

明宣德四年（1429）正月，邹虞见于南京畿内之来安县，守臣得之以献。①

明宣德四年二月，宁夏总兵、宁阳侯陈懋进玄兔、白兔各一。上赐以龙云、玉带，玺书奖谕。②

明宣德七年（1432）闰八月，景星见于天门，少詹事兼侍讲学士王直进颂。③

和他的乃祖一样，明宣宗也很喜欢外国的奇珍异兽。西南海外诸番国各遣使来献麒麟，共四次，杨士奇因此进颂，谓其盛前古所未有。④

明献宗朱见深也十分喜欢祥瑞之物。史载：明成化十七年（1481

---

① 陈建. 皇明通纪 [M]. 钱茂伟, 点校. 北京：中华书局, 2008：563.
② 陈建. 皇明通纪 [M]. 钱茂伟, 点校. 北京：中华书局, 2008：563.
③ 陈建. 皇明通纪 [M]. 钱茂伟, 点校. 北京：中华书局, 2008：587.
④ 陈建. 皇明通纪 [M]. 钱茂伟, 点校. 北京：中华书局, 2008：587.

春，西域撒马尔罕进二狮子，奏请献宗皇帝派遣大臣迎接。职方郎中陆容不以为然，提出不同意见，"狮子固奇兽，然在郊庙，不可以为牺牲；在乘舆，不可以备骖服。盖无用之物，不宜受"。礼部尚书周洪谟也持有同样的观点，认为"不应当派遣官员迎接"。①明献宗朱见深只好派遣太监迎接。

明朝也有一些皇帝如明成祖一样大度，能虚心听取大臣意见，拒绝国内臣民进献祥瑞之物，或者拒绝外国来的祥瑞动物。如宣德帝，在宣德四年（1429），拒绝南京献驺虞，"礼部请表贺，不许"。② 在宣德五年（1430）"八月己巳朔，日食，阴雨不见，礼官请表贺，不许"。③

明孝宗弘治皇帝朱祐樘，在刚上任时就下令放逐奇珍异兽，赢得天下人称赞。后来他又听取大臣建议杜绝外国进献狮子。史载：明弘治二年（1489）二月，西域撒马尔罕进献狮子，"夷人所过，横为侵扰"。礼科给事中韩鼎上言："陛下初政，放逐奇珍异兽，天下闻之。今未逾年，遽受夷人贡狮，恐无以杜方来献者。况狰狞之兽，非宜狎玩。且供费不赀，宜罢遣之。"④ 弘治皇帝很高兴地采纳了他的意见。

**结语**

明成祖对祥瑞的态度，是从政治的高度出发的，目的是维护其统治地位。他看待祥瑞的态度是多变的，一切从时间、地点等实际出发。

明成祖对祥瑞的态度影响了明朝后世皇帝。有的皇帝继承了他的民本思想，励精图治，如明孝宗弘治皇帝朱祐樘；而有的皇帝则沿袭了他好祥瑞喜奉承的一面，如明献宗朱见深。类似于明成祖，对祥瑞的态度具有两面性的明代皇帝是明宣宗，也是为了其专制政治上的需要，巩固其统治地位。

---

① 陈建. 皇明通纪 [M]. 钱茂伟，点校. 北京：中华书局，2008：896.
② 张廷玉. 明史 [M]. 北京：中华书局，1974：120.
③ 张廷玉. 明史 [M]. 北京：中华书局，1974：121.
④ 陈建. 皇明通纪 [M]. 钱茂伟，点校. 北京：中华书局，2008：955.

# 明代"却贡"现象及其原因

中国自古以来就和海外各国保持良好的交通关系。在中外关系史上，中国封建王朝常以宗主国身份坦然接受藩国的进贡，各藩属国把其本国的特产进贡给中国。这被看作天经地义之事。但是，通过阅读史籍我们可常见到中国封建王朝对外国进贡物品拒绝接纳的史实。在漫长的历史长河中，中国封建王朝曾对海外各国"却贡"。

**一、明代之前的"却贡"**

在明代之前，中国历代封建王朝多次拒绝外国的朝贡。

早在唐代，唐太宗和武则天就拒绝了外国进贡的一些物品。史载：唐贞观五年（631）林邑贡献五色鹦鹉，新罗献美女二人，"魏徵以为不宜受。唐太宗曰：'林邑鹦鹉犹能自言寒苦，思归其国，况二女远别亲戚乎。'并鹦鹉，各付使者而归之"。[①] 唐代武后万岁通天元年（696）三月，大食国来华进献狮子，姚涛在《请却大石国献狮子疏》中这样申述不宜受贡的理由："狮子猛兽，唯止食肉，远从碎叶[②]，以至神都[③]，肉既难得，极为劳费。陛下以百姓为心，考虑一物之有失，鹰犬不蓄，渔猎总停，运不杀以阐大慈，垂好生以敷至德。凡在翾飞蠢动，莫不感荷仁恩，岂容自

---

[①] 司马光. 资治通鉴 [M]. 北京：中华书局，2007：2345.
[②] 碎叶，位于吉尔吉斯共和国。
[③] 神都，今河南洛阳。

菲薄于身，而厚资给于兽；求之至理，必不然乎。"（《全唐文》）《资治通鉴·唐纪二十一》亦云："大食请献狮子。姚涛上疏，以为：'狮子专食肉，远道传致，肉既难得，极为劳费。陛下鹰犬不蓄，渔猎悉停，岂容菲薄于身而厚给于兽。'乃却之。"①

据《宋史·交趾传》记载，宋真宗曾经拒绝安南进献的驯犀。宋大中祥符二年（1009），安南国王黎龙铤派遣推官阮守疆"以犀角、象齿、金银、纹绮等来贡，并献驯犀一。上以犀违土性，不可豢养，却不纳。又以逆至忠意，以令纵之海滢"。②

以上唐宋君主拒绝外国贡品，认为他们是奢侈品，"极为劳费"。他们拒绝外国贡品是从树立英明君主形象、形成廉洁之风、节省民力等立场出发的。

### 二、明代"却贡"类型及其原因

中国封建王朝出于各种原因对朝鲜、日本、安南等国进行"却贡"。这在明清的史料中是有不少记载的。在历史上，中国封建王朝"却贡"现象屡次发生，类型较多。下面我们来探讨明朝却贡的现象及其原因。

其一为外国贡品"极为劳费"。此类贡品多为珍禽异兽。

这种在历史上旨在节省"劳费"的却贡理由，到明代又添加了新的内容。

明代"却贡"的事情屡屡发生。明宪宗成化初年，朝鲜进白鹊、海东青。给事中韩文上疏反对，曰："臣伏睹天顺八年，诏书各处今后不许进贡鸟兽花木及本处一应所产财物，诚不实异物之盛心也。今朝鲜国内三贡禽鸟，虽小国效顺，然不应将此玩物频数来献。其意盖谓朝廷所尚者珍禽奇兽，姑博取频贡，希求厚赏。况以禽兽微物，奔驰千里之远，亦劳民动众，彼此烦扰。若不却去其贡，非惟彼国不知诏书禁止之意，抑且窥见朝

① 司马光. 资治通鉴 [M]. 北京：中华书局，2007：2512.
② 脱脱，等. 宋史 [M]. 北京：中华书局，1985：14065.

廷嗜欲，轻探厚取，久则将其侮玩，殊非王者安抚驭外夷之体。《书》曰：不宝远物，则远人格。伏乞圣明留意焉。"①

明成化十七年（1481），撒马尔罕苏丹进二狮，职方郎中陆容上疏："狮子固奇兽，然在郊庙不可以为牺牲，在乘舆不可以备骖服，不当受。"明弘治二年（1489），撒马尔罕又进狮，礼部尚书倪岳请却其贡，更加义正词严："臣观撒马尔罕所进狮子，乃夷狄之野兽，非中国之所宜蓄。留之于内，既非殿廷之美观；置之于外，亦非军伍之可用。且不免以彼无用之物，易此有用之财。"明孝宗嘉纳其言，李东阳为此写了一首歌颂圣明的《却贡狮诗》：

> 万里狻猊初却贡，一时台省共腾欢。
> 极知圣学从心始，谁道忠言逆耳难。
> 汉代谩夸龙是马，隋家空信鸟为鸾。
> 非才敢作清朝颂，独和新诗写寸丹。

其二为外国朝贡"无表"，"非期"。

明朝的表笺制度非常严格，对外国朝贡使团进贡规定必须有表，而且进贡必须按照明朝规定的贡期，不可随时进贡。

明朝对无表者拒绝进贡。如明朝多次拒绝日本无表纳贡。据《明史·卷三百二十二·列传第二百十·外国三》记载：明太祖初年，"时良怀年少，有持明者，与之争立，国内乱。是年七月②，其大臣遣僧宣闻溪等赍书上中书省，贡马及方物，而无表。帝命却之，仍赐其使者遣还。未已，其别岛守臣氏久遣僧奉表来贡。帝以其无国王之命，且不奉正朔，亦却之，而赐其使者，命礼臣移牒，责以越分私贡之非"。③

---

① 严从简. 殊域周咨录 [M]. 北京：中华书局，2009：21.
② 明太祖洪武七年，即 1374 年。
③ 张廷玉. 明史 [M]. 北京：中华书局，1974：8342-8343.

明嘉靖十七年（1538），日本使臣石鼎、周良来明朝贡献方物。"礼部奏请申十年一贡之例，命缴还正德以前堪合，更给新者。二十三年（1544），复至。无表，以非期，弗纳。二十六年，又至。仍以非期，使停泊于海山岙，候明年期至而入。"①

朝鲜王朝建立后，与明朝关系密切。但是明朝有时对朝鲜不按时朝贡的错误做法也会加以抵制，拒绝其朝贡。如明洪武三十年（1397）五月壬戌，辽东都指挥司奏告朝鲜国遣使贡马谢恩。明太祖认为"其贡非时，又所云谢恩不知何故"，下诏礼部"却之"（《明太祖实录》）。

一些东南亚国家的商人打着"朝贡"的旗号前来进贡，企图牟取暴利，而被明朝拒绝。如明孝宗时期曾发生了华人引诱番商前来朝贡的事情：

> （弘治十四年三月壬子）江西信丰县民李招贴与邑人李廷芳、福建人周程等，私往海外诸番贸易，至爪哇，诱其国人哽亦宿等，赍番物来广市之。哽亦宿父八祢乌信者，其国中头目也，招贴又令其子诱之，得爪字三号勘合底簿故纸藏之，以备缓急。舟经乌州洋，遭风飘至电白县境，因伪称爪哇国贡使奈何哒亚木，而以所得底簿故纸填写一行番汉人姓名，凡百有九人，及所货椒木、沉香等物，谓为入贡。所司传送至广州，给官廪食之，守臣以闻。礼部议："爪哇贡使赍哇字十二号勘合，开写进贡方物名数。今所赍乃先年降去底簿，非号纸，且又填为批差，亦非例，其事可疑。"行守臣核实，始得其情，奏至礼部，请以招贴等付广东按察司问。拟奏："请以所赍番物，则令布政司贮之。八祢乌信盗出底簿故纸与其子，宜令布政司移文国王重治以罪。仍令谨收勘合底簿，毋俾奸人窃出。广东守令自今遇外国贡人至，务审其赍有原降勘合，方许其奏。"从之。（《明孝宗实录》）

其三为朝贡国表笺有问题，言辞不诚恳，触怒了皇帝。

---

① 严从简. 殊域周咨录 [M]. 北京：中华书局，2009：73-74.

明朝对表笺要求很严，格式和用语都必须要符合明朝礼制要求。明太祖朱元璋对表笺要求尤其严格，要求藩属能够遵守明朝礼制，切实维护朝贡体制。

明洪武十三年（1380），日本国复贡，无表，但是使团持其征夷将军源义满奉丞相书信，"书辞又倨。乃却其贡，遣使赍诏谯让"。① 当时日本将军源义满气势正盛，态度猖獗，外交文书措辞傲慢，因此激怒了明太祖。

其四为政治原因。对那些触犯朝贡体制的国家明朝理直气壮地拒绝其进贡。

日本和明朝的关系因为倭寇问题变得扑朔迷离，明朝对日本倭寇问题极为关切。但是日本一方面无力解决倭寇问题，另一方面又有意放纵倭寇骚扰中国。日本为了追求经济利益，遣使来华进行朝贡贸易。明太祖对此洞若观火。明洪武十四年（1381），日本国遣使来贡献，"帝再却之，命礼部移书责其王，并责其征夷将军，示以欲征之意"。②

对高丽，明朝也曾经因为政治原因拒绝其进贡。《明太祖实录》记载：明洪武十年（1377）五月丙辰，高丽世子王禑派遣礼仪判书周谊等来华贡马及方物。明太祖"却不受"（《明太祖实录》）。这是因为高丽国内发生变故，国王王颛被杀，"今始来请谥，将以假吾朝命镇抚其民，且以掩其弑逆之迹耳。所请非诚，不可与也"（《明太祖实录》）。明洪武十二年（1379）十二月甲辰，高丽署国事王禑派遣大臣李茂芳等贡献金银，明太祖"却之"，其拒绝的原因是"以其贡不如约"（《明太祖实录》）。

### 三、"却贡"之影响

明朝对东亚诸国"却贡"，是从维护朝贡体制、维护东亚秩序的大局出发的，对中国和东亚诸国都产生了较大的影响。

对中国来说，"却贡"表明了明朝维护朝贡体制的决心和信心，说明

---

① 张廷玉. 明史 [M]. 北京：中华书局，1974：8343.
② 张廷玉. 明史 [M]. 北京：中华书局，1974：8343.

明朝的天朝地位绝对不容他国挑战和置疑。如果哪个国家胆敢破坏朝贡体制，藐视天朝，对明朝皇帝大不敬，明朝一定会坚决"却贡"，甚至不惜动用武力。

与明朝建立藩属关系，对明朝朝贡，理所当然会得到明朝的认可和支持，从而在国际上有一定的地位，这对东亚各国来说是非常有利的。对东亚诸国来说，明朝"却贡"是对东亚国家的震慑。因此，绝大多数的东亚国家为了达到顺利朝贡的目的，只能是纳入明朝的朝贡体制之中，按照明朝的礼制行事，遵从天朝，谨言慎行。

明朝对东亚国家"却贡"，在历史上被"却贡"的国家有两种截然不同的结果：一是以此为教训，从此改弦更张，严格按照明朝的规矩行事，成为明朝忠实的藩属，这一代表性的国家有朝鲜等国；二是不以为意，不以为耻，依然我行我素，逐渐走到明朝的对立面，甚至与明朝对抗，公然挑战明朝建立的朝贡体制，日本就是这一类代表性的国家。

**结语**

明朝"却贡"的类型和原因是比较多的，不同于之前的封建王朝。明朝历代皇帝却贡的根本原因在于维护朝贡体制，宣示自己的统治权。高丽进贡超出了入贡约定的数额，日本无表入贡都不符合朝贡体制的要求，因此明朝理所当然地拒绝。明太祖多次拒绝周边国家的入贡。正如卜正民所说，"他对任何的轻忽和不足也十分警觉"[①]。和明太祖一样，明成祖及其后代皇帝也把朝贡体制当作确认自己统治权威的手段。

明朝的"却贡"是对朝贡体制的维护。但在对待朝贡体制这一问题上，东亚国家出现了两种截然不同的态度：一是以朝鲜为代表的国家，忠实履行自己的藩国职责，自觉维护朝贡体制；二是以日本为代表的国家，轻视朝贡体制，并向朝贡体制发起挑战。1592—1598年日本发动了对朝鲜的战争（壬辰战争），日本企图与中国分庭抗礼，但最终以失败告终。

---

① 卜正民. 挣扎的帝国：元与明［M］. 北京：中信出版社，2016：212.

# 明清时期通事制度的形成与发展

朱元璋建立明朝以后,对周边的邻国采取怀柔政策,积极开展睦邻友好活动。在外交事务中,语言沟通极其重要,语言翻译居于关键的地位。随着外交事务的扩大与事务量的快速增长,明朝政府感到翻译人才的匮乏,为了解决外务中的语言和外交文书的问题,设立了有关机构如鸿胪寺、四夷馆(清代改为四译馆)、会同馆,着意培养外语翻译人才,广泛翻译外交文书。与此相适应,明朝政府设立了通事,并逐渐建立和完善了通事制度。

## 一、明代通事制度

### (一)明代对外机构的建立

#### 1. 鸿胪寺

元至正二十四年(1364)朱元璋在集庆自称吴王,到吴元年(1367)他设立侍仪司,秩从五品,设置专吏执掌礼仪。侍仪司是明朝鸿胪寺的雏形。明洪武四年(1371),设立通事舍人,从九品。明洪武九年(1376),明政府改侍仪司为殿庭仪礼司,设九关通事使一人,正八品,副使六人,从八品。明洪武十二年(1379),九关通事使拨归通政使司。

通事初隶通政使司通译语言文字,后来才改隶鸿胪寺。鸿胪的意思是大声传赞,引导仪节,在殿廷典礼中,必须以大声指导官员进退拜起之仪节,鸿胪寺由此得名。

*146*

>>> 中 编

明洪武三十年（1397）明改设鸿胪寺。《明史》谈到了鸿胪寺卿的品级和下属机构：

> 鸿胪寺卿，正四品。其下属中有司仪、司宾二署，各署丞一人，正九品。①

下属司仪署、司宾署，各司其职。司仪，主管陈设、引奏之事。司宾，主管外国朝贡之使的接待工作。此外，鸣赞负责赞仪礼，所有的内赞、通赞、对赞、接赞、传赞，都是他的职责。序班负责侍班、齐班、纠仪和传赞。

鸿胪寺虽然只是明朝的四品衙门，但是其职掌范围很广。《明史·职官三》云："鸿胪掌朝会、宾客、吉凶仪礼之事。"只要有国家大典礼、郊庙、祭祀、朝会、宴飨、经筵、册封等，鸿胪寺都要参与其事。外吏朝觐，诸番入贡等，都由鸿胪寺官员引奏。每年正旦、上元等时节活动，"陪祀毕，颁胙赐，皆赞百官行礼"②。

明朝鸿胪寺并非中央专职的外交管理机构，但他们必须承担起引导外国使臣学习礼仪、招待外国使臣食宿以及出使外交的职责。

2. 四夷馆

明永乐五年（1407），明朝因处理蒙古等北方民族关系，设立四夷馆，设在翰林院内，属翰林院，分蒙古、女直、西番、西天、百夷、高昌、缅甸八馆，在其馆中设置译字生、通事等职。四夷馆成为培养外语和少数民族语言翻译人才的机构。《明史》中有"提督四夷馆传"，云："提督四夷馆。少卿一人，正四品，掌译书之事。"③

明代设立四夷馆的缘由，《古今图书集成》云："此四夷馆之设，猷虑

---

① 张廷玉. 明史 [M]. 北京：中华书局，1974：1803.
② 张廷玉. 明史 [M]. 北京：中华书局，1974：1845.
③ 张廷玉. 明史 [M]. 北京：中华书局，1974：1797.

甚弘远也。当是时，为馆傅者多征自外国，简吾子弟之幼颖者而受学焉。"《明太宗实录》亦阐述了设置该馆的缘由及其基本情况："因四夷朝贡，言语文字不通，命礼部选国子监生蒋礼等三十八人，隶翰林院，习译书。人月给米一石；遇开科仍令就试。仍译所作文字，合格准出身。置馆于长安左门外处之。"

关于四夷馆的职责，《明会典》卷一百二云：

> 总理来贡四夷并来降夷人及走回人口。凡有一应夷情译审奏闻。

在明四夷馆中，翻译人员分工明确，有"译字"和"通事"两种。"译字"以翻译文字为职，即笔译。而"通事"，则以通晓语言为职，即口译。笔译对文字的翻译要求比较高，而口译者代表明政府的形象，所以要求口译人员外表俊美。明政府在拟订考试规则时，充分考虑到了这些因素。在译字生考试规则中，没有强调对应试者相貌的要求，只是需要"考选世业弟子，以番文定其去取"（俞汝楫《礼部志稿》）。

随着对外关系的不断拓展，明朝与其他国家地区建立了比较密切的关系，因此于明正德六年（1511）增设八百馆，明万历七年（1579）增设暹罗馆。明万历八年（1580），王宗载提督四夷馆，著有《四夷馆考》。

到明朝末年，四夷馆成为废墟。明末钱曾在《读书敏求记》卷二中著录王宗载《四夷馆考》语云："四夷馆……迨后肄习既废，籍记无征。此馆几为马肆。"据方豪先生考证，王宗载原书序作于万历八年，即1580年，所言即当时之衰败情形。[①]

### 3. 会同馆

会同馆之设置，由来已久。会同馆源于魏晋南北朝时期的客会馆和四方馆，在隋唐时期仍称为四方馆，宋朝名为同文馆，到金朝时期才正式出现"会同馆"的名称，作为负责引导外来使团朝觐礼仪的机构。《元史》

---

① 方豪. 中西交通史：上册 [M]. 上海：上海人民出版社，2008：83.

卷八十五《百官志一》记载："会同馆，官秩从四品。掌接伴引见诸番蛮夷峒官之来朝贡者。至元十三年始置。二十五年罢之。二十九年复置。元贞元年，以礼部尚书领馆事，作为定制。礼部尚书领会同馆事一人，正三品；大使二人，从四品；副使二人，从六品。提控案牍一人，掌书四人，蒙古必阇赤一人，典给官八人。其属有收支诸物库，秩从九品。大使一人，副使一员。至元二十九年，以四宾库改置。"①

明朝设立会同馆，把它作为接待外国来华使团和边疆少数民族贡使的宾馆。《明会典》卷一百四十五，《兵部二十八·驿传一·会同馆》记载："明朝在建国初年改南京公馆为会同馆，永乐初设立会同馆于北京。明永乐三年（1405），将乌蛮驿并入会同馆。正统六年（1441），确定为南、北二馆。北馆房屋六所，南馆房屋三所。设大使一人，副使二人，内以副使一人分管南馆。弘治中，照旧添设礼部主客司主事一人，专一提督。南馆亦名玉河馆，主要接待朝鲜、日本、安南、瓦剌等国使臣，而北馆主要接待女真、'回回'、西番等地使臣。"

明代的会同馆是整个邮传制度的一个部分。《明史》卷七十二《职官一》记载："凡邮传，在京师曰会同馆，在外曰驿，曰递运所，皆以符验关券行之。"② 会同馆除了设立正使、副使负责管理之外，还配备有18处通事和大量馆夫等人员。

会同馆共有朝鲜、琉球、日本等国通事60名。通事分配情况是：朝鲜国，5人；日本国，4人；琉球国，2人；安南国，2人；真腊国，1人；暹罗国，3人；占城国，3人；爪哇国，2人；苏门答腊国，1人；满剌加国，1人；鞑靼国，7人；"回回国"，7人；女直国，7人；畏兀儿国，2人；西番国，5人；河西（唐古特），1人；缅甸，1人；百夷（傣），6人。（《明会典》）

会同馆不仅是接待四夷贡使的场所，还是明朝与四夷进行经济贸易的

---

① 宋濂. 元史［M］. 北京：中华书局，1985：2140.
② 张廷玉. 明史［M］. 北京：中华书局，1974：1753.

场所。会同馆对维护和发展明朝与东亚国家的关系起着积极的作用。①

据清人黄本骥编撰的《历代职官志》礼部会同四译馆（第九表），提督会同四译馆礼部郎中兼鸿胪寺少卿衔，一人。大使，汉一人，正九品。序班，汉二人，从九品。朝鲜通事官，满十二人，六品六人，七品四人，八品二人。②

（二）通事的分类及其职责

1. 大通事和小通事

根据通事的职责，明朝通事分为大通事、小通事两种。

自洪武年间起，明朝设立御前答应大通事，要求大通事对所有夷情，"译审奏闻"③ 下属有都督、都指挥、指挥等官，统属十八处小通事。

明代大通事，人数在史料上没有明确记载，大体分为两人，分别隶属礼部和兵部。大通事除了管理诸处小通事外，在外国使臣到京后，"大通事每五日一次以（会同）馆戒谕，使人各令守分"（俞汝楫《礼部志稿》）。明代大通事的具体职责有：督促使臣按时启程、监督使臣行为、晓谕禁例等。

诸处小通事，指的是明朝针对朝鲜、日本、琉球、安南等18个国家和地区设立的通事。他们都由大通事统属。通事"在馆钤束夷人，入朝引领、回还、伴送"④。

通事的具体工作主要有以下五种：

一是管理来朝贡的各地使者，处理他们在会同馆的大小事情。例如，明天顺四年（1460），朝鲜国使臣来朝，与毛怜女直遣使来朝不期而合，共300人，"杂处于会同馆"。由于他们之间有旧怨，担心发生冲突，通

---

① 王静. 明朝会同馆考论 [J]. 中国边疆史地研究，2002（3）：55-64，118-119.
② 黄本骥. 历代职官志 [M]. 上海：上海古籍出版社，2005：49.
③ 李东阳，等. 申时行，等重修. 大明会典 [M]. 扬州：江苏广陵古籍刻印社，1989：1627.
④ 李东阳，等. 申时行，等重修. 大明会典 [M]. 扬州：江苏广陵古籍刻印社，1989：1627.

事、都督同知马显等奏言,"请分馆处之",结果礼部采纳了这一建议,将朝鲜使臣迁移到乌蛮驿。①

二是入朝引领。在朝贡礼仪进行的过程中,通事必须参加,引领贡使完成朝贡礼仪。朝贡礼主要有进表、朝觐、颁赏等礼。鸿胪寺通事负责教授外国人礼仪和引领外国使臣朝觐皇帝。在明朝看来,外国使臣来华主要目的是朝觐明朝皇帝,因此非常重视朝觐礼仪。《明史·职官三》云:"外吏来朝,必先演仪于寺。"② 鸿胪寺司宾在教授外国使臣跪拜仪式时,有可能是他本人来充当通事,亦有可能是通事在旁边翻译语言。

三是"回还伴送",即护送外国贡使回还。外国贡使回国,以前没有译送者。自安南陪臣要求派员护送起,明朝才开始有译员护送一事。后来因为译者在途不法,明朝会议革除护送一事。只有朝鲜等处夷人,派人译送如故。不久兵部议免,只是命令各镇巡官遣送。明正德三年(1508)五月己巳,官员上奏云:现在锦衣卫带俸指挥佥事、大通事王喜奏开前例,应当只派人译送朝鲜、安南和泰宁三卫夷人,其他地方的使臣仍然革免护送一事。明武宗认为很有道理,仍命令严厉禁止译人在途中生事,导夷为害。③ 明嘉靖十四年(1535)九月甲申,明朝派遣通事序班一人,护送朝鲜使臣出境。自后每年如此。④ 明嘉靖四十三年(1564)秋,通事序班陶贵奉命伴送海西夷人至三河,"侵暴特甚",为驿丞杨枌所揭发。⑤ 因此,通事伴送某些使者的职责被废除,由兵部委托人员护送。但由于兵部委派官员不懂夷语,不能有效地制止外国使行人员滋扰民众,"万历四年题准:兵部所派官员不谙晓夷语,导致各夷沿途生事益甚。仍然差遣通事序班押送,但有违反规定者,许所在衙门申呈参革"(《明会典》)。

四是将外国使臣有关情况报告朝廷,亦要将朝廷外交问题处理意见转

---

① 明英宗实录 [M]. 南京:江苏国学图书馆影印本,1940:6668.
② 张廷玉. 明史 [M]. 北京:中华书局,1974:1802.
③ 明武宗实录 [M]. 南京:江苏国学图书馆影印本,1940:1025.
④ 明武宗实录 [M]. 南京:江苏国学图书馆影印本,1940:3825.
⑤ 余继登. 典故纪闻 [M]. 北京:中华书局,2006:321.

达给外国使臣。明天顺八年（1464）三月，占城国遣使请求明廷处理占城与安南之间的冲突。通事将此情况及时向明廷汇报。兵部商议后，令通事省谕占城来使，还语国王，遵守礼法，保固境土，以御外侮，不要轻易构祸。(《明宪宗实录》) 又如成化年间，朝鲜使臣回国，遭强贼张政等人抢劫。锦衣卫指挥朱骥指挥官校将其捕获。都察院都御史王越认为朝鲜世效臣节，现在使臣被盗抢劫其财，不仅有失夷情，而且有亏国体。建议先令通事晓谕来朝使臣，等待会审完毕，依律处决，在朝鲜使臣所经道路上将盗窃者枭首以彰国法，将被劫原财物交与朝鲜使臣收领，以安慰远人之心。(《明宪宗实录》) 明朝根据此建议颁发诏书。

五是刺探夷情。明初，蒙元残余势力威胁到大明王朝的安全，为此，明代初期一些通事曾充当间谍，刺探情报。在北方边境地区，较多选择能说番语、谙晓番情，而且乖觉之人作为通事[①]，贿赂对方，交结对方人士，使敌人分化瓦解，为我所用。每当外地贡使到京之时，则敕谕礼部下令大通事选派谙晓夷语之人，假扮馆夫角色，混入馆夫之中，专门偷听北房言语，察究彼人心事，每天向大通事报告。[②] 明代中后期，为了知己知彼，地方官吏经常安排通事深入夷国了解夷情，以便国内采取相应的策略。云南与缅甸山水相连，在云南的通事曾深入缅甸刺探情报。《明神宗实录》记载，明万历十一年（1583），云南巡抚刘世曾向朝廷奏报派遣通事入缅甸刺探夷情。[③]

明嘉靖年间，明朝对通事制度进行了改革，革去了大通事职位，其下属小通事完全由提督官统属。同时，外夷通事亦隶属于鸿胪寺之下。[④]

2. 中央通事和边上通事

根据通事工作地点的不同，明朝通事分为中央通事和边上通事两种。

---

[①] 余子俊. 余肃敏公文集 [M] //陈子龙，等. 明经世文编. 北京：中华书局，1962：502.
[②] 余子俊. 余肃敏公文集 [M] //陈子龙，等. 明经世文编. 北京：中华书局，1962：524.
[③] 明神宗实录 [M]. 南京：江苏国学图书馆影印本，1940：7.
[④] 徐溥，刘健，李东阳，等. 张居正，朱翊钧，申时行，等重修. 大明会典 [M]. 扬州：江苏广陵古籍刻印社，1989：2909.

中央通事是指在京城如四夷馆、鸿胪寺、会同馆等处任职的通事。在日常事务中，中央通事的活动地点主要是在会同馆、鸿胪寺、四夷馆和光禄寺等地。会同馆接待番夷使客。凡朝贡使臣刚到会同馆，礼部主客司官员立即到那里点视正从，确定其高下房舍铺陈，将一切事务安排妥当。在此期间，由伴送使臣的边上通事专门负责翻译工作。四夷馆通事具体负责翻译来贡番文，而鸿胪寺通事具体负责教导礼仪和引领外国使臣朝觐。

中央通事又称为在京通事，直接代表明朝廷，地位明显高于边上通事。在京通事中的四夷馆通事分为三级，即食粮通事、冠带通事、授官通事。他们都来源于四夷馆中的译字官、译字生和教师。官员奉使外国，朝廷在选择通事时，会把那些熟悉夷情、谙晓番文者作为通事候选人。

边上通事，或称为边疆通事，他们在地方工作，接受地方官吏管制。明朝西北边上通事，隶属于陕西行都司。大多数通事都有军职。明朝武职升授，有现任、带俸之分别。通事之武职者多为带俸。在西北的军职通事，首先服务于边境各个卫所。明永乐四年（1406），明朝设置哈密卫。哈密卫译审来往使臣，需要设有通事。但是哈密卫的主要职责是护送来往使臣，因此通事地位并不高。

边上通事的职责，主要有四项：一是译审来使，即随同边境分管官员负责翻译审核来贡番文和使臣；二是充当使者；三是伴送使臣出关；四是伴送外地使节入京。

当时边疆通事为当地人，"不拘出身来历，立为通事"，属于土通事，但也有一定的职位和编制，"给与明文权加冠带，月支粮米"（《皇明经世文编》）。他们一般不识字，文化程度较低，在执行马市交易的过程中往往需要吏员跟随。

3. 对外贸易通事和歇家牙行通事

在明代，民间华商聘请的通事，主要有两类：一是对外贸易通事；二是歇家牙行通事。

民间多雇佣通事进行对外贸易。明万历三十七年（1609），福建人林清与长乐船户王厚商造钓艚大船,请郑松、王一为把舵,郑七、林成为水手,金土山、黄承灿为银匠,"李明,习海道者也,为之向导;陈华,谙倭语者也,为之通事"①。他们的货船由长乐起航,前往日本贸易。陈华作为通事,负责与日本方面沟通语言。

歇家牙行通事是民间组织的通事。为了冲破明代的海禁政策,民间创造出一种商贸经营模式——歇家牙行。这种经营方式可以把各类商人、基层组织、地方衙门、海防、税关等人员联络起来,形成一个巨大的贸易与关系网络,为成功走私海外贸易提供了条件。海外通商,存在语言障碍,必须通过通事才能进行贸易。此外外商远道而来,必须提供住宿、货物储存等服务。因而那些经营海外贸易者,必须采取集旅店、储存、语言翻译、中介等多种服务于一体的经营方式。通事在歇家牙行中起着举足轻重的作用。②

综上所述,在明代,官方通事的主要职责是口译,行走于鸿胪寺、会同馆等地,正式的国家文书则由四夷馆负责笔译。在民间,华商由于对外交流的需要也聘请了一些通事。

(三)通事的培养与管理

1. 通事的培养

明朝在立国初期设立四夷馆等对外机构后,在明代中期逐渐建立了完备的通事制度。

明朝培养通事的措施有以下三种:

(1)聘请了一批外籍人士担任教习

据王宗载《四夷馆考》卷下记载,缅甸人曾在缅甸馆担任教师。以前,缅甸人当丙、云清、班思杰、康刺改、潘达速,已扯盼6人因为进贡至京,明朝把他们一起留在四夷馆教授缅文。明景泰二年(1451)和天顺

---

① 曹于恩. 略论福清海外贸易及侨民历史 [J]. 福建史志, 2016 (1): 28-32.
② 胡铁球. 明清海外贸易中的"歇家牙行"与海禁政策的调整 [J]. 浙江学刊, 2013 (6): 27-35.

二年（1458），缅甸宣慰差其酋雷古进贡，并要求遣还当丙等人。明朝都没有同意，后来当丙等人都在官任上去世。《明史·暹罗传》记载，明弘治十七年（1504），因为四夷馆译学失传，明朝派人去缅甸取人教习。缅甸宣慰卜剌浪派遣酋陶孟思完、通事李瓒等进贡，并送入孟香、的酒、香中3人，留四夷馆教授缅文，他们都授序班职事。①

明正德十年（1515）暹罗进金叶表朝贡，但四夷馆中无人能够识别其文字，阁臣梁储建议留用其使者一二人。明万历五年（1577）暹罗遣使访明，贡使握闷辣、握文铁、握文贴及通事握文源被明廷挽留，充任暹罗馆教师。明万历六年（1578），四夷馆正式增添暹罗馆。②

八百馆，亦有八百媳妇国人兰者歌担任首席教师。当年兰者歌随八百媳妇国使者来明朝贡，被明政府挽留下来在八百馆长期执教。

（2）选拔国人在四夷馆任教

中国人在四夷馆任教者不少。如在缅甸馆，有安徽歙县方英和云南腾通人刘迪担任教师。1490年他们进入缅甸馆，分别担任光禄寺署正教师和通政司知事教师。在1509年缅甸馆中有中国教师28人。为了鼓励教师家庭以教习为业，明政府对教师给予各种优惠政策，教师子女可以优先担任教师，有"父死子继"的惯例。例如，缅甸馆的序班教师夏凤朝病故后，其子夏继恩于明万历十二年（1584）由明神宗恩准其在缅甸馆"作养继习"。这种人被称为"继业生"，据记载先后有赵继隆等10人成为"继业生"。③ 此举目的是把他们培养成外国语教师，保证外语教师后继有人。

明朝为了使"译学有传"，加强翻译事业，十分重视对四夷馆教师的选拔。明嘉靖九年（1530），大学士李东阳等奏：四夷馆教授必定是番字番语与汉字文义都精通者方能称职。过去，在四夷馆推选或在各边访保，

---

① 王宗载. 四夷馆考[M]. 北京：东方学会，1924：14-15.
② 黎难秋. 中国口译史[M]. 青岛：青岛出版社，2002：56.
③ 邹振环. 丝绸之路：文明对话之路上的《华夷译语》[C]//中国外交关系史学会，新疆社会科学院，暨南大学文学院，西北民族大学历史文化学院，新疆师范大学."丝绸之路与文明的对话"学术讨论会议文集. 乌鲁木齐：新疆人民出版社，2006：391.

务在得到称职者。近来教师多有缺口，应要求四夷馆提督官从公考试成绩优秀者送内阁进行复试，根据缺口委用。仍要求敕令陕西、云南镇守等官访取精晓鞑靼、西番、高昌、西天、百夷言语文字兼通汉字文义之人，照例起送赴礼部，奏请量授官职，与四夷馆教师相兼教习，务必使译学有传，不至于临时误事。该建议得到嘉靖皇帝的肯定，皇帝因此下诏。（俞汝楫《礼部志稿》）

徐阶（1503—1583），字子升，号少湖，一号存斋，明松江府华亭县人。明代名臣，在嘉靖朝后期至隆庆朝初年任内阁首辅。徐阶曾提出强化夷语教学的主张和措施。他说，夷种（外国人种）有东西南北之异，而夷语（外国语）有喉舌齿唇之分，不是可以强解而一下子就精通的，必设立学校聘请教师以教导学生。日积月累，大概可以慢慢学好的。在四夷馆各馆中看人数多少，遴选资深通事精通夷语者一二人，提拔为教师。不管是否有夷人到来，每天黎明时教师必须进馆，督率各馆通事人等，演习讲说夷语，或者探讨其中有未能尽晓的问题。如果遇有某边原来伴送通事，允许各馆教师仔细咨询访问，务求通晓。（徐阶《徐文贞公集》）

（3）注重教材的编纂

《华夷译语》是明朝四夷馆奉明太祖之命编纂而成的汉语与其他多种语言对译的辞书。明太祖朱元璋因为前元一直没有文字，发号施令只是借高昌之书，为蒙古字，以通天下之言。于是在明洪武十五年（1382），他命翰林院侍讲火原洁与编修马沙亦黑等，用汉语翻译其他语言，编纂《华夷译语》一书。"凡天文、地理、人事、物类、服食、器用，靡不具载。复令元秘史参考以切其字，谐其声音，既成，诏刊布。"从此明朝使臣往复朔漠，都能通达其情。[1] 这部《华夷译语》在各国藏本甚多，互有歧义。[2]

《华夷译语》，书中内容丰富，分为天文、地理、时令等18门，依次

---

[1] 焦竑. 玉堂丛语 [M]. 北京：中华书局，1981：129.
[2] 方豪. 中西交通史 [M]. 上海：上海人民出版社，2015：482.

用汉语译写蒙古语的字义和读音。后来，四夷馆和会同馆在教学工作过程中，又将夷语的范围逐渐扩大到女直、高昌、西番、百夷、八百、缅甸、暹罗、安南、占城、满剌加、琉球、日本、朝鲜、西天等语种，人们仍将它称为《华夷译语》。不过，书中已经收录有该语言的原有文字，甚至还收录有对方用其民族文字写给明朝的"来文"。《华夷译语》不仅为当时外语和少数民族语言人才的培养提供了重要的教材，而且也是一部重要的汉语与其他语言对译的工具书，极大地促进了中外文化交流。

《华夷译语》有广义和狭义之分，所谓广义的《华夷译语》是指明清时期四夷馆、四译馆编撰的诸番语言和汉语的对译辞书，对诸番语词汇进行汉译并逐一列出汉字音译；而所谓狭义的《华夷译语》，只是指洪武甲种本《华夷译语》。详见下表。

明清两代总称为《华夷译语》的各种抄本、刻本，数量巨大，流传到国外的抄本数量也很多。《华夷译语》的编撰过程反映了中外文化交流的历史过程。邹振环认为："《华夷译语》的编撰过程反映了网络状态分布的丝绸之路上中外文明对话日益扩大的过程，是中外经济与文化交流史的最好见证。"[1]

《华夷译语》的版本与分类

| 名称 | 别称 | 开始编撰时间、主编 | 刊行时间 | 门类 | 内容 |
|---|---|---|---|---|---|
| 甲种《华夷译语》 | 洪武《华夷译语》 | 洪武十五年（1382）火源洁 | 洪武二十二年（1389） | 分天文、地理、时令、花木、鸟兽、宫室等17门 | 一部汉语拼切蒙文读音，同时译成汉文、分类排列的蒙汉词典 |

---

[1] 邹振环. 丝绸之路：文明对话之路上的《华夷译语》[C] // "丝绸之路与文明的对话"学术讨论会论文集. 乌鲁木齐：新疆人民出版社，2006：391-408.

续表

| 名称 | 别称 | 开始编撰时间、主编 | 刊行时间 | 门类 | 内容 |
|---|---|---|---|---|---|
| 乙种《华夷译语》 | 永乐《华夷译语》 | 明永乐五年（1407）主编不详 | 成书于永乐年间（1403—1424） | 《高昌馆译语》词语分17门类 | 各馆翻译语一般都分成杂字、来文两部分，是一部大型汉外对照的词典 |
| 丙种《华夷译语》 | 会同馆《华夷译语》 | 明万历年间，茅瑞征 | 明万历年间及其后 | 门类不明 | 十三馆译语 |
| 丁种《华夷译语》 | 会同四译馆《华夷译语》 | 乾隆十三年（1748）傅恒、陈大受 | 乾隆时期 | 大多数译语分天文、地理等20门 | 均是杂字，没有来文，共有各种语言42种71册 |

2. 通事的管理

通事负责外国朝贡使臣的接待工作，与贡使直接接触，其个人能力和品德直接关系到朝贡活动能否顺利进行，甚至直接影响对外关系。在明代，一些有识之士就充分认识到通事的重要性。严从简在《殊域周咨录》中云："其于贡夷除引领传译之外，又尝承委审其诈冒，理其贸易，夷情攸系，事匪轻微，须得廉者斯不求索于夷，慎者斯不容纵乎夷，否则交通之不特求索而已，教唆之不特容纵而已，宁不偾公务哉！"①

从通事设立之初，明朝就加强了对通事的管理。其具体措施表现在以下五方面。

（1）设置管理机构

明朝礼部主管通事事务，负责通事的考核、任命等。通事的选补候缺皆由礼部下令鸿胪寺执行，鸿胪寺下设司宾署，"宾客远人之事，十馆通事隶焉"（杨尔绳《鸿胪寺志略》）。会同馆通事亦在鸿胪寺管辖范围之内。

---

① 严从简. 殊域周咨录［M］. 余思黎，校. 北京：中华书局，1993：396-397.

《明史》卷七十四《职官志》云：起初设四夷馆隶翰林院，遴选国子监生习译。宣德元年兼选官民子弟，委官教肄，学士稽考课程。弘治七年开始增设太常寺卿、少卿各一人为提督，后来改隶太常。嘉靖中，裁太常寺卿，只保留少卿一人。①

译字生、通事，均系职名，前者主要从事文字翻译，后者主要从事口头翻译。

（2）考选通事

在明朝初年，明朝对译字生和通事的考选是区别对待的。明朝重视译字生的考选，给予乡试、会试的名额，如果考试合格，可以跻身仕途。而明朝对通事的考选比较简单，只要精通译语，品貌端正即可充任，对文化基础要求不高，但通事要晋升为官，其考核比译字生更为严格。一般来说，从进入四夷馆任职到被授予序班职事，至少需要12年时间。但是国子监生、子弟中被选为译字生的人，其晋升时间相对较短，从进入四夷馆做译字生到被授予序班职事，只需要经历3次考试，历时9年。

明初，"鸿胪寺四夷各国通事额设不过六十人"（俞汝楫《礼部志稿》），到后来，由于对外交往的扩大，通事人数已经超额。明成化年间开始"限通事滥进"。

明成化八年（1472），礼部上奏，提出对策："今滥进者数溢额外，且国子监监生坐班历事听选至十四五年者方得授职，今各项通事自办事至冠带授职通计止是七年。所以启奔竞之风，是后通事有缺，俱从鸿胪寺查勘，如果于例，应补具呈本部，然后行。通事都指挥佥事詹升等从公访保，必须精晓夷语籍贯，明白行止，端方身无役占者，具奏送部审考，相同方奏送鸿胪寺。"戴头巾办事6年，送部进行考试，考试合格，然后支米。办事3年，考核没有任何过失，方送吏部。冠带再办事3年，比照监生，出身年月大致相同，开始安排实授序班职事，否则直接发回原籍为民。"其有事故者，如原额不缺，亦不准补。其丁忧起复到吏部者，亦须

--------
① 张廷玉. 明史［M］. 北京：中华书局，1974：1797-1798.

查有额定实缺选补，无则仍令听候。如此，则事体归一人，无滥进矣。"（俞汝楫《礼部志稿》）明宪宗采纳了该建议。由"办事"7年到要求"办事"12年，明朝加强了对通事的考核。

弘治年间，明政府对通事考核等做了新的规定。明弘治十五年（1502），明礼部议得近例，"鸿胪寺带俸通事者署正典簿等官考满，鸿胪寺考劾，呈送吏部。但通事未授职之前食粮冠俸实授，俱从本部考送。既授职之后考满，不由本部。其历任升任年月公私过名有无，无所于考。凡遇大通事缺员，难于推举，各边差遣难于选择又其间勤惰不别，何以激劝？今后各官考满，请令鸿胪寺考劾，呈送本部。本部考劾，咨送吏部"（俞汝楫《礼部志稿》）。

到明正德年间，明代的通事规模有了进一步的扩大，四夷馆中有译字生通事、平头巾通事、食粮通事、冠带通事、借职通事等，比明太祖时期已经增员数倍。但效益低下，滥竽充数者不少，"而竟不能谙各国之来文"①。

明正德十年（1515）暹罗国王遣使进贡，其金叶表文，"诏译其字，无有识者"②。可见通事的翻译能力已经大大减弱。大学士梁储为此焦虑不安，在给明武宗的奏疏中云："习译夷字，以通朝贡，系是重事。"③ 强调学习翻译夷字的重要性。

嘉靖年间对通事的考核有所加强。明嘉靖元年（1522）明政府补选通事法见于焦竑《国朝献征录》卷七十六及《明世宗肃皇帝实录》卷十、《礼部志稿》等史籍。《礼部志稿》卷九十二记载《补选通事法》，云："嘉靖元年更定选补各国通事之法。除丁忧缘事俱不作缺，其见缺十人以上及一国全缺者，在外行各边镇巡官，每缺精选一人送部，在京不必行通事访，如四夷馆译字生事例。"特别注重资格审查。礼部鸿胪寺选拔真正

---

① 严从简. 殊域周咨录 [M]. 北京：中华书局，2009：283.
② 严从简. 殊域周咨录 [M]. 北京：中华书局，2009：282.
③ 严从简. 殊域周咨录 [M]. 北京：中华书局，2009：283.

籍贯、长相俊秀子弟，取其印信保结粘连送达礼部，复审相同再举行考试。如果出现缺额情况，每个空缺精选一人奏送鸿胪寺，分派各国资深老成通事教授他们功课。如本国无人，允许他们自行选择教师授业，或命令邻国通晓者教授一年，之后同边方访保到部之人通行，"试以译语，上者收补，次者候缺，下者黜退，不得妄称守候年久，奏告滥收。考选之时，勘结人员亦不得妄以过犯冒顶之人窜入取罪。著为令"。初，通事缺人，现任通事访保，横行求索，视利重轻为出入。此时，鸿胪寺乡魏境上疏反映其中弊端。礼部复议，皇帝下诏，依此办理。

对通事考核逐渐严格，礼部对通事授职后进行季考。明嘉靖九年（1530）礼部通事上奏："鸿胪寺通事之设，视译语生熟为职业修否，时加考较，立法固善。但授职之后如弛季考，事体未安"，请求下令通事九年授职并六年者冠带免其季试，专取考对，以查核其职业。其未及六年及候缺顶补者，要对其严格考试。如三次考试成绩居于下等者，奏请皇帝定夺。该建议得到批准。（俞汝楫《礼部志稿》）

明嘉靖二十四年（1545），给事中厉汝进提出要考校译字通事官生，"欲将译字、通事官生会同大臣从公考校，甄别去留"。礼部根据当时实际情况采取相应措施。"照得前项官生在馆人数甚少，若复重加查革，未免一时乏人。况翻译欠通，皆系该馆教师，宜听内阁裁酌去取，精选得人，其各官生俱要严立期限，勤督课业，月有试，季有考。译业精晓者，方准留用。不通者，黜。"（俞汝楫《礼部志稿》）

随着四夷馆招生生源渠道的畅通，生源逐渐充足，对通事的要求也逐渐提高，通事和译字生的区部不再明显，他们晋升的时间也都相同。《礼部志稿》记载："其通事序班人员收取太滥，宜加严精选，分别去留，俱照译字生事例。"要求每日进馆习熟夷语，以后通事食粮、冠带、授职等项都以三、六、九年为期，命所有在馆官员人等全部参加考试，如有语言不通者就黜为民。得旨："译学不精，本于选收多弊，教法不严，在馆通事人员即会同吏部行考试，已行罚治，罢黜有差。"（俞汝楫《礼部志

稿》）

对通事的考试方法，侧重语言翻译，考勤制度比较严格。点卯、抽试、季考、通考，均有严格的具体要求。《明经世文编》卷九十二《考校译字官生》中云，合无行令提督主事，设置立卯簿一扇，每五天命令四夷馆各馆官生一齐到场画卯，如有官生擅自不到者，将其明确书写各人姓名之下。每月初一和十五，教师引领官生，将所学译书抽出考试数字，夷语演说一遍。如果遇到有夷人到馆，则卯日酉出时刻不允许擅自离开，不在五日之例。提督官在季末将点卯簿封呈礼部，以待三年后通考作为其廉污的依据。礼部季考及三年通考之时，必须使夷字与语音结合起来进行考试，考校其补缺。（《明经世文编》）

在明朝嘉靖之前注重对大通事的考核，选补大通事。《明世宗实录》卷九，以及《礼部志稿》卷九十二载《考选大通事》均有类似记载，《明世宗实录》云：明正德十六年（1521）十二月丁亥，礼部尚书毛澄等人奏请考选精通夷语熟谙夷情者二人为大通事，隶归礼部并兵部管理，主张译审夷人之事由提督主事并本等通事负责，访保通事由镇巡官并鸿胪寺管理。掌印官遇到奉旨宣谕夷人之时，礼部各差属官和掌印官一起去宣谕。事毕后立即回国，以防受贿泄露机密。嘉靖皇帝下旨：大通事一律停止增补，其他的可以执行。于是礼部复议。"其职事，令鸿胪寺官同本等通事掌管。"（《明世宗实录》）

(3) 强调通事翻译原则

明朝初年对通事做了严格要求，要求原原本本进行传译。"案呈到部，照得通事之设本为传译四夷言语以通其情，有一句传译一句，有十句传译十句，不妄为加增，不曲为减少，庶尽本等责任。"[①]

(4) 建立和完善通事制度

明朝通事伴送外国使臣制度由来已久。由于通事渎职，一些官员主张废除通事伴送制度。明弘治十一年（1498）十一月壬子，五府六部等衙门

---

① 陈子龙，徐孚远，宋徵璧，等. 明经世文编 [M]. 北京：中华书局，1962：499.

英国公张懋等应诏言三十四事，其一就是"禁通事"，主张：除辽东近处仍派遣通事伴送，其他如安南、琉球等国，各有原来通事，只照日本国事例，委派行人一员伴送，不必再派遣通事，其通事原习某国夷语，不允许更改他国。（《明孝宗实录》）明廷考虑废除安南、琉球等国进贡时所用的通事一职。

明弘治十五年（1502），明礼部议后向皇帝奏告："近例，南方海外诸国朝贡回者不必差官伴送。若原来通事别有事故，夷人陈乞不已者，本部酌量事势轻重，临期奏请差行人一员伴送。"（俞汝楫《礼部志稿》）

在明嘉靖三十八年（1559），由于驿递殴伤外国朝贡使臣，开始议决派遣通事序班伴送。但通事序班在伴送外国使臣过程中常做出不法事件，"往往导诱诸夷，百般需索，因而乾没，恣为奸利"。明嘉靖四十三年（1564）秋，通事序班陶贵伴送海西夷人到三河，"侵暴特甚，为驿丞杨枌所奏"。嘉靖年间因此采取了新的措施，即以兵部听差指挥千百户代替伴送通事序班。明世宗下诏：此后三卫海西诸夷来华朝贡，蓟辽督抚选派官员押送，革除伴送通事序班，以兵部指挥千百户一人来代替。[①]

明朝制定通事出差期限和轮换制度。边上通事的人员构成比较复杂，既有朝廷派出的中央通事，也有边地精通汉语的少数民族人士。朝廷派出的通事主要负责边疆宣旨，接待贡使，其派往地点主要有西北喜峰口、四川、辽东地区以及闽粤等边关地区，负责语言翻译。为了有效防止他们与贡使或夷人勾结，明朝制定了通事的出差期限和轮换制度。明成化十七年（1481）明朝明文规定通事"三年一换"，但到后来发生通事刘海、姚安在马市贸易中侵吞马银一事，引发"诸夷怀怨寇广宁，不复来市"[②]，边境地区一度告急，明政府规定"其通事一年满日，另行更替"[③]。

明朝对提督官和通事实施问责制度。通事违错不论大小均要参问提

---

[①] 余继登. 典故纪闻 [M]. 北京：中华书局，2006：321.
[②] 徐学聚. 国朝典汇 [M]. 济南：齐鲁书社，1996：358.
[③] 陈子龙，徐孚远，宋徵璧，等. 明经世文编 [M]. 北京：中华书局，1962：988.

督，贡使到馆，凡有错失，不分轻重，要参问提督主事及通事伴送人等。明弘治十四年（1501）提督会同馆礼部主事刘纲提出异议，礼部做出调整：贡使到馆，如有杀人重事，仍参问提督官，其他事情只是参问通事伴送人等。（俞汝楫《礼部志稿》）

(5) 整顿通事队伍乱象

虽然明朝通事地位不高，却是明朝礼部内一项肥差，他们能够从中获得各种利益，因此颇有吸引力，有些京城百姓便通过各种手段进入通事行列，滥竽充数，这是造成通事员额膨胀、品德下滑的一个主要原因。

明代后期通事队伍出现混乱局面，一方面，翻译人才奇缺，称职者很少；另一方面，通事数量庞大，质量下降。到万历年间，翻译人才更加奇缺，出现了种种怪象。王世贞所撰《四部稿》卷二百三十二有"外国书旅鏊卷跋"，说，四夷馆，在嘉靖前购诸夷书甚多，学者畏惧其繁，常常盗出毁其籍，现在只有鞑靼学不废，"字多横写而直读"。其他夷书，母籍多失，有的只剩下一二页，大略可识别数十字而已。遇到夷人来，则贿赂通事；人问其意，另外编造语言进行翻译，"其实非本字也"。报书亦假造夷字，以欺我们，不怕外人耻笑。（王世贞《四部稿》）

明正德三年（1508）十月，明廷开始整顿通事队伍乱象，对"通事妄奏"进行了斥责。锦衣卫指挥佥事大通事王喜等人依靠明武宗的宠信，利用"供事豹房"的机会，上奏章，提议：会同馆大使等官不能钤束夫牌人等，请求一起由各国通事序班等官约束。王喜奏请提升通事序班的权力，"欲夺诸司事权"。兵部尚书曹元等人坚决反对。经过兵部议定，明朝明确规定通事的职责，"盖通事之职止于传译夷语，不可以侵礼部之官"（俞汝楫《礼部志稿》）。

明朝对通事在朝贡过程中的腐败、考勤等有明确的处罚规定。

在伴送过程中，通事和贡使勾结，泄露军情等违法行为将受到严厉惩罚。《大明律》禁止在京外军民人等与外国朝贡使团人员私通往来，如发现有透漏事情者，发边卫充军。"军职有犯调边卫带俸差操，通事并伴送人系军职者，从军职之例，系文职者，革职为民。"①

成化、弘治、嘉靖、万历年间，明朝对通事渎职、受贿等违法行为有明确的处罚规定。

凡通事违犯法律，明成化十九年（1483）题准：如果通事有犯赃私者，照吏典例处理。

明弘治九年（1496）奏准：各国戴头巾通事，不允许遇例上纳粮草及经商买卖、旷废职业。如果有通事违反者，将参问并革去职位。

明嘉靖十七年（1538）奏准：在四夷馆通事序班，办事勤谨、夷语精熟者，鸿胪寺具奏，根据具体情况可以适当增加俸秩。如通事序班有行为恣肆、旷废职业、唆诱夷人为非作歹、受贿作弊、抗违该司提督官者，全部由礼部指名参究。

明嘉靖二十九年（1550）题准：通事在分拨四夷馆各馆之后，不允许他们寻求各种关系改派到别馆。如果有通事违反者，礼部参究。

明嘉靖三十年（1551）题准：通事今后有患病至一年，给假超过期限至六个月，托病不考达到三次以及不到场画卯达到三个月者，官员由礼部参革冠带，通事及以下人员，由礼部直接查革。

明万历四年（1576）题准：兵部差官不谙晓夷语，导致各夷沿途生事益甚，仍派遣通事序班押送。但有不自检饬、不能钤束夷人者，允许所在官司申呈参革。

明万历七年（1579）议准：四夷馆各馆通伴员役指称引领交易，替代使用名色，科敛朝贡使臣财物者，礼部悉心进行调查，责令提督主事不时呈报，轻者可以直接进行处治，重则具奏朝廷进行论罪。（俞汝楫《礼部志稿》）

这些措施，取到了一定的成效，通事渎职、受贿现象有了明显的好转。

---

① 高攀. 大明律集解附例［M］. 台北：台湾学生书局，1986：502.

## 二、清代通事制度

### （一）四译馆、会同馆、会同四译馆

#### 1. 四译馆

清朝入主中原后，由于对外关系的需要而设置外事机构。清顺治元年（1644）改明四夷馆为四译馆，负责翻译远方朝贡文字，内设十馆，统隶于翰林院，全称为"翰林院四译馆"。四译馆设立官员太常寺少卿一员，提督翰林院四译馆，属官共56人。清顺治十五年（1658），裁撤鞑靼、女真二馆，保留其他各馆。在八馆中各设立正教序班一员，协教序班一员。他们食九品俸禄，任务是教习译字生。清顺治十八年（1661），翰林院裁并内三院，定馆名为"四译馆"，去掉"翰林院"三字。康熙年间四译馆出现繁荣局面，清康熙九年（1670）复设翰林院后，四译馆仍隶属于翰林院。在清乾隆十三年（1748）以前，翰林院四译馆的名称、职官、职掌等，均未见改变。

#### 2. 会同馆

会同馆设于顺治初，隶属于礼部的主客清吏司。根据雍正朝《大清会典》的记载，主客清吏司负责朝贡"接待给赐之事"，"择其译伴，申其禁令，并提督会同馆"。会同馆的主管官员，在顺治初选派满汉主事各一人提督该馆事务，后来有所改变，清顺治十二年（1655）增设员外郎品级通事一人，掌管会同馆印信。清顺治十四年（1657），清朝设立会同馆大使一人，序班二十人。清顺治十五年（1658），清朝"改定正教序班八人，协教序班八人"（《雍正朝大清会典》）。清康熙十三年（1674），会同馆例委司官一人，监督其事。总之，清会同馆由礼部派员进行管理，而会同馆的具体事务则由馆大使及其下属承办。

会同馆的职掌，以琉球国为例，主要有十个方面的事宜：琉球贡使来京，会同馆根据福建督抚的报文，需要查核使团正从人数，由提督官"具呈报部"；移送精膳司，札光禄寺支送饭食等物；咨工部安排铺垫家伙等

项；查照使团牲畜数目，咨户部发给草料；咨兵部拨送官兵到馆；通知馆内通事、序班、官生等到馆接待；贡使等入住会同馆后，会同馆大使将其进馆情况最后核准呈报礼部；由提督官在琉球国使团到馆次日将表文奏章送至礼部，"呈堂公同拆阅"；进表的礼节和仪式，由礼部仪制清吏司向皇帝具体报告；贡使觐见皇帝、接受赏赐等活动，由提督官负责引导；接待琉球使团开支，"事竣造册送主客司咨户部核销"①。

从上面可以看出，会同馆接待外国使团，需要工部、户部、兵部支持和配合，也需要礼部精膳司、光禄寺、仪制清吏司等部门密切配合。通事在接待外国朝贡使团的过程中起到了重要作用。

3. 会同四译馆

清乾隆十三年（1748），四译馆归并到礼部会同馆，全称"会同四译馆"，隶属礼部，下设序班（掌教译字生）、大使、通事等官，总司来宾在京的食宿招待及传习语言文字翻译事宜。《清高宗实录》乾隆十三年五月戊申条云："馆舍旧有三处，一在御河桥，一在安定门大街，一在正阳门外横街，原系豫备贡使，并非衙门。今设会同四译馆衙门，即以四译馆充设，毋庸更建。从之。"（《清高宗实录》）

会同、四译两馆的撤并，说明了乾隆皇帝在处理政务中能及时发现时弊，根据当时的实际情况，大刀阔斧地精简机构、裁撤冗官。

外国贡使一行在京馆舍的管理机构分别为礼部会同馆、礼部会同四译馆管理，从清乾隆五十五年（1790）起，馆舍仍由会同四译馆管理，但除了朝鲜国贡使仍由礼部进行管理外，其他国家的贡使则改由内务府主管照料，礼部协助管理。② 这反映了中朝两国的特殊关系，非其他国家可比。

北京馆舍先后设有：会同南馆（亦称为玉河桥会同馆）、干鱼胡同会同馆、安定门大街会同馆、石大人胡同会同馆；正阳门外横街会同馆、安定门外会同馆、宣武门内瞻云坊会同馆、宣武门内京畿道胡同会同馆、宣

---

① 戈斌. 清代琉球贡使居京馆舍研究 [J]. 历史档案，1994（3）：84-92.
② 戈斌. 清代琉球贡使居京馆舍研究 [J]. 历史档案，1994（3）：84-92.

武门外南横街会同馆、正阳门内东城根四译馆。这些馆舍并非同时设立，也非同时使用。在清朝，乾隆时期是馆舍设立最多的阶段。①

（二）清代通事的分类及其职责

清朝统治者在入关前就十分重视通事的作用，把通事作为外交的主要媒介，与朝鲜等国进行交往。此时的通事，主要是在战争期间刺探对方情报。入主中原前，清朝政府由于满汉语言不通，在六部汉尚书中配备通事。清军在入关初期，沿用明制，顺治年间设会同馆、四译馆。此外，还分别在各部院衙门、各省、盛京、吉林、口外，以及驻少数民族地区衙门设置通事，以满足清朝统治的需要。

在清代对外活动中，通事发挥了巨大的作用。通事种类繁多，下面我们根据通事的身份、工作地点等来进行归类分析。

1. 官方通事与民间通事

根据通事身份的不同，我们大体上可以把通事分为两大类，即"官方通事"和"民间通事"。

官方通事，是指那些为清政府所雇佣，具有官方身份的通事。不论是在通商口岸与外商贸易，还是在京接待外国朝贡使团，清政府都离不开官方通事。

在沿海地区从事对外贸易的官方通事，必须随政府官员到地方办公，待遇较好。清乾隆五十七年（1792）正月，香山县丞致澳门理事官谕文中就谈到了通事的办公条件："今本县因见该馆日久坏烂，是以葺，从傍并建厢房一间，以为通事临澳稍驻办公之便。"②

粤海关原来设立在澳门，在清乾隆十九年（1754）清朝皇帝奏准移至广州，但是一直到嘉庆年间，澳门仍然成为洋商、买办、通事等聚集的主要场所，许多在广州不能翻译的公文、信札，一般都在澳门进行传译。

粤海关移至广州后，广州迅速成为西方国家葡萄牙人、英国人、法国

---

① 戈斌. 清代琉球贡使居京馆舍研究 [J]. 历史档案，1994（3）：84-92.
② 中国社科院近代史所. 中葡关系史资料集 [M]. 成都：四川人民出版社，1999：565.

人等洋商会集的地方，他们按照国别各立一行，谓之"十三行"。这"十三行"颇有点像领事馆的性质，各行分别代表各自国家的利益与中国进行贸易往来。随着中外关系的发展，中外交涉事务的逐渐增多，不同级别、类型的通事便也相继出现了。他们中有的通事只是一般仆人，正如亨特在《广州番鬼录》中所说的"传话的中国仆人"；有的通事是受河泊使专门指派，主要负责监督的传译员，这些人缺乏正规的英语知识；还有一些通事是公行必备的人，他们有一个班子和助手。①

官方派遣的在公行中任职的通事必须要由外国商人来"保充"（保举推荐）。清道光十五年（1835）两广总督卢坤等在颁发的"酌议防范贸易夷人章程"中就明确规定通事由"洋商保充"："嗣后每夷馆一间，无论居住夷人多寡，只准用看门人二名，挑水夫四名。夷商夷人，雇看货夫一名，不许额外多用。其人夫责成馆买办代理，买办责成通事保充，通事责成洋商保充，层递钳制。"② 通事这一职位在洋商之下，买办之上，比看门人、挑水夫、看货人要高得多。

通商口岸官方通事职责：在澳门时期他们代替夷人立具禀词。而在广州时期他们查核来往两地的夷人名目，监管其在澳门的活动及其携带品。

在公行中任职的通事，没有很强的语言能力，最多只会几句"广东英语"。他们受河泊使的指派，负责联系外国的领事、副领事等官员与河泊使来往等事宜。具体而言，他们要服从官吏的调遣，检验入口货物，替中国官员填写税表，向海关监督衙门呈报以便登记、后期征税等。

民间通事，亦称民人通事，有别于官方通事。其来源有多种：一是混血华人，二是游历外国的华人，三是商人子弟，四是英法等西方国家在中国开办教会学堂培养的外语人才。

混血华人充当通事有其得天独厚的条件。荷兰人占据台湾，云霄人何

---

① 司佳. 从"通事"到"翻译官"：论近代中外语言接触史上的主、被动角色的转移 [J]. 复旦学报（社会科学版），2002（3）：44-50.

② 司佳. 从"通事"到"翻译官"：论近代中外语言接触史上的主、被动角色的转移 [J]. 复旦学报（社会科学版），2002（3）：44-50.

廷斌（何斌）担任过荷兰东印度公司的通事，不仅负责通译，而且负责征收出口货物税。早在荷兰人占据台湾之前，曾在澎湖修筑城堡。郑芝龙曾在澎湖担任过荷兰人的通事，后接受朝廷招安，成为东南沿海的靖海将军。①

在外国游历的华人有学好外语的优势条件，他们在游历过程中逐渐学会了外语，回国后担任通事。嘉应（今广东梅州）人谢清高，乾隆三十年（1765）出生，18岁随商人出海，途中遇到海难，所幸为洋人所救，随游历外国，于嘉庆二年（1797）回国，后流寓澳门，担任通译。谢清高在澳门与葡萄牙人接触很久，葡萄牙商人赖债，谢清高向香山县起诉，香山县左堂吴做了批复，其批文现在仍然在葡萄牙首都里斯本的"东坡塔"档案馆。②

沿海地区商人子弟成为通事者为数不少。李鸿章曾经认为"广州宁波商伙子弟，佻达游闲"③，别无其他出路，往往以学习通事为逋逃薮。

外国传教士为了传播天主教，在中国开办教会学校，吸收了不少贫困人家子女。这些教会学校的学生毕业后，有不少人担任通事。李鸿章说："英法等国设立义学，招本地贫苦童樨，与以衣食而教肄之"，而这些市儿村竖，来历难知，在洋人的教唆下，"无不染洋泾习气，亦无不传习彼教"。④

清朝沿袭明制进行海关管理，其海关管理模式在明清时期的文学作品中也有反映。代商人发货的中间人，也就是歇家、牙商、通事名为三实为一，这些人皆是集这三者于一身的经营体，比如，福建省市舶司的通事就是兼营牙行、旅店、贸易。这些人被外国商人称为"评价者"，有的通番

---

① 盛仁杰. 华人视域下"黄金时代"的荷兰人 [J]. 南京政治学院学报，2016（3）：100-104.
② 黎难秋. 中国口译史 [M]. 青岛：青岛出版社，2002：142.
③ 周毅. 论近代中外交往中的上海通事群体 [J]. 四川大学学报（哲学社会科学版），2007（2）：46-51.
④ 李鸿章. 李文忠公全集 [M]. 北京：商务印书馆，1921：11.

语，有的身边带有通事，具有半官方的性质。

在华的外国人一般会聘用外籍人士担任通事。托马斯·斯当东是英国参赞斯当东的儿子，乾隆五十八年（1793）随英国马嘎尔使团来华。托马斯当时仅有十二三岁，于1800年到达广州，后留在澳门20年，通晓汉语，在若干年后担任英国东印度公司的翻译，在中英贸易中发挥了重要作用。[①]

在华外国人也聘任华人担任通事。这主要有两种情况：一是在澳门的传教士，往往因为工作需要也聘请了一些华人充当通事，专门负责翻译和充当中文教师，这些人大多数是在澳门与葡萄牙人有交往的中国基督教徒；二是外国商人聘请华人担任通事，如道光年间的广州民人吴辉，因为通晓夷语，为法国商人聘请为通事。[②]《中国近代对外贸易史资料（1840—1895）》表明，外国商人雇佣的中国通事要履行一些手续，必须征得清政府的同意，领取清政府颁发的许可证，才能受雇。

有一种常年在码头或路边为初到租界的外国水手、商人充当导游的通事，多被称为"露天通事"。葛元煦在《沪游杂记》卷二有关于"露天通事"的解释："洋船水手登岸，人地生疏，有曾习西语无业之人，沿江守候，跟随指引，遇有买卖，则代论价值。于中取利，因衣多露肘，无室无家，故以'露天通事'名之。若辈自为一业，有三十六人之例，故多一人必致争殴。"（葛元煦《沪游杂记》）

2. 澳门通事、广州通事

通事在清代中外贸易或交涉事务中扮演中间人的角色，其名称与16世纪末欧洲人来华贸易的地点、路线有密切的关系。鸦片战争前通商口岸的通事，根据其活动地点的不同，我们将其分为澳门通事、广州通事。

澳门通事（岭南通事）最早出现，他们在16—18世纪在澳门一带与葡萄牙人接触交往；其次是广州通事，18—19世纪初在广州与西方国家进

---

[①] 马士. 东印度公司对华贸易编年史 [M]. 广州：广东人民出版社，2016：640.
[②] 中国第一历史档案馆，等. 明清时期澳门问题档案文献汇编 [M]. 北京：人民出版社，2000：485.

行交往。上海通事，于19世纪中叶在上海与西方国家往来，本书不做论述。

16—19世纪的300年间，澳门在全球贸易体系中发挥着重要的作用。作为一块特殊的"飞地"，"华洋杂处，中葡融汇"构成了澳门的特色。这种独特的人文地理环境，为世界各国的商人提供了生存空间和发展机会。船民、通事、工匠、仆人等社会下层人士，依靠中外贸易谋生，传播西方文明，对澳门乃至中国历史的发展起着潜移默化的作用。

澳门位于广东香山县（今中山市）南120里，明清两代属广州府香山县管辖，称之为"香山岙"①。1553年，葡萄牙人获得了在澳门的居住权，澳门逐渐成为中葡交往中语言媒介的中心。由于贸易的需要，在澳门居民中有一些人充当了中葡贸易中的通事。据当时人称，澳门的通事多是福建漳、泉，浙江宁、绍及广东东莞、新会人，椎髻环耳，效番人穿衣服、讲话。②

澳门孤悬海外，为显示"怀柔远人"的胸怀，明朝允许外夷与中国商人在此进行买卖。自明朝起澳门即划归香山县管辖，设立守澳官负责维持治安，对葡人进行监督管理，但不干涉其内部事务。乾隆九年（1744）清朝在澳门前山寨设立作为广州知府副手的澳门海防军民同知，次年与香山县丞同时主管澳门事务。但葡萄牙人把澳门视为独立王国，修筑城墙，设置炮台，并且在1843年实行所谓"市政改革"，将华人视为子民进行管理。

澳门通事或称岭南通事。澳门通事与葡萄牙人东来广东沿海有密切的关系。马士（H. B. Morse）在《东印度公司对华贸易编年史》中多处收录了有关17、18世纪时中葡贸易的材料。中葡贸易离不开通事的中介。这些澳门通事大多是当地百姓，少数是长期生活在南洋一带的水员。马士说："1637年，第一次来的英国人，除了通过一位只懂中葡语言的通事，

---

① 闽粤沿海人民称山间平地为岙。
② 郭小东. 打开"自由"通商之路[M]. 广州：广东人民出版社，1999：230.

就无法与中国人打交道。"①

澳门设立的"标兵通事",属于官方通事。厦门、福州也设有官方通事。清代中叶是澳门华人群体发展的重要时期,也是中国政府对澳门华人管理较为完备的时期。澳门地区华人的商业活动,直接受到中国地方官员的监督。澳门华人的职业,亦要受到地方保甲制度的管辖,其中对通事、买办、船工等特殊职业的监管特别严格。

据菩卡罗(Antonio Bocarro)在1635年的记载:澳门通事被称为"路巴沙",大多来自当地中国基督教徒的家庭,这些人往往与葡萄牙人通婚。路巴沙(Jurubassas)源于马来—爪哇语 Jurubassa,原义是精通语言的人,路巴沙即汉语音译。②

葡萄牙人在澳门设立圣保禄学院,培养传教士和通事。江苏常熟人吴渔山(1632—1718),又名吴历,画家,诗人。他从小入天主教,任司铎,和西方人接触较多,1680—1683年在此学院进修。他曾写诗生动地描绘了中国学生在学院学习的情景。其《澳中杂咏》云:"灯前乡语各东西,未解还叫笔可通。我写蝇头君写爪,横看竖看更难穷。"在诗人的笔下,东西方人之间的交流显得非常滑稽有趣。在当时的条件下人们就只能通过这种对话加笔谈的方式进行文化交流。③

通事的日常工作就是给葡萄牙人和中国人进行翻译、传话。门多萨在《中华大帝国史》中记录了一则有关葡萄牙人的大首领通过"翻译"的故意误译迫害西班牙传教士的事。当时,大多数通事的社会地位是比较低的,上层知识分子藐视通事,尤其对那些没有通过"资格确认"的民间通事特别轻视,认为他们虽然懂得一些外语,但他们很有可能私通外夷,滋生祸患。④

---

① 马士. 东印度公司编年史 [M]. 广州:中山大学出版社,1992:65.
② 霍尔. 东南亚史 [M]. 中山大学东南亚历史研究所,译. 北京:商务印书馆,1982:362.
③ 万静. 论中国古代海上丝绸之路诗歌 [J]. 文学教育,2016(2):17-19.
④ 中国社科院近代史所. 中葡关系史资料集 [M]. 成都:四川人民出版社,1999:576.

清初，澳门通事成为洋商与粤人互市的中介。

广州是清代最重要的通商口岸，自然需要通事为中外贸易服务，因此官府在广州设置有"通事馆"。如广州城里的总通事蔡懋就是官方通事。

亨特在《广州番鬼录》一书中谈到了广州通事：

除了行商以外，在其他中国人当中，和外国侨民联系最密切的就是"通事"。他们之所以被称为通事，是因为他们只通中文，并不懂外文。他们被粤海关监督指派为通事，并持有执照。①

亨特在该书中谈到了通事有"老汤姆""小汤姆"和阿兰仔。这些人是外国人许多雇员中的首领，协助外国人处理日常事务，如接待城中出来的官吏、检验出入口的货物、替税吏们填写税表等。② 老汤姆或译作老谭，即总通事蔡懋，开办宽和通事馆。

广州"十三行"既是民间贸易场所，也是官府特许经营对外贸易的商行的总称。"十三行"之名有明确时间记载的是清康熙十三年（1674）。经过多年的发展，商行数量不断增加，到清乾隆初年洋行达到20家。

通事为中外两方商人的传译者。17世纪时广州最通行的是葡萄牙语。西方国家聘请了大量的中国人来担任通事，委以重任。法国商人虽有他们自己的教士通汉语，但也雇佣通事。荷兰人有自己训练好的通事，在噶喇吧的中国人能通荷兰语，他们随船带中国通事来当翻译。英国在当时的广州尚无势力，他们在交易上严重依赖通事。英国东印度公司于清康熙五十四年（1715）在广州成立商馆。（《中外帝国对外关系史》）通事一方面懂中国语，另一方面懂外语（如葡萄牙语、西班牙语、英语、法语等）。充当通事的人在初期有中国人，亦有外国人，或者是中葡混血。这些人社

---

① 亨特. 广州番鬼录·旧中国杂记 [M]. 广州：广东人民出版社，2009：58.
② 亨特. 广州番鬼录·旧中国杂记 [M]. 广州：广东人民出版社，2009：58.

会地位都很低，中国官方视他们为"奸棍"。①

广州通事的职责有：一是跟随官吏检验上下船货物，向关署报告税单；二是外国商人到澳门必须由通事代向官方领取执照；三是转译朝廷谕旨于外人；四是代外国商人查看货物，雇佣船只；五是跟随外国商人外出，如散步或购物等。

3. 朝鲜籍通事、欧洲籍通事

在清代有为数不少的外国人在清廷中担任通事。清代聘请的外国人通事，根据其祖籍的不同，主要有朝鲜籍通事、欧洲籍通事。

古尔马浑，满语名 Gulmahun，音译有"孤儿马红""古儿马（洪）""顾尔马浑"等，原名郑命寿，亦称之为郑命守，乃朝鲜人，朝鲜《仁祖实录》对他由朝鲜人变身为清人的历史过程有相关的记载："（郑）命寿，平安道殷山贱隶也，少为奴贼所掳，性本狡黠，阴输本国事情，汗信爱之。"可见郑命寿是被掳掠到满洲的。此处的"汗"指努尔哈赤皇太极。

朝鲜《显宗实录》亦记载："（郑）命寿，西关人，而被掳于清国，以通官用事。困暴我国，罔有纪极。"② 郑命寿在满洲很快学会满语，改称汉名，得到后金及清朝皇帝的信任，委以重任。他曾担任皇太极时文馆、内院的副理事官和通事，后成为一个颇有影响力的后金（清）与朝鲜交涉的通事、通使。清崇德元年（1636），清军攻入朝鲜，朝鲜被迫俯首称臣。在签订和约的过程中，郑命寿的作用开始凸显出来。清崇德八年（1643）五月十四日，朝鲜提到与清廷谈判之事，指出"郑译周旋之力居多"（《沈馆录》）。在朝鲜仁祖后期，郑命寿多次奉命出使朝鲜，插手朝鲜内政，干预朝鲜大臣事务的任命，大肆牟取私利，在朝鲜关西地区组建关系网，并在朝鲜上层组建关系网，翻云覆雨，俨然成为朝鲜的太上皇，

---

① 张德昌. 清代鸦片战争前之中西沿海通商 [J]. 清华大学学报（自然科学版），1935（1）：97-145.

② 吴晗. 朝鲜李朝实录中的中国史料 [M]. 北京：中华书局，1980：3955.

为朝鲜君臣所深恶痛绝。到孝宗朝时郑命寿最终被清朝废弃，结束其通事生涯。①

《满洲八旗氏族通谱》中较为集中地提到了许多曾担任通事的朝鲜人，大都为隶属于八旗的包衣人，尤以正黄旗为多。如洪邓南、舒吉理、崔礼弼、车氏调亥，正红旗的德纯，以及镶白旗的文瑞，镶红旗的明色尼，镶蓝旗的金德裴、山龙伊、赫基等。② 他们因为擅长朝、满两种语言，不仅父子承袭，而且世代相传，四代以上均为通事，地位相当特殊。

清朝聘请精通汉语的欧洲人担任通事，多为西方传教士。如清顺治十三年（1656），荷兰使臣抵京，顺治皇帝任命德国耶稣会士汤若望（当时担任钦天监监正）为译员，接待荷兰使臣。清康熙九年（1670）葡萄牙使团进京，康熙帝任命比利时耶稣会士南怀仁担任译员与葡萄牙使团进行交流。清康熙二十八年（1689）中俄尼布楚谈判，康熙帝派遣通晓俄罗斯语言的传教士张诚、徐日升充当翻译人员。清康熙五十八年（1719）沙皇遣使进京，康熙帝任命德国耶稣会士戴进贤担任通事。清乾隆十八年（1753），葡萄牙使团入京，为了与葡萄牙使团进行交流，清朝委任奥地利耶稣会士刘松龄为通译。乾隆末年至嘉庆年间，法国人南弥德长期居住在北京，"在内阁充当翻译差使"③。

这些欧洲传教士往往是临时受命，在清朝与西方各国交往时，充当语言翻译者。

（三）清朝通事的培养与管理

1. 通事的培养

清朝利用四译馆、会同四译馆培养外语人才。清顺治元年（1644），清廷继续开办四夷馆。清顺治二年（1645），在馆译字生60余人。清朝礼

---

① 杨海英. 朝鲜通事古尔马浑（郑命寿）考［J］. 民族史研究，2002（2）：51-281.
② 弘昼，鄂尔泰，福敏，等. 八旗满洲氏族通谱［M］. 北京：武英殿刻印，1735：290-300.
③ 王之春. 清朝柔远记［M］. 北京：中华书局，1989：163.

部曾一度发给"四夷馆"印信，后来由于改变馆名而被更换为"四译馆"印信。因为女真（满族）地位发生变化，已经成为统治阶级，蒙古族的地位也高于汉族，故裁撤了女真馆和蒙古馆。10馆变成了8馆。清乾隆十三年（1748），四译馆，更名为会同四译馆，改为二馆，即西域和百夷。①四译馆、会同四译馆先后培养了大批通事。清光绪二十九年（1903）会同四译馆被裁撤。这两馆培养的外语人才保证了中外交往的顺利进行。如乾隆年间，四译馆通官乌林布四格和其他官员一起护送安南国使臣到避暑山庄觐见乾隆皇帝，后来乌林布四格等人又护送他们进京，启程回国。

清朝在国子监太学培养琉球通事。明太祖朱元璋应琉球王之请求，在国子监太学为琉球国培养通晓汉语的通事。到清代，琉球提出培养人才的要求。在清康熙二十三年（1684）翰林院检讨汪楫等奉使赴琉球册封中山王。琉球国王尚质提出"今愿令陪臣子弟四人，赴京受业"，得到清王朝许可。清康熙二十五年（1686），闽人后裔梁成楫、蔡文溥、阮维新随同琉球贡使进京求学，学成后于1692年回国。直到清同治六年（1867），琉球官生仍然来华留学。这些琉球官生在回国后一般都担任琉球各类长史，成为中琉交往中译官的重要来源。②

清康熙帝有感于俄语人才的缺乏，创设了俄罗斯文馆，以培养俄文翻译人才。清康熙四十七年（1708）三月，培养俄语翻译人才的学校"俄罗斯文馆"正式开办，共有学生68人。

雍正年间创立拉丁文学校——西洋馆，"读拉丁文者为满洲之青年"③。清乾隆十三年（1748），原四译馆和会同馆合并为会同四译馆，西洋馆似已并入。

清代还从民间遴选外语人才。如四川人袁德辉，早年到过马来西亚，熟悉拉丁语和英语。他回国后由外国商人郑重推荐给两广总督李鸿宾，之

---

① 赵尔巽. 清史稿［M］. 北京：中华书局，1974：3284.
② 廖大珂. 清代海外贸易通事初探［J］. 海洋史研究，2015（7）：258-291.
③ 方豪. 中西交通史［M］. 长沙：岳麓书社，1987：961.

后通过翻译测试，袁德辉被送往北京充当理藩院通事。①

## 2. 通事的管理

清朝对通事（通官）的选拔，优先考虑旗人。如对朝鲜通官的选拔。清乾隆二十四年（1759）确定朝鲜通官的职能、人数。这年四月戊辰，大学士等议奏："朝鲜通官，康熙十三年定额；上三旗，六品三员，七品二员，八品一员。下五旗六品三员，七品三员，八品一员。上三旗由内务府带领引见，下五旗论俸推升。凡遇朝鲜进贡及颁诏封王等事，或派四五员；若赦审事件及会宁、庆原地方交易，每次差一员，查朝鲜每年往来，礼节言语俱已熟悉，所有通官，似可毋庸多设。应请将六品通官裁四员，七品通官裁二员，八品通官员数太少，应增二员，尽足敷用。其下五旗缺出，亦照上三旗之例，带领引见补放。"乾隆欣然下旨。②

清初对通事的任用沿袭明制。在中葡交往中，通事由各类从事中葡贸易的商人来充当，但因为他们都是商人，仍难真正起到应有的沟通作用。"盖澳夷惟利是知，别无瞻顾，商人服饰丽都，钱财充轫，可以取重于夷人。"③ 可见，商人重利轻义，多与夷人勾结。

清政府严厉防范外夷，制定了有关政策：其一，严禁硝磺、火药铁器流落夷人之手，故多次下令禁止以上物品出海；其二，要求夷商到岸后必须起卸武器，回船时开始发还；其三，从长远考虑，务必使外国夷商不能明了中国的真相。④

买办和通事都与外国商人频繁接触，中国官方因此非常关注他们的行为，严加防范，规定洋行商人保雇通事，通事保雇买办，买办保雇所需杂

---

① 亨特. 旧中国杂记 [M]. 广州：广东人民出版社，2000：286-287.
② 清高宗实录 [M]. 北京：中华书局，2008：103.
③ 张甄陶. 张甄陶上广督论制驭澳夷状 [M] //中国历史第一档案馆等. 明清时期澳门问题档案文献汇编. 北京：人民出版社，2000：614.
④ 张德昌. 清代鸦片战争前之中西沿海通商 [J]. 清华大学学报（自然科学版），1995（1）：97-145.

工人员。买办和通事等彼此互相负责，同时对于外国商人也要负有重大责任。① 为了防范通事、买办等人与夷人朋比为奸，清政府出台了许多措施。

清朝禁止通事们为外国传教士教授中文。给洋人教授中文的行为，被官员视为"有害国家"。广东地方部分保守官员对一些通事给外国传教士授课严重不满，他们张贴告示，云："尤为严重者，现为确悉彼辈竟教唆某些外国教士学中国语言，研究中国文字"，"特兹公告，此举有害国家，接纳外国人决非求福之道。上项舌人倘不立即停止所述诸端活动，将严行处死不贷"。②

禁止在澳华人（包括通事）信奉天主教。清乾隆十一年（1746），张汝霖奏请禁封唐人庙，严厉禁止华人信教，主张："至买办、通事，澳夷所必需，但勒令易服出教，不必改业，仍各取具地保、夷目，收管备查。"广东督抚两院特地颁布《严禁愚民私习天主教以安民夷以肃法纪示》：内地商行人等与住澳蕃人交易往来，以及雇请匠工、代为买办通事等，都有先例可遵循，不加禁止，还是听从其便，但不允许百姓私习天主教，及改取蕃名，潜投澳内天主堂进行煽惑。③

对通事渎职进行严惩。清道光年间，通事因为管理不力而受到惩处。清嘉庆二十五年（1820），两广总督与海关监督联合签署谕令，督令行商、通事、买办等在各船申请开舱之前，检查来船有无夹带违禁货物。如他们企图包庇犯罪，一经发现，那么保商应独自承担罪责，将受到严厉惩处，而通事、买办也难辞其咎。④ 如果外商携带某些违禁货物，通事要承担一定的连带责任。1831年两广总督李鸿宾、粤海关监督中祥奏定的《防范夷

---

① 张德昌. 清代鸦片战争前之中西沿海通商 [J]. 清华大学学报（自然科学版），1995 (1)：97-145.
② 利玛窦. 利玛窦中国札记 [M]. 何高济，译. 北京：中华书局，1983：56.
③ 印光任，张汝霖. 澳门记略 [M]. 乾隆年刊本，1751：83-84；张廷茂. 清代中叶中国政府对澳门华人的管理 [J]. 暨南史学，2009 (1)：355-376；罗苏文. 澳门开埠的文化遗产 [J]. 史林，2005 (2)：549-65, 123-124.
④ 马士. 东印度公司对华贸易编年史 [M]. 广州：中山大学出版社，1991：386.

179

人章程》，规定行商、买办皆负有检举之责。1835年4月，由两广总督卢坤、粤海关监督中祥奏定的《防范夷人章程》又做了进一步的限制。清道光十五年（1835）清政府对夷人雇佣民间人士（包括通事）进行了规定："夷船引水买办应由澳门同知发给牌照，不准私雇也。"主要是防止国人勾结夷人。清朝政府认为："惟愚民骛利鲜耻，且附近省城多谙晓夷语之人，若听夷人任意雇佣，难免勾串作奸。"（《道咸同光四朝奏议》）1840年2月，林则徐等奏定《整饬洋务章程》，饬行商，"令通事及买办等逐层担保，如有营私舞弊者，惟保人是问"[1]。

**结语**

由于外交的需要，明朝建立了通事制度。明朝设立了对外机构，大力培养外语人才。明朝不仅对通事确立了类别和职责，还加强了对通事的培养和管理。

清朝通事的培养，沿袭了明朝的做法。清朝通事培养有其特点，由于与西方国家的交往日渐增多，清朝开办了俄罗斯文馆和拉丁文馆。清朝通事地位低下，清朝政府对通事的管理非常严格，出台了许多法规，着重防范通事与外国的勾结。

---

[1] 清宣宗实录［M］. 北京：中华书局（影印本），2008：9-10.

# 明清时期通事与中外关系

通事是中国古代对口头翻译人员的称呼。在历史上通事有各种名称，如象胥、舌人、译人等。明清时期（1368—1840）的中国通事在中外关系史上发挥了一定的历史作用。

**一、明代通事与中外关系**

明朝建立初期，面临严峻的考验。在西北地区的蒙古残余势力蠢蠢欲动，威胁到了明朝的安全。为了堵住蒙古残余势力向西拓展，明朝积极发展与中亚、西亚的关系，多次遣使。如明洪武二十九年（1396），陈诚首次出使西域，后又在永乐年间4次出使西域。他所经之处多为回民国家，在他的使团中有不少回人充当通事，如"哈蓝伯""帖木儿不花"等人。[①]通事往往因为精通夷语而得到晋升。明代前期鸿胪寺寺丞一职，就有不少因为精通西域语言的回族人序班升任该职，而序班又是由通事晋升。明永乐三年（1405），升鸿胪寺序班王七十为鸿胪寺左寺丞，因为他谙通北虏语言文字。（《明太宗实录》）明永乐四年（1406），升鸿胪寺右少卿刘帖木儿不花为鸿胪寺右寺丞，亦是因为他谙通北虏语言文字。（《明太宗实录》）这些人凭借其语言优势在明朝的外事机构中获得重要的职位。在明代，在事关明朝对外关系的大事件中，几乎都有回族通事的身影。詹升就

---

[①] 王继光. 关于陈诚西使及其《西域行程记》《西洋番国志》：代《前言》[M]//陈诚. 西域行程记. 北京：中华书局，2000：61.

是回族通事群体中杰出的一员。他是明代中后期的回族通事，历经正统、景泰、天顺、成化四朝，多次出使西域等地，在对外交往中发挥了重要作用。

与东北亚和东南亚的交往历史悠久。明朝建立朝贡体制，把东亚诸国纳入自己设立的轨道。明朝培养的通事在与朝鲜、日本、琉球、越南等国的交往中发挥的作用不可小觑。

通事必须多次随册封使出使海外。敕封，又名为册封，该礼仪仅仅限于朝鲜、安南和琉球三个属国。《清史稿》云："其他回首内向者，航海匪艰，梯山往阻，则玺书褒奖，授来使赍还而已。"① 在册封过程中，通事不辱使命，推动了中外关系的发展。

在明代对外交往中，明朝使团通事由于其特殊的地位和职业特点，受到高度重视。明代郑和七下西洋，郑和舟师多次驻扎闽江口，在太平港修造船舶。在建造巨舶期间，郑和在福州沿海各县亲自聘通事、选伙长、雇名舵、招水手，抽调从征将士。②

在使团中通事有引礼通事、译语通事。明万历三十年（1602）夏子阳以册封使身份出使琉球，除了指挥、把总、伙长、舵工等之外，还配备通事。"引礼通事一名，郑玺；译语通事三名，郑仲和、陈仕顺、冯应隆。"（夏子阳《使琉球录》）

明代通事以自己的语言优势，消除了国际交往中的语言障碍，确保朝贡活动的顺利进行，对明朝的经济发展做出了贡献。在郑和下西洋的使团和明朝对朝鲜、越南、琉球等国的册封使团中，有不少通事。他们不仅解决了国家间语言交流的问题，而且有助于朝贡贸易的展开。在朝贡贸易中，中外经济互补，满足了人民生活的需要，也推动了国内经济的发展。由于朝贡贸易的需要，中国大量的瓷器、丝绸纷纷大量销往国外，刺激了国内陶瓷业、丝棉纺织业的发展。景德镇是全国制瓷业的中心，官窑、民

---

① 赵尔巽. 清史稿［M］. 北京：中华书局，1977：2678.
② 曹于恩. 略论福清海外贸易及侨民历史［J］. 福建史志，2016（1）：28-32.

窑数以千计，能生产出不同风格的青花瓷器、各种彩瓷和颜色釉瓷。① 而江浙一带的丝棉纺织业由于产品的大量外销亦得到大的发展，从而促进了蚕桑业、棉花种植业的发展。由于册封的需要，福建的造船业也有了发展。由福建南台（今属福州市仓山区）制造的远洋海船统称为"福船"，它堪称当时世界上最先进、最坚固的海船。作为"封舟"的海船，体型高大，装饰豪华，配备齐全。②

明代通事在中外文化交流方面作用显著。郑和船队的随员，有马欢、郭崇礼及哈只等人。随从郑和下西洋的通事马欢等人，不仅为明朝使团充当翻译，而且还为明朝提供了外国知识。

马欢，回族，明代浙江会稽（今绍兴）人，字宗道，号会稽山樵，在郑和使团中身兼通事和教谕两职，从事翻译和文化传播事业，因为精明强干、通晓外交策略而深得郑和信任。他自谓："余以通译番书，亦被使末。"③ 马欢是个语言天才，精通阿拉伯语、波斯语。他曾随郑和3次出海远航，最远到达非洲的东海岸，亲历亚非20余国，曾到麦加朝圣。回国之后，马欢以亲历目睹，编成《瀛涯胜览》。此书久已蜚声中外，有英文、日文译本。《瀛涯胜览》是古代中外交往史上著名史籍之一，在国内外产生了很大影响。为纪念其功绩，今南沙群岛北部有以他命名的"马欢岛"。

明代有大量通事从事涉外翻译工作。明代四夷馆培养了10种外语的通事，他们负责外国使节朝贡时的口译工作。四夷馆师生的翻译活动，可以从四夷馆通事编撰的《华夷译语》中略见端倪。

明代后期，中国还在延续着封建社会的发展进程，而世界正在悄然发生变化，西方世界已经掀起了一股探索新航路的热潮，葡萄牙率先向东方进军。1488年迪亚士到达好望角，为新航路的开辟打下了基础。10年后，达伽马船队绕过好望角，到达东非，横渡印度洋，到达印度西南部港口卡

---

① 陈梧桐. 中国文化通史：明代卷 [M]. 北京：北京师范大学出版社，2009：367.
② 朱端强. 出使琉球：萧崇业 [M]. 昆明：云南人民出版社，2015：5.
③ 马欢. 瀛涯胜览 [M]. 冯承钧，校注. 北京：中华书局，1955：1.

利卡特，1499年9月载满香料的船队凯旋。此后，通向东方的航路不断被发现和延伸，印度和东南亚的政治、经济和军事格局因此发生巨变。葡萄牙、西班牙、荷兰等国军队先后到达东南亚，凭借武力把这里变为殖民地。中国传统的朝贡体系被逐步打破，明朝初年精心构建的国际秩序遭到严重破坏。

葡人东来后，在东南亚与中国有朝贡关系的国家纷纷陷落，长期作为中外关系基本模式的朝贡体系趋于瓦解，明朝中央通事的规模和作用随着朝贡国的减少而日趋萎缩。之后葡萄牙把手伸向中国。早在明嘉靖三十二年（1553），葡萄牙人开始与中国沿海各地的海道进行接触，并获准在广东进行正常贸易。[1] 经过多年的苦心经营，葡萄牙人终于在澳门形成了定居点，以此与中国进行贸易，伺机拓展其发展空间。

由于葡萄牙人的到来，中国沿海官府纷纷任用葡萄牙语通事，与葡萄牙人进行交流。

明正德十二年（1517）葡萄牙人的大炮制造技术传入中国，官员顾应祥、汪鋐等人先后掌握了这一技术。明朝末年，为了应对内外的挑战，明朝掀起了一股仿造西方大炮的高潮。为了消除语言障碍，明朝特地从沿海地区选送了一批葡萄牙语通事作为随员进京。明天启三年（1623），李之藻奏请朝廷制造火器，两广总督特地遣人解送"夷目七人，通事一人，傔伴十六人，赴京听用"[2]。到崇祯年间，明朝对火器的制造更为迫切。根据汪楫《崇祯长编》的记载，礼部左侍郎徐光启遣中书姜云龙和掌教陆若汉、通官徐西满等人，前往广东省香山澳置办火器。

嘉靖以后，民间中外贸易往来日趋频繁，对商业翻译人员的需求量日趋增多，此时"通事"一词不再仅仅指官方翻译人员，也指民间翻译人员，即那些为商业贸易服务的非官方翻译人员。商业通事群体应运而生。在广东、福建、江苏等沿海以及东南亚地区，一些沿海居民和海外华侨掌

---

[1] 张显清，林金树. 明代政治史［M］. 桂林：广西师范大学出版社，2003：980.
[2] 沈福伟. 中西文化交流史［M］. 上海：上海人民出版社，2006：372.

握了或多或少的葡萄牙语,成为早期的商业通事。民间商业通事不仅为各种商业交易进行翻译,还为中葡往来进行传译。

在澳门,活跃着一批通事,他们在中葡交往中发挥中介作用。明嘉靖四十四年(1565)庞尚鹏上疏,描写了澳门情形,谈到了通事多闽浙粤人,他们在中外经贸往来方面发挥了桥梁作用。"往年夷人入贡,附至货物,照例抽盘;其余番商,私赍货物至者,守澳官验实,闻于抚按衙门,始放入澳,候委官封籍,抽其十之二,乃听贸易焉。其通事多漳、泉、宁、绍及东莞、新会人为之,椎髻环耳,效番服声音,每年夏秋间,夷舶乘风而至,往止二三艘而止,近增至二十余艘,或倍增焉。……"① 1598年汤显祖完成了他的代表作《牡丹亭》。其中第二十一出《谒遇》是以他本人在广东澳门的见闻作为素材的。该戏剧里面有"番鬼"(指葡萄牙、西班牙商人),还有通事(翻译人员)。

明末的郑芝龙,曾与荷兰人交往,并担任荷兰人通事。现存于荷兰方面的档案显示,郑一官(荷兰等西洋人对郑芝龙的称呼)因为谙晓葡萄牙语,受荷兰东印度公司雇佣,担任通事,为期一年半。② 郑芝龙出生于1595年,在1610年到达澳门,投靠在那里做外贸生意的舅舅黄程,明万历四十年(1612)到达日本,后成为泉州人李旦(颜思齐)之义子。1625年李旦去世后,他接管了其财产和部属,成为最大的海商。因此,我推断郑芝龙担任荷兰人通事的时间应当在1610—1612年间。

在广东,明崇祯十三年(1640)发生了一起通事接济外夷的"李叶荣案"。李叶荣是广东海道的通事,负责到澳门进行宣谕。但他利用职务之便往来两地,多次为荷兰人采购生活用品和商品。同年八月,李叶荣案发生后,官府没受财物并勒令荷兰人离开,通事李叶荣等受到处罚。该案反映了明末沿海地区官方在通事管理方面的不当,通事制度不健全。

明代中后期出使朝鲜、安南、琉球等国的使团配备了一些通事,这些

---

① 方豪. 中西交通史 [M]. 上海:上海人民出版社,2008:479.
② 谭洪安. 郑氏海商震东南 [N]. 中国经营报,2012-08-13(08).

通事为中外文化交流做出了贡献。如明嘉靖年间，陈侃出使琉球，"驾舟民梢用一百四十人有奇，护送军用一百人，通事、引礼、医生、识字、各色匠役亦一百余人"（陈侃《使琉球录》）。又如明代萧崇业、谢杰作为册封正副使奉使琉球，其册封使团配备了一些负责外交礼仪和翻译的"通事"冯玺、陈邦秀、冯炳。（萧崇业、谢杰《使琉球录》）他们为传播中国的制度文化做出了贡献。按照礼仪规定，册封使到达琉球，前面是由武士举着的"龙亭"伞盖，里面安放着皇帝的圣旨。龙亭到达藩国，藩王以下百官首先应当跪拜龙亭，礼迎圣旨。但是这一制度在当时的琉球已经多年没有遵行。于是，萧崇业便当场让通事将"拜龙亭"的礼仪告知站在那霸港口的琉球世子尚永等人，希望世子能够先当众拜迎龙亭，以示拜谒大明天子。尚永按照通事所言而跪拜了龙亭。从此以后，港口拜龙亭的外交礼仪在琉球得到了恢复。（萧崇业、谢杰《使琉球录》）在明万历七年（1579）6月29日举行的祭王大典上，尚永率百官向父亲尚元的灵位"行五拜三叩大礼"，却按琉球旧制不向龙亭行礼。萧崇业和谢杰认为不妥，让通事对世子解释，一切礼节都是因为某种"意义"而确定。如果世子只是在封自己为王时才拜龙亭，而在祭拜父王时不拜龙亭，是"重己不重亲"。这一礼仪涉及世子对父王的忠孝。世子尚永接受了通事的建议，虔诚地跪拜龙亭，并下令今后立为制度。（萧崇业、谢杰《使琉球录》）

　　明代中国通事对海外贸易情况的介绍，在一些文人著作中留下了印记。汤显祖于明万历十九年（1591）因为弹劾申时行，触怒明神宗，被贬斥为广东徐闻县典史。当年十一月，他途经澳门，与香山译者（通事）交往，听到了译者的海外经历。于是写诗《听香山译者》一首，叙述中国海舶在南海诸国辗转贸易的情景：

　　　　占城十日过交栏，十二帆飞看溜还。
　　　　握粟定留三佛国，采香长傍九州山。

此外，他还描述了葡萄牙少女（花面蛮姬）的美丽动人：

花面蛮姬十五强，蔷薇露水拂朝妆。
尽朝西海新生月，口出东林倒挂香。

汤显祖等人有关通事的作品，扩大了中国人的见闻，丰富了中国的文化宝库。

**二、清代通事与中外关系**

清朝入主中原后，继承了明朝的朝贡体制，继续培养通事，在对外交往事务中使用了大量的通事。

清朝通事和明朝通事一样，不仅要随使团出使海外，引领外夷人员朝觐，伴送外国使臣回国，而且负责对外国漂流人口进行护送。据《清高宗实录》记载，1741年10月29日，清朝礼部报告：根据闽省咨报将朝鲜国漂风难民文隆章等20人伴送至京。除了金赤一人在途病故外，清朝下令派遣一名朝鲜通事将文隆章等19人伴送至朝鲜国交界地方，转交朝鲜国收领。清高宗采纳了这一建议。①

清朝通事为中外交往做出了贡献。在明代中期澳门开埠以后，广东香山成为当时中国唯一的向欧洲打开的窗口。鸦片战争前，广东香山已有大批香山人在商行做事或充当买办。所谓买办，指的是受雇于外商并且协助其在中国进行贸易活动的中间人和经理人。② 有不少通事充当了买办。澳门是早年往内地输送外语人才的地方，精通葡萄牙语的澳门通事，会得到广东省城特别招用。黎世宝在澳门贸易多年，通晓夷语，清乾隆三十二年（1767）官方命令他"赴省传话"，协助审理一宗洋人从澳门潜往江西的案件。因生活所迫，他申请充当买办，为每年从菲律宾赴澳门贸易的洋人提

---

① 清高宗实录 [M]. 北京：中华书局，1987：1164.
② 黄健敏、黄鸿钊、程世刚等. 香山民俗，历久弥香 [N]. 中山日报，2006-10-19（7）.

供服务。和黎世宝一样，许多澳门通事担任买办。① 在澳门担任通事的中国人中，谢清高最为突出。

广州通事在中外经贸往来上发挥了巨大作用。清代中后期，广东地区实行一口通商，由具有官商性质的"十三行"垄断经营对外贸易，通事逐渐发展成具有商业吏员身份的翻译人员，他们一方面为西方人进行语言翻译，另一方面负责商业事务，从中获取酬劳。广州"十三行"有大批外国商人聘请的通事，这些通事或精通葡萄牙语，或精通荷兰语，其职责主要是在商业方面为外国商人服务，如跟随官吏检验上下船货物，向关署报告税单；外国商人到澳门必须由通事代向官方领取执照；转译朝廷谕旨于外人；代外国商人查看货物，雇佣船只等。

清朝通事化解中外矛盾。"十三行"是在广州的民间贸易场所，也是官府特许经营对外贸易的商行的总称。夷馆住着英国、美国、法国、荷兰等国商人。清政府规定，外国女性不能入住"十三行"，道光年间英国人携带番妇进馆，被清地方政府驱逐，险些导致中英战争。后来官府派通事与外商沟通才化解了误会。"禁止夷妇入十三行居住"的清朝禁令直到鸦片战争之后才被废除。

一些通事出于民族大义，与西方殖民者周旋，为国家的统一做出了贡献。何斌出生于台湾云霄县马铺乡何地，早年在日本经商，为郑芝龙部属。明崇祯元年（1628），郑芝龙归附明朝，何斌返回台湾。当时，荷兰人已经占据赤崁城（今台南市），何斌为了取得荷兰人信任，改信荷兰人所信之教，学习荷兰语，如愿成为荷兰人通事。明永历九年（1655），郑成功对盘踞在"台湾"的荷兰人实行海禁政策，禁止大陆沿海港口及外国商船与荷兰人通商。形势对荷兰人极为不利，荷兰总督揆一派遣通事何斌前往厦门与郑成功商谈通商事宜。何斌是一个极有爱国心的人，对荷兰人在"台湾"的暴行非常痛恨，因此主动把"台湾"情况尤其是荷兰人在

---

① 刘芳. 清代澳门中文档案汇编 [M]. 章文钦, 校. 澳门：澳门基金会，1999：238.

台湾的兵力部署向郑成功做了详细汇报，力劝郑成功出兵收复台湾。回到台湾后，何斌继续担任荷兰人通事，暗中观察、探查台湾地形。清顺治十八年（1661），何斌投奔郑成功。同年，郑成功率领大军收复台湾，何斌作为向导随征。[①] 何斌为郑成功收复台湾、驱逐荷兰殖民者做出了贡献。

一些通事还传播了外国文化。谢清高（1765—1821），广东嘉应州（今梅州市）程乡（今梅县区）金盘堡人。1782年他开始附舶出洋，即18岁时就随海船到达国外，足迹遍布南洋、印度洋等地，亦到过葡萄牙、西班牙、英国、法国、德国，1795年回到国内，双目失明后寓居澳门，以充当通事来糊口。清嘉庆二十五年（1820），谢清高遇到同乡杨炳南，向其叙述其海外见闻。杨炳南根据其口述内容编撰成《海录》一书，在广东刊刻。

谢清高对各国风土人情感触最深，《海录》在这方面的资料比较丰富。他不仅写到了马来人的重女轻男、孟加拉国的水葬、加里曼丹岛的母系社会、马来的僧侣司法，而且他还着重记载了18世纪80年代罗芳伯（嘉应州人）在昆甸（今属马来西亚）地区，组建公司，设立自治行政管理机构的丰功伟绩。该书史实详尽，文笔优美，为研究华人海外奋斗史的珍贵史料。这部书后来引起林则徐的重视，林则徐向道光皇帝推荐，该书逐渐广为人知，成为当时中国知识分子争相求购的书籍。[②] 由于谢清高在中国航海史上的杰出贡献，他被后人誉为"中国的马可波罗"。他的《海录》也被人们与马可波罗的《马可波罗行记》相提并论。

清朝通事还承担大量其他的工作，如对著作的翻译。

在明清两代长时期内，翻译书籍资料是由口译和笔译人员通力合作完成的。如上面提到的《华夷译语》和《西番译语》。法国耶稣会士冯秉正有一部著作为《盛世刍荛》，于1733年在北京出版，书名页上注明"远西

---

① 王一雄，汤晋坤. 云霄何地三杰与台湾渊源（二）[N]. 闽南日报，2008-11-19（04）.
② 程美宝. 澳门作为飞地的"危"与"机"[J]. 河南大学学报（社会科学版），2012（3）：74-82.

耶稣会士冯秉正端友指示""杨多默纂录"。杨多默,即杨达(1668—1751),浙江钱塘人,清国子监监生,后加入耶稣会。有学者认为,法国耶稣会士冯秉正为该书确定了整体思路和基本内容,而具体写作则是由杨达完成的。[1]

**结语**

作为中国古代的口译人员,通事在历史上曾发挥了巨大的作用,促进了不同国家之间的交流往来。明清时期出现了一批杰出的通事,如明代的马欢、清代的谢清高。通事在中国与世界各国的政治交往、经济往来和文化交流中起着桥梁作用,促进了社会经济的发展。

---

[1] 伍玉西. 明清之际士人对传教士中文著译活动的协助[J]. 广州社会主义学院学报, 2013 (4): 35-38.

# 德川幕府时期的"杀婴"现象与原因

"杀婴"是一陋习，在原始社会就存在着，直到近代甚至当代，杀婴现象仍然在世界各地广泛地存在。杀婴普遍出现在古国中，其中包括古希腊、罗马、印度和日本等国。在18世纪后期至19世纪中期，日本德川幕府统治时期发生了一系列"杀婴"事件。这一现象的出现，与大饥荒频发、节育措施、道德沦丧等都有着密切的关联。

从世界范围来看，据前人的研究，原始人杀婴的动机有三：

一是杀婴只是那些生活艰难、食不果腹的原始人为了自身的生存而不得不做出的举动，食物来源匮乏是导致原始人杀婴的主要原因。在历史的记载中，几乎所有的民族在发生大饥荒或者其他灾害时，都不同程度地有过杀婴的行为。非洲南部的布须曼人平时会把畸形儿童杀死，也会在缺乏食物、作为家庭主要劳动力的父亲去世等情况下杀死或抛弃未成年的子女。澳大利亚土著在进行长途迁徙之前，也会杀害所有幼小的儿女，留下一两个较强的大孩子，以免在路途中挨饿。把残疾儿童视作累赘而杀害的风俗，甚至存在于已经进入文明时代的以色列人、希腊人、罗马人、阿拉伯人中。

二是考古发掘证实，远古时期的杀婴事件，不少与食人之风有关。在一个有着吃人习气的社会里，毫无防卫能力的婴儿自然成为最大的受害者。这种杀害并且食用婴儿的陋习持续了很长时间，直到近代澳大利亚土著居民仍有杀掉幼儿给缺乏食物的哥哥、姐姐或其他长辈食用的记录。

三是作为早期人类社会广泛存在着的一种风俗，杀婴实际上起着控制人口增长的作用。英国著名社会学家卡尔·桑德斯在《人口问题》一书中，分析了有史以来各个时期的人口情况，认为杀婴显然是调节人口的主要手段之一。持这一观点的人特别强调，相对于男婴来说，杀婴者似乎更加偏爱杀害女婴，由此导致的女性人口下降直接造成了整个社会总人口的相对减少。随着社会生产力的发展，人口在不断地增加，而女性占总人口的比例一直趋于上升，并达到两性比例的大体平衡，杀婴这一习俗也正是随之逐渐消失的。这从一个侧面证实了杀婴是为了控制人口的说法。①

在历史上，"杀婴"有许多方式：一是把婴儿献祭给超自然形象或力量，如在古迦太基所实行的就是这一种，但是许多的社会只是单纯地杀害婴孩并视此种献祭为道德上的禁忌。随着基督教兴起的同时，杀婴的习俗也逐渐在世界上绝迹。二是单纯地遗弃，将婴儿暴露于野外而死。三是用在女婴身上的方法，让她们营养不良造成因意外或疾病而死。

关于人类"杀婴"的原因学术界众说纷纭，莫衷一是。目前，国内学界对日本德川幕府时期"杀婴"现象及其原因的探讨并不多见，笔者不揣愚陋，尝试就此问题进行一些探讨，以就教于方家。

## 一、日本"杀婴"的社会背景

德川幕府又被称为江户幕府，1603年由"征夷大将军"德川家康在日本江户（今东京）所建，至1867年德川庆喜被迫宣布还政天皇为止（大政奉还），共经历15代征夷大将军，历时265年，是日本历史上最强盛也是最后的武家政治组织。日本德川幕府统治后期，社会动荡不安。在18世纪末至19世纪初德川幕府第十一代将军家齐执政时期，政治纲纪松弛，社会矛盾进一步激化。1755—1756年，东北地方大冻灾发生；1782—1787年，发生天明大饥馑；在18世纪后期，霜冻、洪涝等自然灾害连年不断，数十万人饿死，东北地区甚至出现了人吃人的惨剧。进入天保年间

---

① 佚名. 为什么原始人会残忍地杀害婴儿[EB/OL]. 百度，2016-11-13.

(1830—1844），由于农业生产连年歉收，1833—1839年发生天保大饥馑，仅在1833—1836年间，日本国内就有70余万灾民。① 1866年日本发生东国地方大冻灾。② 大饥馑造成日本人口大量死亡。1836年（天保七年）饥馑十分严重，大阪饿殍遍野，但是富豪为富不仁，却趁机发财，囤积大米，牟取暴利。日本各地都发生了农村的"百姓一揆"和城市的捣毁运动，而幕府和各藩对此未能采取任何适当的对策。正是在这样社会动荡、灾害频繁的社会背景下日本发生了"杀婴"事件。

## 二、日本"杀婴"的方式与原因

这期间日本杀婴的方式，主要有这两种：一是将婴儿作为食物，这一方式主要发生在18世纪后期的日本东北地区。二是杀死腹中婴儿，使用堕胎药物锦灯笼。锦灯笼是一种听起来名字很诗情画意的茄科多年生草本植物。然而，对大内的女子来说，是一种令人恐惧的东西。江户时代，日本普遍使用的堕胎药便是锦灯笼。现代医学证明，锦灯笼含有大量的西斯他明，有促进子宫收缩的作用。锦灯笼堕胎的副作用是往往终身不孕。其实，用锦灯笼堕胎已经是当时比较人道的做法。根据日本《女性的近世》一书所收集《杀婴和堕胎》的记录，当时堕胎除了服用锦灯笼以外，还有五花八门的药方，比如，其中之一是将灰浆、辣椒、石榴树的皮和根、山牛蒡的根、大黄的根合煎，加少量水银作为堕胎药的。这不但会造成胎儿流产，而且也有严重破坏母亲健康的危险。

日本杀婴现象的出现，主要有以下两个方面的原因：

一是农民由于饥荒而被迫杀婴。18世纪后期曾经发生过好几次大饥荒，1786年发生"天明大饥荒"，由于数十年来天气失常，农业歉收，粮食不足，农民相继逃荒。据史料记载，城市中灾民尸体堆积如山，甚至出

---

① 孙秀玲. 一口气读完日本史[M]. 北京：京华出版社，2006：128.
② 依田憙家. 简明日本通史[M]. 卞立强，李天工，译. 北京：北京大学出版社，1988：169.

现人相食现象。在日本农村，出现了"杀婴"现象。日本学者坂本太郎在其《日本史》中写道："农民面对这样的贫苦，不得不采取相应的对策，消极的办法是溺婴和离村，积极的办法就是农民起义。溺婴是由于无力负担子女的养育费用，而不得不杀死亲生儿女，或者在生育以前进行堕胎。开始，只是在奥羽、九州、关东一带较为多见，后来则几乎遍及全国，成为惯习。幕府初期虽也有过，但到享保以后，随着贫困的加剧，越发盛行起来。农村基本上只养育两三个孩子，而且都从劳动力的立场加以考虑，因而溺婴中，大半是女孩。因此，享保以前人口虽有所增长，以后则出现了停滞乃至减少的倾向。"① 19世纪早期，日本发生过连续的饥荒，曾发生人吃人的事件。1830年到1834年，因为地震、洪水和农业歉收，导致米价逐步攀升，下层的市民连稀饭也喝不上。幕府的救济也没有及时到位，一时间大阪等地的街头，到处都是饥民。因为没有钱买米，不少人家的妻女在街头公开卖淫以换钱买米。② 学者认为，杀婴是农民走上绝路，不得不选择的最后手段。③

二是富农的节育形式。学者们通过检视各种人口数据，如寺院登记记录，得出了另外一种结论。至少在某些农村中，富农比贫民更加经常杀婴，"因此它可能是一种节育形式"。不仅贫民采用这一形式，就是富农也在实践。他们害怕不限制生育，一个原来安康的农村，土地因为人口增长而不断地分割下去，最终无法养活自身。④

日本统治阶级道德沦丧、腐败无能，对大饥荒问题没有采取强有力的措施。日本德川时期，由于朱子学被作为官学，成为维护幕府统治的精神支柱，君臣关系、身份差别等受到重视和强调，儒家的忠、信、孝、悌、

---

① 坂本太郎. 日本史［M］. 汪向荣，武寅，韩铁英，译. 北京：中国社会科学出版社，2008：315-316.
② 安德鲁·戈登. 日本的起起落落：从德川幕府到现在［M］. 李朝津，译. 桂林：广西师范大学出版社，2008：32.
③ 张霞. 不可不知的日本史［M］. 武汉：华东科技大学出版社，2013：150.
④ 安德鲁·戈登. 日本的起起落落：从德川幕府到现在［M］. 李朝津，译. 桂林：广西师范大学出版社，2008：31.

仁政、五常、五伦等内容，体现了儒家教化政策的渗透。如辑录德川家康训诫的《东照宫御遗训》，对江户时代的社会构造与士农工商各自应司之职做出了阐释，全国上下各司职分，为将军尽忠。对于为人之主者要求以家族、天道、慈悲的观念施政，对于臣下要求尽忠、进谏。① 朱子学对日本社会的稳定起了极大的作用。

但是在德川幕府统治后期，社会混乱，道德沦丧。在大饥荒时期，日本富豪不是慷慨解囊，而是为富不仁，囤积大米，牟取暴利。而腐败不堪的幕府和各藩对此没有积极作为，未能采取任何适当的对策，救济不到位，使得城市市民和农民的不满情绪逐渐滋长，从而激起了日本各地人民的反抗，发生了农村的"百姓一揆"和城市的捣毁运动。② 连日本武士官僚也认为饥荒及其"杀婴"现象的出现，反映出统治人君以至受统治人民均德行有亏。"究其原因，精英阶层没有具备足够的仁义之心让农民存活（及缴税），亦未能尽责发扬德川伦理。"③

总之，日本幕府统治后期"杀婴"的原因有多种，大饥荒是导致日本民众"杀婴"的最主要原因；采取节育措施也是"杀婴"的原因之一，且在大饥荒时期助长了这一行为。幕府的不作为，未能有效地解决民众的吃饭难问题，不仅不能消除"杀婴"现象，反而导致民众的不满情绪与日俱增，使得"杀婴"现象愈演愈烈。

**结语**

日本杀婴现象在18世纪后期至19世纪中期出现，是历史的倒退。日本杀婴现象在德川幕府统治后期出现，绝非偶然。它是日本德川幕府统治危机的反映，是德川幕府政治危机和经济危机交互作用的结果。19世纪中期德川幕府内外交困，1853年美国强行打开了日本的大门后，西方国家纷

---

① 南开大学日本研究院. 日本研究论集 [M]. 天津：天津人民出版社，2005：297.
② 江户幕府时期农民反对封建的暴动、起义泛称"百姓一揆"。
③ 安德鲁·戈登. 日本的起起落落：从德川幕府到现在 [M]. 李朝津，译. 桂林：广西师范大学出版社，2008：32.

纷侵入日本，日本主权开始丧失，经济遭到破坏。日本有识之士顺应历史潮流进行了明治维新，废除了封建割据的幕府体制，走上了资本主义的发展道路，人们的生活水平才有了较大的提高，日本才逐渐消除了"杀婴"现象。

# 下编

# 中韩建交以来韩国华侨对祖籍国的贡献

1992年中韩建交后，中韩两国关系不断改善，这不仅有助于两国社会经济的发展，也有利于韩国华侨的发展。韩国华侨加强了与祖国的联系，同时在自己的事业上有了更大的发展，为祖国的政治、经济和文化方面做出了自己的贡献。

韩国华侨不同于其他国家的华侨，具有自己的特点：其一，移民历史悠久，最早移居朝鲜半岛的华侨开创了移民海外的先例；其二，长期以来，韩国华侨在与韩国人民友好相处的同时，依然保持着浓厚的民族语言、文化特色，其文化认同"母国化"程度之高在世界华侨华人社会中名列前茅。至今，韩国华侨仍自称为"韩华"，意为他们是韩国华侨。再移居至美国的韩国华侨华人社团称为"韩华联谊会"，表明他们与祖籍国有着割舍不断的民族亲情和乡情。

第二次世界大战后，韩国华侨依然生活在痛苦之中。在朝鲜战争期间韩国华侨遭受巨大的损失，在战后韩国华侨被迫与中国大陆同胞分离，遭受极大的精神折磨，受到韩国政府的不公正对待。美国为首的西方国家对社会主义国家进行的"冷战"，使韩国华侨雪上加霜。虽然在"冷战"期间中韩两国断绝来往，但韩国华侨仍具有强烈的民族自豪感。在20世纪70年代末，世界各国的华侨学校几乎均已完成了当地化的进程，但是韩国的华侨学校不但没有被当地化，而且其覆盖率之高堪称世界之首。在政治认同方面韩国华侨也依然母国化，而且其骨干侨团并未像世界诸国那样实现当地化。① 华侨心向祖国，为祖国的进步而自豪。

由于冷战局面的形成，韩国华侨"有家难回"，与祖国大陆失去了联系。现在居住在韩国的老华侨大约为20000名，而居住在台湾地区的韩国老华侨大约有15000名，可见华侨移居台湾相当频繁。华侨移居台湾地区，主要原因有三：一是战后初期韩国华侨为了逃离朝鲜战争而移居"台湾"。这反映了当时韩国华侨的艰难处境。二是20世纪六七十年代韩国政府采取对华侨的歧视政策，而当时台湾地区经济发展较快，人民生活比韩国富裕，于是韩国华侨大量移居"台湾"，其中有许多医生、大学教授、高级军人、企业家等成功人士。三是台湾地区的韩国华侨社区形成较晚，直到20世纪80年代才有了"韩国华侨归国协会"，有300~500名华侨加入。2003年11月在台北成立了社团法人"中华民国华侨归国协会"，经营贸易的归国华侨陈广增，担任理事长。现在会员有2000名，协会的主要事务是为韩国华侨提供一切方便，如介绍职业、解决出入境问题、进行婚姻咨询等。该会第二期组织结构，除陈广增理事长外，有首席理事长1名，副理事长5名，常务理事7名，监事长1名，监事4名，理事12名，秘书长1名。2005年11月开始活动。② 韩国华侨在台湾地区从事各种职业，许多人从事食堂、服装店、贸易公司、旅行社、医院、出租车司机和邮递员等，理事长陈广增经营贸易公司，从韩国进口手机零件、韩国泡菜、柚子茶、海苔等韩国食品。1992年韩国与台湾"断交"后，韩国华侨进入台湾地区需要签证。台湾地区的人到韩国的留学生数量也在逐渐减少。韩国华侨移居大陆者日渐增多。

1991年12月，苏联解体，冷战结束。1992年8月24日，中国与韩国正式建立大使级外交关系，从而结束了两国长期互不承认和相互隔绝的历史。中韩建交是中韩两国的大事，也是韩国华侨的幸事。韩国华侨不仅迎

---

① 李正熙，司韦. 关于韩国华侨社会组织的研究 [J]. 南洋资料译丛，2010（3）：62-74，80.

② 李正熙，司韦. 关于韩国华侨社会组织的研究 [J]. 南洋资料译丛，2010（3）：62-74，80.

来了发展的机遇，也加强了与祖国的联系。

在中韩建交前，华侨回国寥寥无几。在20世纪80年代韩国华侨已经开始前往中国。大陆据说山东诸城出身的华侨吴起勋，20世纪80年代中期经由香港来到家乡与亲属会面。烟台籍华侨王修纲在1983年经香港回家见到了36年未谋面的母亲。牟平籍华侨杨春祥也通过居住在香港的姐姐介绍回到了故乡，见到了母亲。1992年前，韩国华侨只能转道香港或其他地方到中国大陆旅游或探亲。

由于中国实行改革开放和1992年中韩建交，韩国华侨又开始重新移居中国大陆。韩国华侨开始谋求经济机会而移居中国是在1990年9月仁川—威海航线开通的时候。其后，仁川—青岛、仁川—大连、仁川—烟台等定期航线纷纷开通，韩国华侨初期利用定期航线的客船从事贸易。当时利用仁川—威海定期航线的韩国小商贩有200~300人，有些华侨开始在中国大陆定居。

2002年9月下旬，在山东省烟台市召开了旅韩华侨华人恳亲大会。大会宗旨是"亲情、乡情、合作、发展"。首尔华侨学会会长杨德磬说："多数是山东乡亲的韩国华侨华人，继承了山东人固有的忠厚朴实和爱国爱乡的传统。"[1]

中韩建交以来，韩国华侨为祖国的社会经济发展做出了自己的贡献。

**一、支持祖国和平统一**

韩国华侨爱国，在祖国统一问题上，立场十分坚定，强烈反对"台独"，支持和平统一。

韩国华侨于2002年成立了两个反"独"促"统"的社团，即"韩华中国和平统一促进会"和"韩国侨民协会"，同全球华侨华人一道，为推动两岸的统一而不懈努力。当时"韩华中国和平统一促进会"会长韩晟昊

---

[1] 李正熙，司韦.关于韩国华侨社会组织的研究[J].南洋资料译丛，2010 (3)：62-74，80.

在多次公开发言中严厉谴责李登辉和陈水扁推行的"台独"路线，表达了华侨华人要求尽快实现祖国和平统一的强烈愿望。首尔华侨协会前任会长杨德馨先生也认为："在韩国，没有'台独'的土壤。"①

2011年7月20日，韩国釜山华侨华人举行纪念辛亥革命100周年座谈会。驻釜山总领事郝晓飞、韩国釜山华侨协会会长丛湧滋、大邱华侨协会会长孙宝忠等近50人出席。丛湧滋代表釜山华侨协会致辞，他说："孙中山先生为首的革命党人抛头颅、洒鲜血，最终赢得了辛亥革命的胜利，不但给全世界受奴役的人民带来了希望，也在中华民族五千年历史上写下了光辉的一页。改革开放后的中国给海内外中华儿女带来幸福和欢笑，现如今两岸关系发展良好，海峡两岸间流淌着和谐的暖流，使两岸人民享受到了国泰民安的生活，给中华民族再度带来了繁荣和昌盛。"大邱华侨协会会长孙宝忠表示，近年来，中国国际地位和影响力大幅提升，旅韩华侨生活环境和社会地位也因此有了较大改善。两岸关系实现和平发展，是我们中华民族的幸运。我们要珍惜两岸关系和平发展的局面，再不能有分裂活动。孙宝忠表示，旅韩华侨不希望"台独"，都希望祖国和平统一，为两岸同胞谋幸福，为中华民族创未来。我们都是中华儿女，都希望有一个完整的大中国。②

**二、参与祖国经济建设**

中国海外5000万华侨对国内的直接投资，是中国改革之所以取得成功的一个极为重要的因素。韩国华侨也为中国的改革开放事业做出了应有的贡献。1992年韩国政府放宽了华侨到中国旅游的条件，越来越多的华侨回到祖国和亲人团聚。韩国华侨纷纷回国投资、设工厂，推动中韩文化交流和进出口贸易的发展，并积极地推动中韩两国经济往来，介绍韩国资本

---

① 杨应锦，杨圣祺. 韩国华侨华人社会的特殊性 [J]. 侨务工作研究，2005 (6)：27-29.
② 韩国釜山华侨华人参加纪念辛亥革命100周年座谈会 [EB/OL]. 中国新闻网，2011-07-21.

到中国投资。他们同中国的关系日益密切。

在中国城市中,韩国华侨移居烟台的人数最多。据烟台市商务局综合法规科提供的信息,2020年1—6月,烟台市实际使用外资83023万美元,同比增长7.89%,占比12.94%,总量位居全省第二位。1—6月,烟台市外商直接投资企业178个,同比增长22.76%,占比15.40%,位居全省第二位。[1] 烟台—仁川除每周3班定期客轮之外,还有班机,与韩国的交通非常方便。烟台居住着许多名韩国人,可以见到很多写有"韩语"的招聘广告。估计归国华侨有1000名。有些华侨回国开办企业。1994年韩国华侨张忠志从韩国江原道的注文津移居烟台,把渔具工厂也移到烟台,设立"烟台永进渔具有限公司"。该公司职工最多时有120人。随着中韩关系的不断发展,从2000年前后韩国华侨开始大批地移居祖国。2001年韩国华侨成立了"烟台韩华联谊会",联谊会由会长、副会长、顾问、理事和监事等组成,办公室设在烟台市内的"虹口大厦",张忠志从2003年当选后一直担任会长。会员有200名,大多是60岁以上的老人,尤其是移居美国后又回到烟台的华侨老人较多。[2]

华侨积极推动韩国对华投资。山东省作为韩国华侨华人最主要的祖籍地,因为其地理优势,吸收韩国直接投资金额为全国最高:2001—2009年间吸收韩国投资总量在全国排名第一,平均占全国吸收韩国外商投资额的43.82%。随着韩资企业大量在山东半岛投资,越来越多的朝鲜族人口也迁徙到青岛、烟台和威海等地,并逐步形成了朝鲜族新社区。根据2020年第7次全国人口普查报告,山东省共有朝鲜族人62737人,其中以青岛、烟台、威海三地最多。江苏省是全国吸收韩国直接投资的第二大省份,2001—2013年间吸收韩国投资平均占全国韩资的19.70%。江苏省侨办高度重视韩国华侨的作用,积极吸引韩资。辽宁是近年来吸收韩资位居第三

---

[1] 烟台市人民政府网站,https://www.yan tai.gov.cn/art/2020/8/9/art-20330-2801129.html.

[2] 刘文,陈洁.韩国新华侨华人发展及其对两国直接投资的影响研究[J].山东社会科学,2014(4):113-118.

的省份,这与辽宁省是我国朝鲜族的一个重要人口聚居省份有密切关系。[1]

2010年11月14日至17日,韩国首尔华侨协会会长杨从升、旅韩文荣同乡会会长张积正、永登浦华侨协会会长乔聚东3个侨团侨领,首次联合组团一行21人到山东威海省亲、参观考察。威海市副市长刘茂德对3位会长说,威海的发展离不开海外华侨的关心和支持,感谢海外侨胞积极为家乡的经济社会发展做出的贡献。今后侨务工作要进一步加强海外侨团联系,加深相互了解和友谊,积极推动与韩国的经济交流和经贸合作。希望客人在威海期间多走多看,进一步加深对威海的了解和认识,介绍更多的朋友来威海投资兴业。在威海期间,侨领们考察了威海荣成港西镇和俚岛镇、石岛管理、环翠区、文登南海临港产业区及旅游度假区。[2]

### 三、积极传播中华文化

中华电视台拟设立"韩国中华电视台",向韩国人传播中国的优秀文化,播放关于中国的节目,韩国华侨协会对祖国的行动给予有力支持。中国在韩侨民协会2009年1月19日在协会办公室成立了"韩国中华电视台后援会",韩晟昊会长说:"在韩国的中国侨民已经有将近70万人,大部分在韩国的中国人可以通过韩国中华电视台学习韩语,了解韩国文化。"韩国中华电视台作为韩国唯一的中国专门电视台,希望通过与侨民协会密切合作加速发展。

2014年5月20日,由中国华文教育基金会主办,山东省海外交流协会承办,威海市海外交流协会协办,由完美(中国)有限公司资助的"共庆中国年·齐鲁文化走进韩国"活动在韩国首尔华侨中学举行了隆重的开幕仪式。韩国华侨积极参加这一活动。韩国首尔华侨协会首席副会长王文

---

[1] 刘文,陈洁. 韩国新华侨华人发展及其对两国直接投资的影响研究[J]. 山东社会科学,2014(4):113-118.
[2] 威海市侨联. 韩国华侨协会侨领到威海参观考察[EB/OL]. 山东省归国华侨联合会网,2010-11-19.

荣，首尔侨中理事会首席副理事长谭永发，首尔华侨中学校长孙树义及部分韩国侨领出席了开幕仪式。首尔华侨中学部分师生参加了开幕仪式。这是继2013年11月举办这一活动之后，中国华文教育基金会第二次来到韩国与首尔华侨协会、仁川华侨协会共同举办"共庆中国年·齐鲁文化走进韩国"系列活动，此次活动有利于加深海外华裔青少年认识祖籍国、了解故乡、传承中华文化、增进民族情感和自豪感。①

韩晟昊为传播中华医药文化做出了杰出的贡献。他是韩国首尔市在乡军人会指定汉医院院长兼医疗研究院院长，韩国特殊空降部队针疗与食疗编辑及讲师，韩国爱石人联合总会首席副总会长，前韩国大统领卢泰愚私人主治医师，现任新东和汉医院院长（食品营养学名誉博士）。他的著作有《食品秘方》五部（韩文）及《汉方医疗大全》十二部（与四位韩人教授合著），在KBS、MBC、TBS等各大电视台及电台举办讲座十几年。《东亚日报》《朝鲜日报》《中央女性》《女苑》杂志等连载其《食品秘方》十几年。

郝明义是我国台湾地区最具魅力的出版人，1956年他出生于一个韩国华侨家庭，不幸患上了小儿麻痹症。1978年他从台湾大学商学院毕业，找工作四处碰壁，最后到出版社做翻译，进入了出版行业。1989年，他突然检查出山脊椎严重扭曲变形，这意味着他可能时日无多了。但他身残志不残，在文化方面做出了卓越贡献。他出版的《EQ》一书创下销售70万册以上的纪录，在台湾地区引起了"EQ"热潮，他独立策划的漫画书《脑筋急转弯》系列更是创造了600万册的销售纪录，随即掀起了"脑筋急转弯"的狂潮。他本人也从翻译、编辑、主编、总编，直至做到了台湾大块文化出版公司的老总。②

---

① 威海市侨办. 第二届"共庆中国年·齐鲁文化走进韩国"活动在韩国首尔华侨中学开幕 [EB/OL]. 2014-05-21.
② 袁恒雷. 把生命浓缩于尽情地冲刺 [J]. 思维与智慧，2013（4）：56.

**四、支援中国抗震救灾、抗击疫情**

韩国华侨在支援中国抗震救灾方面有良好的传统。2008年中国四川省大地震引起了海外华侨的关注，也引起了韩国政府、媒体和国民的广泛关注，牵动着韩国华侨的心。他们对震灾区积极展开救援行动。中国侨联海外顾问、韩国华侨靳氏慈善基金会会长靳泽田已经年过70，2008年5月15日他一大早就来到中国驻韩国使馆领事部，捐献了500万韩币（约3.5万元人民币）。他激动地说："看到受灾的场面，我感到十分心痛，和老伴一起不知道流了多少眼泪，每天晚上都睡不好觉。我在国外虽然经济条件也不是太好，但我希望通过捐一些钱，来表达一点心意，也希望能起到引领带头的作用。"① 在勒泽田的带动下，韩国华侨积极捐款，为祖国的抗震救灾尽了一份心力。2010年4月14日，青海玉树地区发生地震，4月19日，旅韩侨领、首尔华侨协会前监事长、东宝株式会社社长李忠宪来到中国驻韩使馆为青海玉树地震灾区捐款。许多旅韩侨胞都明确表示要向灾区捐款，奉献爱心，帮助灾区人民早日战胜困难，再造一个美好的家园。② 2013年4月20日四川芦山发生7.0级强烈地震造成大量人员伤亡，消息传开后，海外华侨华人紧急行动起来，积极进行援助。韩国华侨再次踊跃捐款。③

2020年中国发生了疫情。在这关键时刻，韩国光州华侨积极支援祖国抗击疫情。2020年2月17日，韩国光州华侨协会会长马玉春代表华侨协会向中国驻光州总领事孙显宇递交了《致祖国同胞的一封慰问信》和光州华侨募捐的善款。他表示，疫情始终牵动着光州华侨的心，衷心祈愿祖国早日恢复安宁。④

---

① 人民日报：世界用爱为四川灾区鼓劲 [EB/OL]. 中国网，2008-05-16.
② 韩国华侨华人向青海玉树地震灾区捐款 [EB/OL]. 中国新闻网，2010-04-19.
③ 海外华侨华人心系芦山地震，踊跃筹款捐物献爱心 [EB/OL]. 人民日报，2013-04-21.
④ 韩国光州华侨协会支援中国抗击疫情 [EB/OL]. 中国侨网，2020-02-19.

**结语**

中韩建交后,韩国华侨迎来了发展的春天。华侨与祖国的联系日益密切,对祖国的贡献与日俱增。韩国华侨不仅支持祖国和平统一,而且积极参加祖国的经济建设,大力传播中华文化。2014年中国国家主席习近平对韩国进行国事访问,中国在韩侨民协会总会秘书长韩鲜认为:"习近平的来访,对在韩国的华侨华人来说是前所未有的鼓励。""我们认为,习近平主席访韩给予韩国华侨华人的是鼓励,是自信,更是希望!"[①] 随着中韩关系的深入发展,华侨与祖国的联系将更加密切,对中国社会经济发展的作用将更加显现。

---

① 韩国华侨华人:习近平访韩将为两国经济发展翻新篇 [EB/OL]. 中国新闻网,2014-07-03.

# 加拿大温哥华潮州同乡会及其主要活动

有潮水的地方就有潮州人。潮汕人移民加拿大已经有60多年的历史。据温哥华潮州同乡会原会长林少毅先生所言,从1960年开始,潮汕人即在温哥华生活和工作。目前温哥华地区有3万多潮汕人。[①] 为了在异国他乡扎下根来,潮汕先后成立了多个社团。进入20世纪后期,潮汕人纷纷在加拿大各地成立了同乡会。1983年,来自各地的加拿大安省的潮汕人,基于联络乡谊之需,成立了初期的"加东潮州同乡会";1985年更名为"安省潮州同乡会";1985年加拿大爱城潮州同乡会成立;1986年在东南亚、港澳地区的潮人移民成立了卡城潮州同乡会;1987年加拿大温哥华潮州同乡会成立。这些同乡会在开展与海内外潮人及潮团的联谊和搭建中加贸易平台与中西文化的交流等方面做出了重大贡献。如爱城潮州同乡会,除了关心本身乡亲活动之外,还积极参与当地华人社区及主流社会所组织的各项集体活动,如三级政府庆典、筹建华人疗养院、中文图书馆、中国花园、加中文化交流及赈灾等,发挥了该会所应尽之责任与作用,给外界树立了热心公益、促进多元文化发展的良好形象,使该会在当地具有举足轻重之地位,深得华侨华人社会的称赞。[②]加拿大卡城潮州同乡会,每年春节,在集乡亲举办团拜聚餐会之同时,还和其他社团联合举办春节扶助

---

① 彭涛,张丽纯. 凝聚潮人理论构架友谊桥梁访加拿大潮商会长、加拿大温哥华潮州同乡会会长林少毅先生[J]. 潮商,2012 (2):33-36.
② 天下潮商. 加拿大亚省爱城潮州同乡会[EB/OL]. 天下潮商网,2012-04-21.

餐，让该市数百名不分族裔的需援人士与之分享新春的喜悦。

据现任会长冯汝洁介绍，移民加拿大的潮汕人大体可以分为三个支脉：一是20世纪80年代从越南、老挝和柬埔寨等住在国移民加拿大的潮汕人；二是20世纪90年代从香港移民到加拿大的潮汕人；三是2000年前后从中国内地移民到加拿大的潮汕人。他说，这三个阶段促成了温哥华潮州同乡会的三次跨越性发展，并积极推动了同乡会与世界各地潮人团体及潮乡的联系与合作。① 本文着重探讨一下温哥华潮州同乡会主要活动情况。

**一、加拿大温哥华潮州同乡会**

加拿大温哥华潮州同乡会是由旅居于加拿大温哥华各界潮籍人士自愿组成，是具有法人资格的非营利性慈善机构，旨在开展与海内外潮人及潮团的联谊工作，敦睦乡谊，共谋发展。搭建中加贸易平台与中西文化的交流，促进祖国和平统一，为国家的繁荣与富强多做贡献。

该会历经各届会长的辛勤耕耘，会务蒸蒸日上，现有会员1000多人。会员来自五湖四海，八方乡贤，遍布加拿大各个行业，有医生、会计师、律师、房屋经纪、地产商及各种商贸等。该会按章程规定实行民主办事制度。由会员大会选举理事会，理事会设会长、执行会长、常务副会长、副会长、秘书长及常务理事、理事若干名组成日常执行机构，由常务副会长及以上级别的人员组成常委会，负责在理事会闭会期间决策重大会务。常委会下辖顾问委员会、教育基金委员会、青年委员会、组织委员会、财经委员会及秘书处，对会务工作进行规范管理。

乡亲们四海为家，在各地发挥努力拼搏的伟大精神，不断开拓进取，在全球各地繁衍生息，不怕艰辛，拼搏创业，思维创新，如今海内外已涌现一批在国际上有影响力的企业家和社会精英。该会永远荣誉会长黄陈小萍博士，现任加拿大联邦政府长者事务部长，祖籍汕头市潮南区陈店镇，在香港出生，是一位政治家、教育家和企业家，能说流利的粤语、潮州话

---

① 加拿大温哥华潮州同乡会举行30周年庆典［EB/OL］.中国新闻网，2017-08-19.

及英语，也能使用普通话。她是华裔加拿大保守党籍国会议员，为卑诗省（不列颠哥伦比亚省，又称 BC 省，下文同）列治文选区第二位华裔国会议员，也是首位华裔女性国会议员及内阁成员。① 还有前卑诗省历任二届省督、该会永远荣誉会长林思齐博士，前卑诗省议员、该会永远荣誉会长黄耀华会计师，中西球坛球衣设计师林澎先生。林澎创意新颖，在 2010 年加拿大温哥华冬奥球衣设计大赛中夺冠。

2000 年，在蔡仁初会长、张楚光监事长的带领下，理监事同人、会员和乡亲们群策群力，共同奋斗，成功自置会所一座。这个会所面积宽大，既可接待来访嘉宾，也为耆英们和全体会员提供一个温馨欢乐的文娱康乐场所。

历任第八、九届会长的林少毅先生倡议组织奖学金委员会，得到全体会员的支持。一年一度中秋佳节时，会员子女成绩优秀者，可申请奖学金。该会对获奖者颁发奖状和奖学金，以资鼓励。

潮州同乡会成立 30 年来，积极开展海内外联谊工作，先后派代表团赴法国、泰国、美国、新加坡、马来西亚、印尼、中国等举办地参加国际潮团联谊年会和潮青、潮商联谊年会，与全世界各个兄弟潮团有密切的联系。潮州同乡会也接待了来自世界各地和国内潮团组织的来访。

**二、潮州同乡会的主要活动**

（一）促进中加友好往来

1. 寻根活动

2012 年 7 月 11 日，加拿大温哥华潮州同乡会副会长兼青年委员会主席方俊洪先生率领温哥华华裔优秀青少年潮汕文化寻根夏令营来到汕头市开展活动。该营在汕头市活动 10 天，并于 7 月 23 日赴佛山市顺德区参加广东省侨办举办的"寻根中国·相约广东"海外优秀青少年夏令营大集结

---

① 潮州商会接待家乡三市领导及加国黄陈小萍部长 [EB/OL]．中评网，2013-01-23．

活动。此活动由广东省侨办、市外事侨务局、加拿大温哥华潮州同乡会青年委员会联合主办，目的是传播、传承中华文化，让海外华侨子女熟悉、认识故乡潮汕的历史文化，了解其先辈的创业史，培养他们对故乡的感情，为将来两地交流架设桥梁，为未来汕头发展贡献心力，不断涵养汕头市侨务资源。

该营于7月12日上午在市文化艺术学校举行了开营仪式，汕头市外事侨务局陈鹏副局长、汕头市文化艺术学校林锦杭校长、加拿大温哥华潮州同乡会副会长兼青年委员会主席方俊洪先生等有关领导出席。汕头电视台、汕头日报对此进行了报道。仪式结束后，方俊洪先生接受了汕头电视台的采访，方先生表示："希望通过这次活动和学习，让温哥华的华裔青少年了解感受潮汕家乡的文化，了解目前家乡的变化，回加拿大以后与他们的同学及朋友一起分享、宣传家乡的建设和发展，让他们将来更多地参与到家乡的建设中来。"

在汕期间，加拿大温哥华华裔优秀青少年潮汕文化寻根夏令营开展学习潮汕锣鼓、毛笔字、剪纸艺术、唱一首歌和参观潮汕揭人文古迹、市容市貌等活动，全面领略潮汕故乡的历史文化，感受祖籍地潮汕的风土人情，了解潮汕的过去，体验潮汕现代的辉煌，培养热爱故乡情感，为将来汕头与温哥华两地经济、文化、科技等方面的交流与合作当好使者。①

2016年2月11日，第十五届新任会长冯汝洁率领领导班子宣誓就职。他在讲话中强调寻根的重要性。他说："我们创建的教育基金会、潮青委员会等，鼓励潮州青年勤奋学习、努力拼搏，这不仅发扬了潮州人团结友爱、敢拼敢闯的精神，同时通过与政府侨务部门谋划，多次组织青年人回家乡寻根之旅，使年青一代在领略中国文化博大精深的同时，增加了对家乡的感情。"②

---

① 加拿大温哥华潮州同乡会青委会组织温哥华华裔优秀青少年潮汕文化寻根夏令营来汕开展活动［EB/OL］. 汕头市政府门户网站，2012-07-13.
② 温哥华潮州同乡会成立二十九周年暨第十五届理事会就职典礼举行［EB/OL］. 潮人在线，2016-02-15.

2. 到祖国参观访问

2010年12月10日，以会长蔡仁初为团长的加拿大温哥华潮州同乡会访问团到广东省肇庆市进行考察访问。当天晚上，肇庆市副市长黄玲代表市委、市政府会见了访问团全体成员，市政府、市外事侨务局负责人参加了会见。黄玲向加拿大客人介绍了肇庆市山清水秀的美丽风光、灿烂悠久的历史文化，以及近年来经济社会建设取得的成就，特别是肇庆健儿在广州亚运会上所取得的喜人成绩。她欢迎华侨同胞多到肇庆参观游览，了解肇庆各方面的情况，增进双方的往来和友谊。蔡仁初先生代表团友们感谢肇庆市委、市政府的热情接待，对旧地重游看到肇庆的巨大变化表示高兴，表示回到加国后要多向华人和侨胞们宣传推介肇庆，让更多的侨胞了解肇庆、多来肇庆参观游览。以会长蔡仁初先生为团长的加拿大温哥华潮州同乡会访问团，是应广东省旅游局和广东省侨办邀请参加"2010华人华侨旅游年"系列活动后到肇庆市参观考察的。在肇庆市期间，访问团浏览了市容，游览了鼎湖风景区，并和外事侨务部门负责人进行了座谈。①

2011年5月，黄陈小萍获加拿大总理哈珀委任为加拿大联邦耆老事务国务部部长。2012年2月9日，黄陈小萍以部长身份作为加拿大总理访问中国的政府代表团的一员，参加了中国国家主席胡锦涛的接见活动并参加了会议。黄陈小萍以个人或政府官员的身份多次访问中国。她说，从政前，她利用自己的教育工作者背景，致力于中国与加拿大的教育交流；而从政后，她则利用她的中国背景和对中国的了解，积极推动中加双方在政治、经贸等方面关系的发展。

现任加拿大联邦耆老事务国务部部长黄陈小萍及夫婿黄以诺教授，2013年1月22日到访香港潮属社团总会和香港潮州商会，陪同黄陈小萍部长到访的还有加拿大温哥华潮州同乡会会长林少毅夫妇、副会长陈楚宏夫妇、秘书长方耀明。一行人受到总会陈幼南主席、商会周振基会长等人

---

① 加拿大温哥华潮州同乡会到访肇庆，感叹发展变化［EB/OL］．中国新闻网，2010-12-10．

的热烈欢迎。双方进行了亲切的交谈,特别对加强香港与加拿大潮籍乡亲的交流合作,增进友谊,表示了极大关注和殷切期盼。①

2017年4月11日,加拿大温哥华潮州同乡会在会长冯汝洁的率领下一行13人访问广东省贸易促进委员会。林涛会长首先介绍了贸易促进委员会的基本情况,对潮州同乡会寄予厚望,"希望未来双方加强合作,充分发挥各自平台和渠道优势,为务实推动两地贸易投资发展做出更多的努力"。冯汝洁会长表示,在两地政府和企业的积极推动下,温哥华潮州同乡会与广东省贸易促进委员会建立了良好的合作基础,希望今后双方将进一步加强往来,扩大合作,通过广东省驻加拿大经贸代表处的桥梁作用,务实推动两地项目对接及机构交流。②

3. 参加祖国的建设

加拿大温哥华潮州同乡会的领导们都积极参加祖国的经济建设。前会长林少毅出生于揭阳市惠来县一个普通家庭,长大后前往香港谋生,后旅居加拿大,先后创办了香港悦富集团有限公司、香港广丰实业有限公司和汕头特区松山火力发电厂有限公司等企业。他还斥资在南澳岛建设国际会议中心,设立温哥华潮州同乡会汕头会所,方便会员在汕头开展联谊活动,该会所兼作南澳旅游促进会会址,将为汕头旅游和文化事业的发展做出积极贡献。加拿大温哥华潮州同乡会常务副会长郑焕明,移民加拿大,从商20多年,先后创办了香港明新鞋业发展公司、广州市金明新鞋业有限公司、香港CD国际有限公司、广州市意鼎皮具有限公司、广州市华域商贸有限公司。③

该会还促成汕头—温哥华经贸合作恳谈会。2012年9月29日,加拿大潮商会联同加拿大温哥华潮州同乡会及卑诗省潮州会馆在温哥华市隆重举办潮人日周年庆典活动。这次庆典活动促成汕头—温哥华经贸合作恳谈

---

① 潮州商会接待家乡三市领导及加国黄陈小萍部长 [EB/OL]. 中评网,2013-01-23.
② 加拿大温哥华潮州同乡会率团访问我会 [EB/OL]. 广东省国际贸易促进委员会网站,2017-04-14.
③ 张丽纯. 促进中加友好,服务潮商发展 [J]. 潮商,2012 (5):37-39.

会。汕头市市长郑人豪先生率领的经贸访问团,与温哥华市长罗品信等进行了友好交流,为双方往后的经贸合作打下了良好的基础。①

4. 捐款捐物,支持祖国教育事业

2010 年,当洪水泛滥,灾情遍及中国大陆十几省的消息传来,温哥华潮州同乡会立即发起募捐,并参加与社团联合的筹款活动,共筹得 16 万加元的善款,向灾区的同胞表达了他们的拳拳心意。②

温哥华潮州同乡会致力于祖国的教育事业,林少毅、郑焕明是其杰出代表。林少毅曾经为汕头教育基金会、潮汕星河奖基金会分别捐资 100 万元和 60 万元,还先后为汕头市濠江区贫困家庭和小学、幼儿园捐资 85 万元,为潮汕贫困地区和长江流域遭受水灾地区捐资 70 万元。2011 年,林少毅发起扶贫助学活动,先筹款 130 万元,通过南澳岛旅游发展促进会,帮扶、奖励、资助南澳县学子上大学,持续 3 年,累计发放助学金达到 250 万元,在当地传为美谈。③ 2008 年汶川大地震,2010 年玉树地震,郑焕明个人及公司捐款捐物近 300 万元,受到有关部门的表彰。④

(二) 融入主流社会

积极融入主流社会是潮州同乡会宗旨之一。1988 年林思齐博士担任卑诗省省督,在华人融入加拿大主流社会方面做了大量卓有成效的工作。一方面,他积极打通种族的隔膜,成功地化解那些别有用心的传媒的偏见,把自己比作一座桥梁,密切各族裔的联系,促进中加文化的交流与合作;另一方面,他积极劝导移居加拿大的新移民,积极投入当地生活,提出著名的 ABC 格言:接受(acceptance)、归属感(belonging)、贡献(contribution),以此鼓励华人移民在加拿大努力奋斗,真诚地热爱这片自己选择的土地。

---

① 张丽纯. 促进中加友好,服务潮商发展 [J]. 潮商, 2012 (5):7-39.
② 加拿大卡城潮州同乡会 [EB/OL]. 国际潮团联谊年会网, 2011-03-14.
③ 彭涛,张丽纯. 凝聚潮人理论,构架友谊桥梁:访加拿大潮商会长,加拿大温哥华同乡会会长林少毅先生 [J]. 潮商, 2012 (2):33-36.
④ 张丽纯. 促进中加友好,服务潮商发展 [J]. 潮商, 2012 (5):37-39.

温哥华潮州同乡会鼓励会员积极参加加拿大的社会活动。20世纪90年代,加东地震水灾发生,潮州同乡会乐捐善款送交温哥华红十字会转交灾区急用,受到红十字会的称赞。

(三) 弘扬中华文化

为弘扬潮人文化在北美洲得以启迪弘扬、发扬光大,每逢春节、国庆、社区喜庆等,温哥华潮州同乡会以潮州大锣鼓、锦旗标旗等文艺表演,参加巡游活动。1998年10月4日庆祝中秋节暨会员生日联欢晚会,李炜精彩演奏古筝"潮州音乐"。[①] 1999年3月14日温哥华潮州同乡会举行春节联欢晚会,苏奕泉演奏潮州乐器唢呐获得全场观众叫好。2012年9月29日,加拿大潮商会与温哥华潮州同乡会联合举办潮人千人宴联欢会,纪念"温哥华潮人日"成立一周年,并庆祝中国传统节日中秋,同时迎接中国国庆节。宴会邀请专业策划、专业背景、专业音响,由潮人子女进行书法、乐器、歌唱、时装、魔术、潮语等表演,会间还举行潮人工艺品、潮人书画拍卖活动,所筹的款项捐献给温哥华具有影响力的福利机构,进一步提高了潮人的社会地位,扩大了潮人的影响力。[②]

### 三、中加两国政府对温哥华潮州同乡会的认可

(一) 中方对加拿大温哥华潮州同乡会的肯定

1998年7月,中华人民共和国国务院侨务办公室主任郭东坡率团访问加拿大温哥华,与温哥华潮州同乡会领导交谈并与同乡会部分理事合影。

2012年1月28日,温哥华潮州同乡会举行成立25周年暨第13届理事会就职典礼,同时成立加拿大潮商会,中国国务院侨办于2011年12月29日发来贺电,认为该会"为弘扬中华文化,促进中加经贸和文化交流做

---

① 温哥华潮州同乡会成立25年,驻温哥华总领事表祝贺 [EB/OL]. 中国新闻网,2012-10-23.
② 彭涛,张丽纯. 凝聚潮人理论,构架友谊桥梁:访加拿大潮商会会长,加拿大温哥华潮州同乡会会长林少毅先生 [J]. 潮商,2012 (2):33-36.

出了积极贡献,希望贵会在新一届理事会的带领下,继续拓展会务,为构建和谐侨社,促进中加经贸往来和友好关系向前发展做出新的贡献"。

在温哥华潮州同乡会成立25周年之际,2012年10月23日中国驻温哥华总领事刘菲特地走访该同乡会,以示祝贺。刘菲表示,潮州同乡会是卑诗省有较大影响力的华人社团之一,自成立以来秉承潮人文化传统,发扬潮人精神、团结互助、和谐发展。潮州人为加国政治、经济、文化发展,弘扬中华优秀传统文化,促进中加友好往来做出贡献。如今,卑诗各领域都能看到潮州籍乡亲的身影,当中不乏佼佼者,例如,加国国会议员、联邦长者事务国务部长黄陈小萍的祖籍就在潮州。①

2013年2月15日,中国驻温哥华刘菲总领事出席潮州同乡会春节联欢晚会。加拿大联邦长者事务国务部长黄陈小萍、国会议员杨萧慧仪、不列颠哥伦比亚省议员赖赐淳(Bruce Ralston)和李灿明、温哥华市议员邓剑波、列治文市议员区泽光和400多名潮州同乡出席。刘总领事向来宾致以新春祝福,指出潮州同乡会是温哥华地区具有较大影响力的华人社团,长期以来积极支持祖(籍)国建设,为弘扬中华文化、增进中加两国友谊做出了不懈努力。当前中国与卑诗省在政治、经贸、文化、教育等方面的合作不断深入,希望潮州同乡会继续为双方的合作发挥积极作用。②

2017年2月1日,驻温哥华总领事刘菲应邀出席加拿大潮商会成立5周年暨温哥华潮州同乡会成立30周年庆典活动。刘菲总领事向出席活动的各界人士致以新春的祝福,肯定两会成立以来为促进中加双边交流与合作所做的工作。③

---

① 温哥华潮州同乡会成立25年,驻温哥华总领事表祝贺[EB/OL].中国新闻网,2012-10-23.
② 驻温哥华总领馆.驻温哥华总领事刘菲出席加拿大温哥华潮州同乡会春节联欢晚会[EB/OL].中华人民共和国外交部网站,2013-02-19.
③ 驻温哥华总领事刘菲应邀出席加拿大潮商会成立5周年暨温哥华潮州同乡会成立30周年庆典[EB/OL].北京市人民政府外事办公室网站,2017-02-06.

### (二) 加方对加拿大温哥华潮州同乡会的肯定

1995年3月8日由加拿大红十字会秘书长颁发奖状，奖励温哥华潮州同乡会对国际救济工作之贡献。

潮州同乡会在历届会长等领导的不懈努力下，得到了加拿大联邦政府、卑诗省政府和温哥华市政府等的多次嘉奖，并于2011年十分荣幸地领取了温哥华市政府为该会颁发的每年9月10日加拿大"潮州人纪念日"证书。这是全加拿大潮人的荣誉，也是全加拿大绝无仅有的殊荣。

在2017年2月举行的加拿大潮商会成立5周年暨温哥华潮州同乡会成立30周年庆典活动，受到加拿大地方政府的重视。卑诗省国际贸易厅长屈洁冰、卑诗省新民主党党领贺谨、列治文市市长马保定等人出席了会议，并先后致辞，送上新春的祝福，他们一致肯定并希望包括加拿大潮商会及温哥华潮州同乡会在内的华裔团体继续对加拿大的社会发展和多元化社区做出更大贡献。

### 结语

温哥华潮州同乡会至今已走过30年的历程，在促进中加交流、融入主流社会、传播中华文化等方面做出了巨大的贡献，得到中加两国的肯定。近年来，中国政府提出"一带一路"的战略构想，这将深化中国与加拿大的合作，将对中国和加拿大双方带来更多的切实利益，温哥华潮州同乡会在此方面大有可为。在21世纪，温哥华潮州同乡会会加快融入主流社会的步伐，在促进中加交流方面做出更大的贡献。

# 二战期间华工在日遭遇与战后的索赔交涉

在日本发动侵华战争期间日本当局诱骗和强迫4万多中国劳工到日本从事艰苦劳动，对劳工进行残酷虐待，甚至大肆屠杀。战后，中国劳工组织了中国被掳往日本劳工联谊会向日方索赔，得到了中国民间对日索赔联合会的大力支持。2015年7月日本三菱企业决定在8月15日派人来华谢罪。

**一、二战期间中国劳工在日本的悲惨境遇**

1937年，日本帝国主义发起了全面侵华战争。在战争期间日本当局诱骗和强迫4万多中国劳工到日本从事艰苦劳动，对劳工进行残酷虐待，甚至大肆屠杀。

随着侵略战争的扩大、持久，日本侵略者深感日本国内人力和资源严重匮乏，特别是感到日本国内劳动力极其紧缺，于是想从中国输入大批劳工。1940年1月，日本土木工业协会理事长菅原在该协会的调查部临时委员会上就使用中国劳工问题发表了讲演："朝鲜已经缺乏劳动力，从朝鲜募集苦力，已无法持久。除了引用支那人之外没有别的路可走。为解除中国人'会有间谍之忧'，主张移进5万人不要全集中到一起干活，而是把他们分到几个地方去。一般放到山里偏僻的地带，在那儿建个宿舍监视起来，在这点上不必担心什么间谍不间谍。"菅原还谈到了使用中国劳工的好处："把支那人带来，让他们干活，这增加的利益可不仅是多了5万劳力。现在这些因为缺乏劳动人手造成的争夺,多少会有点缓和,而且内地劳动者也能提高工作效率。还有,对那些支那人,每天一小时也行,30分钟也罢,给他们讲讲新东亚建设、日本亲善什么的,过上一年半载,这些劳工的脑袋里不会不多少留下点东西。"[1] 1942年11月27日日本内阁会议通过了《关于华人劳务者移入内地案》的决议,决定从中国输入劳工,明确了中国劳工只能从事矿业、装卸、土建和工厂杂役等,主要从中国东北掳取40岁以下的男子,由华北劳工协会负责募集,伙食上不许食用大米,要采取特别措施等。内阁决议还提出:"鉴于本方针的实施,其成功与否影响甚大,先根据另项规定的要领进行试验,如其成绩良好时再逐渐转入全面性推广。"[2] 在1943—1945年间,日本将4万左右的中国战俘和普通百姓强行带到日本国内,并驱使他们在日本35个企业所属的135个事业场从事矿山采掘、开凿山洞、装卸车船、挖河筑路、修建发电站或飞机场等超强度的体力劳动。仅两年多时间,被迫害至死的中国劳工人数达6830人,受伤者6778人。1987年3月13日的《华声报》报道:根据岩手县华侨总会会长程国贵的调查:"1943年到1945年,仅岩手县矿业所里就有被胁迫去的中国劳工245人,其中123人被强制劳动,吃不饱、穿不暖,有病得不到医治而相继死亡,其状更惨。他们的遗骨被任意丢在矿业所的荒郊野外。"1945年日本投降后,没有得到报酬的中国劳工幸存者手捧难友的骨灰盒,陆续被遣送回国。[3] 据日本官方统计,侵华日军在中国共强掳青壮年人41758人,死亡6830人。[4]

根据日本学者安井三吉的研究,在亚洲太平洋战争时期,仅在日本兵

---

[1] 刘宝辰,林凤升.日本掳役中国战俘劳工调查研究[M].保定:河北大学出版社,2002:5.
[2] 野添宪治.花冈事件记闻[M].张友栋,刘宝辰,郭宪庭,译.保定:河北大学出版社,1992:64-66.
[3] 刘宝辰,林凤升.日本掳役中国战俘劳工调查研究[M].保定:河北大学出版社,2002:1.
[4] 中国人民政治协商会议全国委员会文史资料委员会.文史资料选辑:第39辑[M].北京:中国文史出版社,2016:81.

库县内强制携来的中国劳工人数,能明确知道的人数是 1500 人。据战后的不完全统计,战争期间,仅北海道地区,因为不堪忍受日方苛待而丧命的原中国劳工竟然达到 3047 人。①

当年日本军队在中国各地大肆强捕中国男性公民,然后押送到日本国内为他们做苦力。在上海,日本军队用两种欺骗方式诱骗上海的劳工:一是在码头、菜场等人口稠密的地方张贴布告,说是要招聘搬运工,每日工资 1.50 元,可自由报名;二是日军开着卡车在苏州河边上叫着:"要打工的去码头装货,干一天 1 元。"等人上了车,车子直接开进日军的仓库,这些人就再也回不了家。上海淞沪抗战纪念馆副馆长沈建中说,"二战"时期,上海被强征骗征的劳工 5000 人以上,许多人未能活着回乡。② 肖维忠,在 1944 年曾经被日本人押去当劳工。和肖维忠同去日本的 142 人,到日本投降返回上海时,只有 110 多人回来,有 20 多人死在了日本。③

1945 年 6 月在日本发生了骇人听闻的"花冈事件"。1944 年,日本人把中国人俘虏送到秋田县充当苦力,900 多人从事土木工程建设,受到残酷虐待。1945 年 6 月 30 日深夜,中国劳工集体逃到狮子山,第二天被捕获者被集中拘留在花冈剧场"共乐馆"旁边的广场,饿死、病死者极多,被埋在几个大坑里。④ 日本人还曾在长野县木曾谷屠杀中国劳工(中国人俘虏)。

**二、战后中国劳工的索赔交涉**

战后中国劳工们在国内人民群众的支持下对日进行了索赔交涉。1992 年,第七届全国人民代表大会第五次会议收到王工律师等 38 位人大代表

---

① 汤瑗菱. 北海道华人悼念原中国劳工,志愿者促成死难者遗骨返乡 [EB/OL]. 日本新华侨报网,2010-07-08.
② 胡喜盈,唐伟. 上海"二战"劳工痛斥日本军国主义暴行 [J]. 乡镇论坛,2005 (8):41-43.
③ 胡喜盈,唐伟. 上海"二战"劳工痛斥日本军国主义暴行 [J]. 乡镇论坛,2005 (8):41-43.
④ 陈焜旺. 日本华侨留学生运动史 [M]. 东京:日本侨报社,2006:268.

首次提出的《关于对日本当年侵华战争损害索赔之事的议案》，向日本国政府依法索取损害赔偿，在国际社会引起强烈反响，被翻译成英日等国文字。

中国被掳往日本劳工联谊会代表了中国绝大多数掳日劳工及其遗属。2012年2月14日，中国被掳往日本劳工联谊会河北三菱分会代表团一行8人，肩负着广大受害劳工及遗属们的期望，启程飞往日本。这次的访日活动与以往的受害劳工及遗属访日的不同之处在于，河北三菱分会没有委托任何日本律师，而是直接与三菱方面接触，向三菱材料公司提出解决掳日劳工问题的要求，即承认加害事实、向受害者谢罪、设立掳日劳工基金。2月15日上午，代表团与三菱材料公司方面的代理律师中野明安进行了两小时的对话。代表团首先介绍了河北三菱分会的组织构成及与中方律师之间的委托关系，然后提出了分会的上述三项解决要求，并且对掳日劳工基金的金额要求进行了说明。代表团中的受害者家属还简单陈述了掳日劳工问题给受害者及家庭带来的深重苦难，表达了他们对加害者的愤怒，指出了当前解决掳日劳工问题的意义和紧迫性。三菱材料公司方面的代理人中野明安律师承诺一定会把代表团的主张原原本本地转达给三菱方面，并同意今后与河北三菱分会方面的律师保持沟通渠道。

中国被掳往日本劳工联谊会在索赔的同时，对日本领导人美化战争的行为进行了坚决的斗争。2013年12月26日，日本首相安倍晋三参拜了靖国神社。安倍晋三此举在世界多国引发强烈抗议和谴责。中国被掳往日本劳工联谊会不久就此来信，表达中国被掳往日本劳工联谊会全体劳工家属对安倍参拜行为的强烈反对和抗议。"在爱好和平的亚洲各国人民、世界人民强烈反对的呼声中，安倍一意孤行，参拜靖国神社，为'二战'日本战犯招魂。"对此，中国被掳往日本劳工联谊会强烈抗议，"希望安倍悬崖勒马，回头是岸"[①]。

---

① 中国被掳往日本劳工联谊会严正抗议安倍参拜靖国神社［EB/OL］.人民网，2013-12-30.

2014年4月1日，来自石家庄的31名二战期间被掳往日本的中国劳工及遗属，通过律师向石家庄中级人民法院正式递交状告两家日本企业的诉讼材料。随着岁月的流逝，中国劳工幸存者越来越少。2007年全国有劳工500余人健在，到2014年1月，仅有50余人幸存。87岁的幸存者王跃清说："只要活着有口气，我们一定要坚强地起诉，让他们赔偿。"① 在此前的日本诉讼中，日本最高法院以"诉讼时效"已过和"国家无答责"为由驳回诉讼请求。

中国被掳往日本劳工联谊会的活动得到了中国民间对日索赔联合会的支持。日本对于向中国劳工道歉事宜长期沉默，各方强烈要求日本企业对于中国劳工在二战中的牺牲予以回应。中国民间对日索赔联合会为中国被掳往日本劳工联谊会处理对日的法律事务，就二战期间非法强掳劳工谢罪问题与日本三菱公司一直在进行磋商。2014年6月起，中日双方一开始就谢罪问题进行交涉，至2015年7月已就谢罪文案及其相关赔偿内容取得基本共识。三菱公司将给予中国劳工或其遗属每人10万元人民币谢罪金（补偿，非赔偿金）。赔付对象是3765人，这是日本企业战后支付人数最多的一次赔偿。

经过中国被掳往日本劳工联谊会等组织的交涉，2015年7月日本三菱公司终于决定在8月15日前派员来中国谢罪。在"谢罪文"中，三菱公司将"坦诚地承认各位中国劳工人权被侵犯的历史事实，并表示深刻反省"，"承认上述历史事实及历史责任，并且从为今后日中两国友好发展做出贡献的角度，向为最终整体解决本问题而设立的中国劳工及其遗属的基金支付款项"，② 这是日本企业首次公开向中国二战劳工道歉谢罪。

2016年8月15日，是第二次世界大战日本战败投降71周年纪念日。在这一年的6月1日，日本三菱综合材料株式会社（以下简称三菱公

---

① 陈林. 二战中国劳工在华诉日企：活着就一定坚持索赔［EB/OL］. 中国新闻网，2014-04-01.
② 胡洁. 三菱下月15日前向中国劳工道歉，"谢罪文"显示深刻反省［N］. 长江日报，2015-07-25.

司）在北京向中国二战受害劳工谢罪，双方最终达成和解，中国民间对日索赔行动取得了里程碑式的重大胜利。因此，对那些在日本侵华战争中生命和财产遭受重大损失的中国受害者来说，2016年是意义非同寻常的一年。

6月1日上午，96岁的阚顺、89岁的张义德和87岁的闫玉成代表所有受害劳工接受三菱综合材料公司谢罪并同意与其达成和解协议的被掳劳工或遗属，与该公司代表木村光签署了协议，接受三菱材料的谢罪并达成和解。据了解，此次和解对象涉及3765人，创下日本企业战后赔偿之最。

在双方的《和解协议书》中，日本三菱综合材料公司明确承认中国劳工人权被侵害的历史事实，向受害劳工及遗属表示"真诚谢罪"。除了向每位受害劳工或遗属支付10万元人民币外，三菱公司承诺出资为受害者修建纪念碑，让日本后人铭记被强制掳日中国劳工的历史。①

**结语**

在二战期间中国劳工在日本备受摧残，身心受到很大的创伤，不少人甚至付出了生命。二战结束后，特别是中华人民共和国成立后，随着中国改革开放的不断扩大，中国国力的不断增强，以及中国国际地位的不断提高，中国劳工向日本三菱公司索赔的行动越来越坚决，亦越来越有成效，最终中日双方签订了和解协议书，日本三菱公司于2016年8月15日向中国劳工道歉，并向中国劳工支付赔偿金。

中国劳工在日本的遭遇，已经成为历史。但是，这段历史不应当被遗忘，它应当成为中日两国人民吸取的历史教训。对中国来说，落后就要挨打，只有不断提升国力，才能最大限度地保证国内人民的切身利益。而对日本而言，只有走和平发展之路，才是光明大道。

---

① 日本三菱向二战劳工道歉，迟到了71年的谢罪 [EB/OL]. 搜狐新闻，2016-08-15.

# 参考文献

**著作**

1. 范晔. 后汉书 [M]. 北京：中华书局，1977.
2. 宋祁，欧阳修. 新唐书 [M]. 北京：中华书局，1978.
3. 司马光. 资治通鉴 [M]. 北京：中华书局，2007.
4. 脱脱，等. 宋史 [M]. 北京：中华书局，1985.
5. 宋濂. 元史 [M]. 北京：中华书局，1974.
6. 明实录 [M]. 黄彰健，校注. 北京：中华书局，2016.
7. 沈德符. 万历野获编 [M]. 北京：中华书局，1959.
8. 严从简. 殊域周咨录 [M]. 余思黎，校. 北京：中华书局，2009.
9. 焦竑. 玉堂丛语 [M]. 北京：中华书局，1981.
10. 陈建. 皇明通纪 [M]. 北京：中华书局，2008.
11. 谈迁. 国榷 [M]. 北京：中华书局，2005.
12. 夏燮. 明通鉴 [M]. 上海：上海古籍出版社，1990.
13. 李东阳，徐溥，刘健，等. 申时行，许国，王锡爵，等，重修. 大明会典 [M]. 扬州：江苏广陵古籍刻印社，1989.
14. 王宗载. 四夷馆考 [M]. 北京：东方学会，1924.
15. 余继登. 典故纪闻 [M]. 北京：中华书局，1981.
16. 徐学聚. 国朝典汇 [M]. 济南：齐鲁书社，1996.

17. 巩珍. 西洋番国志[M]. 北京：中华书局，1982.

18. 张廷玉. 明史[M]. 北京：中华书局，1974.

19. 清实录[M]. 北京：中华书局，1985.

20. 赵尔巽. 清史稿[M]. 北京：中华书局，1974.

21. 穆彰阿，李佐贤，潘锡恩，等. 嘉庆重修一统志[M]. 上海：上海世纪出版社，2008.

22. 李鼎元. 使琉球记[M]. 西安：陕西师范大学出版社，1992.

23. 周煌. 琉球国志略[M]. 北京：京华书局，1968.

24. 王之春. 清朝柔远记[M]. 北京：中华书局，1989.

25. 任光印，张汝霖. 澳门记略[M]. 北京：国家图书馆出版社，2012.

26. 梁廷枏. 海国四说[M]. 骆宾善，刘路生，校. 北京：中华书局，1993.

27. 景振国. 中国古籍中有关老挝资料汇编[M]. 郑州：河南人民出版社，1985.

28. 中国第一历史档案馆编. 清代中琉档案关系选编[M]. 北京：中华书局，1993.

29. 吴晗. 朝鲜李朝实录中的中国史料[M]. 北京：中华书局，1980.

30. 黄润华，薛英，编. 国家图书馆藏琉球资料汇编[M]. 北京：北京图书出版社，2000.

31. 殷梦霞，贾贵荣，王冠，编. 国家图书馆藏琉球资料续编[M]. 北京：北京图书馆出版社，2001.

32. 张海鹏. 中葡关系史资料集[M]. 成都：四川人民出版社，1999.

33. 刘芳. 清代澳门中文档案汇编[M]. 章文钦，校. 澳门：澳门基金会，1999.

34. 孟森. 明史讲义[M]. 上海：上海古籍出版社，2008.

35. 唐淳风. 悲愤琉球[M]. 北京：东方出版社，2013.

36. 孙秀玲. 一口气读完日本史［M］. 北京：京华出版社，2006.

37. 王耀华. 三弦艺术论［M］. 福州：海峡文艺出版社，1991.

38. 沈福伟. 中西文化交流史［M］. 上海：上海人民出版社，2006.

39. 杜石然，范楚玉，陈美东，等. 中国科学技术史稿［M］. 北京：科技出版社，1982.

40. 王宏纬. 尼泊尔［M］. 北京：社会科学文献出版社，2004.

41. 刘必权. 尼泊尔［M］. 福州：福建人民出版社，2004.

42. 李永勋. 朝鲜族姓氏漫谈［M］. 沈阳：辽宁民族出版社，1998.

43. 南开大学日本研究院. 日本研究论集［M］. 天津：天津人民出版社，2005.

44. 王民同. 东南亚史纲［M］. 昆明：云南大学出版社，1994.

45. 范宏贵. 同根生的民族：壮泰各族渊源与文化［M］. 北京：光明日报出版社，2000.

46. 葛剑雄. 统一与分裂：中国历史的启示［M］. 北京：商务印书馆，2013.

47. 马长林. 租界里的上海［M］. 上海：上海社会科学院出版社，2003.

48. 郑振铎. 清朝文选［M］. 北京：中国社会科学出版社，2002.

49. 廉皓. 朝鲜姓氏族谱全书［M］. 北京：中国文联出版社，1999.

50. 杨昭全，孙玉梅. 朝鲜华侨史［M］. 北京：中国华侨出版公司，1991.

51. 张伯伟. 燕行录研究论集［M］. 南京：凤凰出版社，2016.

52. 葛兆光. 想象异域：读李朝朝鲜汉文燕行文献札记［M］. 北京：中华书局，2014.

53. 严绍璗，刘渤. 中国与东北亚文化交流志［M］. 北京：北京大学出版社，2016.

54. 中日韩三国共同历史编纂委员会. 超越国境的东亚近现代史

[M]．北京：社会科学文献出版社，2013.

55. 赵恺．东海博弈：明帝国与日本的三百年战史（1369—1681）[M]．北京：团结出版社，2016.

56. 杨保筠．中国文化在东南亚[M]．北京：大象出版社，1997.

57. 中国中日关系史研究会．日本的中国移民[M]．北京：生活·读书·新知·三联书店，1987.

58. 赵康太，李英华．中国传统思想道德与东南亚伦理[M]．北京：中国社会科学出版社，2007.

59. 陈尚胜．五千年中外文化交流史：第一卷[M]．北京：世界知识出版社，2002.

60. 樊树志．历史与文化[M]．上海：复旦大学出版社，2010.

61. 崔根德．韩国儒学思想研究[M]．北京：学苑出版社，1998.

62. 何成轩．儒学南传史[M]．北京：北京大学出版社，2000.

63. 张敏．韩国思想史纲[M]．北京：北京大学出版社，2009.

64. 庄国土．华侨华人与中国的关系[M]．广州：广东高等教育出版社，2001.

65. 申旭．老挝史[M]．昆明：云南大学出版社，1990.

66. 米庆余．琉球历史研究[M]．天津：天津人民出版社，1998.

67. 黎难秋．中国口述史[M]．青岛：青岛出版社，2002.

68. 何芳川．中外文化交流史[M]．北京：国际文化出版公司，2008.

69. 朱端强．出使琉球：萧崇业[M]．昆明：云南人民出版社，2015.

70. 杨邦勇．琉球王朝500年[M]．北京：海洋出版社，2018.

71. 赖正维．福州与琉球[M]．福州：福建人民出版社，2018.

72. 季压西，陈伟民．中国近代通事[M]．北京：学苑出版社，2007.

73. 张秀民．中越关系史论文集[M]．台北：文史哲出版社，1992.

74. 陈梧桐．中国文化通史·明代卷[M]．北京：北京师范大学出版社，2009.

75. 张显清，林金树. 明代政治史 [M]. 桂林：广西师范大学出版社，2003.

76. 李恩涵. 东南亚华人史 [M]. 北京：东方出版社，2015.

77. 刘宝辰，林凤升. 日本掳役中国战俘劳工调查研究 [M]. 保定：河北大学出版社，2002.

78. 陈焜旺. 日本华侨留学生运动史 [M]. 东京：日本侨报社，2006.

79. 野添宪治. 花冈事件记闻 [M]. 张友栋，等译. 保定：河北大学出版社，1992.

80. 张霞. 不可不知的日本史 [M]. 武汉：华中科技大学出版社，2013.

81. 赵和曼. 东南亚手册 [M]. 南宁：广西人民出版社，2000.

82. 方豪. 中西交通史 [M]. 上海：上海人民出版社，2008.

83. 郭小东. 打开"自由"通商之路 [M]. 广州：广东人民出版社，1999.

84. 张国刚. 中国社会历史评论 [M]. 北京：商务印书馆，2002.

85. 朝鲜李朝实录 [M]. 东京：日本学习院东洋文化研究所刊行，1953.

86. 金指南，金庆门. 通文馆志 [M]. 首尔：民昌文化社，1991.

87. 崔恒，徐居正. 经国大典 [M]. 首尔：韩国法制研究院，1993.

88. 林基中. 燕行集全集 [M]. 首尔：韩国东国大学校出版社，2001.

89. 吴士连. 大越史记全书 [M]. 东京：日本东京大学东亚文化研究所，1986.

90. 田中宏. 强掳中国人资料：外务省报告书全五册及其他 [M]. 东京：现代书馆，1995.

91. 复旦大学文史研究院. 越南汉文燕行文献集成 [M]. 上海：复旦大学出版社，2010.

92. 阮文仁，郑怀德，张登桂，等. 大南实录 [M]. 东京：日本庆应义塾大学语言研究所，1962.

93. 越南社会科学委员会. 越南历史［M］. 北京大学东语系教研室译，北京：人民出版社，1977.

94. 依田熹家. 简明日本通史［M］. 卞立强，李天工，译. 北京：北京大学出版社，1988.

95. 球阳研究会. 球阳［M］. 东京：角川书店，1974.

96. 蔡铎，蔡温，郑秉哲. 中山世谱［M］. 袁家冬，校注. 北京：中国文史出版社，2016.

97. 那霸市史编辑室.《那霸市史》资料篇［M］. 那霸：那霸市史编辑室，1982.

98. 富米·冯维希. 老挝及其胜利地反对美国新殖民主义的斗争［M］. 万象：老挝爱国战线出版社，1970.

99. 安德鲁·戈登. 日本的起起落落：从德川幕府到现在［M］. 李朝津，译. 桂林：广西师范大学出版社，2008.

100. 崔英辰. 韩国儒学思想研究［M］. 邢丽菊，译. 北京：东方出版社，2008.

101. 黄中允. 东瀛先生文集［M］. 首尔：景仁文化社刊行，1988.

102. 坂本太郎. 日本史［M］. 汪向荣，武寅，韩铁英，译. 北京：中国社会科学出版社，2013.

103. 马士. 东印度公司编年史［M］. 区宗华，译. 广州：中山大学出版社，1991.

104. 亨特. 广州番鬼录·旧中国杂记［M］. 广州：广东人民出版社，2009.

105. 霍尔. 东南亚史［M］. 中山大学东南亚历史研究所译. 北京：商务印书馆，1982.

论文

1. 刘喜涛. 封贡关系视角下明代中期使臣往来研究［D］. 长春：东北

师范大学，2011.

2. 谢必震. 明清时期中国与琉球贸易之研究 [D]. 厦门：厦门大学，1998.

3. 杨邦勇. 亚洲视域下的琉球兴亡史研究 [D]. 福州：福建师范大学，2012.

4. 杨雨蕾. 十六至十九世纪初中韩文化交流研究：以朝鲜赴京使臣为中心 [D]. 上海：复旦大学，2005.

5. 易红. 明琉关系研究 [D]. 长春：东北师范大学，2014.

6. 曹晗露. 琉球王国时期久米村的变迁 [D]. 福州：福建师范大学，2012.

7. 侯环. 明代中国与朝鲜的贸易研究 [D]. 济南：山东大学，2006.

8. 林容杏. 明代通事研究 [D]. 广州：暨南大学，2006.

9. 宣丹丹.《通文馆志》研究 [D]. 长春：东北师范大学，2012.

10. 臧文文. 明清山东与琉球关系考述 [D]. 青岛：中国海洋大学，2012.

11. 廖大珂. 满剌加的陷落与中葡交涉 [J]. 南洋问题研究，2003 (3).

12. 廖大珂. 清代海外贸易通事初探 [J]. 海洋史研究，2015 (7).

13. 陈汉初. 泰国潮人之神崇拜："根"与文化之认同 [J]. 广东史志，2002 (3).

14. 陈小法. 琉球"己酉倭乱"与明代东亚局势推演之研究：兼论琉球的历史归属 [J]. 浙江社会科学，2015 (11).

15. 刘文，陈洁. 韩国新华侨华人发展及其对两国直接投资的影响研究 [J]. 山东社会科学，2014 (4).

16. 刘富琳. 中国戏曲《和番》在琉球的传播 [J]. 中国音乐，2011 (4).

17. 万明. 明代历史叙事中的中琉关系与钓鱼岛 [J]. 历史研究，

2016 (3).

18. 万明. 乡国之间：明代海外政策与海外移民的类型 [J]. 暨南学报（哲学社会科学版），2016 (4).

19. 赵萍. 尼泊尔与我国早期关系初探 [J]. 西藏研究，2010 (2).

20. 张文德. 论明代通事与西域贡使的关系 [J]. 西域研究，2009 (3).

21. 张德昌. 清代鸦片战争前之中西沿海通商 [J]. 清华大学学报（自然科学版），1935 (1).

22. 连晨曦. 明清中琉宗藩关系对东亚国际秩序的影响 [J]. 海交史研究，2016 (1).

23. 司佳. 从"通事"到"翻译官"：论近代中外语言接触史上的主、被动角色的转换 [J]. 复旦学报（社会科学版），2002 (3).

24. 王秋华. 明万历援朝将士与韩国姓氏 [J]. 中国边疆史地研究，2004 (2).

25. 王州. 中琉音乐文化交流之花：日本琉球的三线 [J]. 福建艺术，2003 (5).

26. 王州，王耀华. 清代福州、泉州和它们周边地区的传统音乐乐种及其与琉球音乐的关联 [J]. 黄钟：武汉音乐学院学报，2011 (4).

27. 谢必震. 明赐闽人三十六姓考述 [J]. 华侨华人历史研究，1991 (1).

28. 丁春梅. 从处理索银事件看清代对琉球的政策 [J]. 福建师范大学学报（哲学社会科学版），2005 (6).

29. 房建昌. 廓尔喀（尼泊尔）朝贡清廷考 [J]. 西藏研究，2013 (1).

30. 方宝川. 明代闽人移居琉球史实考辨 [J]. 福建师范大学学报（哲学社会科学版），1988 (3).

31. 戈斌. 清代琉球贡使居京馆舍研究 [J]. 历史档案，1994 (3).

32. 胡家其，李玉昆. 偰玉立在泉州的史迹与偰氏家族在高丽、朝鲜[J]. 海交史研究，2007（1）.

33. 胡铁球. 明清海外贸易中的"歇家牙行"与海禁政策的调整[J]. 浙江学刊，2013（6）.

34. 细川周平，周耘. 冲绳的音乐文化[J]. 黄钟：武汉音乐学院学报，2017（3）.

35. 李正熙，司韦. 关于韩国华侨社会组织的研究[J]. 南洋资料译丛，2010（3）.

36. 矢野辉雄，金秋. 琉球对中国音乐的吸收[J]. 中国音乐，1994（4）.